당신의 영향력은
생각보다 강하다

세상을 바꾸는 잠재된 힘

당신의 영향력은
생각보다 강하다

YOU HAVE MORE INFLUENCE THAN YOU THINK

버네사 본스 지음   문희경 옮김

Vanessa Bohns

세계사

우리는 왜 우리 안의 영향력을 과소평가하는가
이것이 왜 문제인가

—버네사 본스(Vanessa Bohns)

차례

일러두기

이 책의 저자주는 ＊로, 역자주는 ＋로 표기했습니다.

들어가며

나는 가르치는 일을 사랑한다. 하지만 강단에 서서 학생들을 둘러보면 내게 조금이라도 영향력이 있는지 의문이 든다. 아무리 열심히 강의해도 도통 속내를 모를 얼굴들만 보이고, 다들 강의가 끝나자마자 부리나케 문밖으로 사라진다. 그러던 어느 날 옛 제자로부터 내가 그의 삶에 얼마나 큰 영향을 미쳤는지 자세히 적힌 이메일을 받았다. 정신이 번쩍 들고 눈물이 고였다. 순간 나의 말과 행동이 사람들에게 얼마나 영향을 미치고 있는지 깨달았다.

하지만 이렇게 자신이 남들에게 어떤 영향을 미치는지 깨달을 기회는 흔치 않다. 누군가의 인생을 변화시키는 거창한 영향을 주든 일상에서 사소한 영향을 주든, 보통은 우리가 남들에게 미치는 영향의 극히 일부만 알아챌 뿐이다. 수많은 학생을 가르

쳤어도 나처럼 딱 한 명에게만 이메일을 받을 수도 있다는 뜻이
다. 이렇듯 남에게 미치는 영향을 알아채는 기회가 흔하지 않으
므로 대개는 자신의 영향력을 일상적으로 과소평가한다. 우리
가 한 칭찬을 듣고 기분이 얼마나 좋았는지 말해주거나 우리가
건넨 농담에 종일 미소가 지어졌다고 말해주는 사람이 거의 없
다면 우리가 누군가에게 영향을 미치고 있다는 것을 과연 어떻
게 알 수 있을까?

심리학자 에리카 부스비Erica Boothby와 나는 이 질문에 이끌
려 한 가지 실험을 고안했다. 실험 참가자들에게 누군가와 일상
적인 대화를 나누기 전에 먼저 자신의 존재가 상대에게 얼마나
영향을 미칠 거라고 예상하는지 물어보고, 다음으로 그 상대에
게 실제로 얼마나 영향을 받았는지 물어보는 것이다. 과연 사람
들은 일상의 평범한 소통에서 자신이 남에게 미치는 영향을 낮
게 평가할까?

우리는 참가자들에게 한 가지 과제만 진행하는 간단한 실험
이라고 말하며, 실험실에서 나가 거리에 있는 (동성의) 아무에게
나 다가가 그 사람을 칭찬해주는 과제라고 설명 했다. 칭찬할 말
까지 미리 정해주었다. 그냥 "저기요, 셔츠가 멋지네요"라고 말
하면 되었다.

우리는 참가자들을 실험실에서 내보내기 전에 상대가 칭찬
을 듣고 얼마나 기분이 좋아질지 예상하게 했다. 그리고 봉투를
주면서 낯선 사람을 칭찬한 뒤 곧바로 그 사람에게 봉투를 주

라고 지시했다. 봉투에는 칭찬을 듣고 얼마나 기분이 좋아졌는지 묻는 설문 조사지가 들어 있었고, 설문 조사를 작성해서 넣을 봉투가 하나 더 들어 있었다. 따라서 참가자들은 상대가 설문 조사에 뭐라고 답했는지 알 수 없었다(참가자가 그 자리에서 바로 확인했다면 상대는 솔직하게 답하기 어려웠을 것이다).

나는 이 연구에서 얻은 통찰로 낯선 사람과 이전과는 다르게 소통하게 되었다. 이제는 남에게 해주고 싶은 칭찬이 떠오르면 꼭 말해주려고 한다. 내게는 별것 아니고 어색하게 들리는 칭찬이, 내 예상보다 상대를 훨씬 행복하게 만들어준다는 것을 알았기 때문이다. 실험 참가자들에게 칭찬을 들은 사람들은 설문 조사에서 참가자와의 대화가 즐거웠다고 답했다. 참가자가 칭찬하러 나가기 전에 예상한 것보다, 상대는 더 "으쓱하고" "행복한" 기분이 들었다고 답했다. 나는 이 연구를 다시 진행하면서 참가자들에게 상대의 입장이라면 갑자기 모르는 사람이 다가와 칭찬할 경우 얼마나 불쾌하고 성가실 것 같은지 물었다. 참가자들은 실제로 상대가 설문 조사에서 답한 것보다 그 행동을 훨씬 성가시고 귀찮게 느낄 거라고 예상했다.[1, 2]

낯선 사람의 셔츠를 칭찬하는 실험만 이런 결과는 아니었다. 참가자들에게 모르는 사람에게 가서 그 사람의 매력적인 부분을 찾아 칭찬하라고 주문했을 때도 같은 결과가 나왔다. 칭찬받은 사람은 칭찬해준 사람의 예상보다 칭찬을 훨씬 더 고맙게 받아들였다.

요컨대 우리는 단순한 칭찬이 상대를 얼마나 기분 좋게 만들어주는지는 실제 결과보다 낮게 예상하면서, 모르는 사람이 길을 막고 칭찬해주는 것은 매우 성가시게 여길 거라고 지레 겁을 먹는다. 겉모습에 대한 칭찬을 넘어선 영역에서도 같은 현상이 나타난다. 또 삶에 중대한 영향을 미친 사람에게 고마운 마음을 전할 때 상대가 느낄 기쁨의 정도는 과소평가하면서 어색함의 정도는 과대평가한다.

사회심리학자 아미트 쿠마르Amit Kumar와 니콜라스 에플리Nicholas Epley의 연구에서 참가자들은 각자의 삶에서 중요한 사람에게 '감사 편지'를 썼다. 부모에게 쓴 사람도 있고, 교사나 멘토에게 쓴 사람도 있고, 친구에게 쓴 사람도 있었다. 참가자들은 편지를 보내기 전에 편지를 받을 사람이 얼마나 기뻐할지, 또 편지를 읽으면서 얼마나 어색해할지를 예상해서 답했다. 그리고 연구자들은 편지를 받은 당사자에게 직접 연락해서 편지를 읽으면서 **실제로** 기분이 어땠는지를 물었다. 우리의 칭찬 연구와 마찬가지로 이 연구의 참가자들도 삶에서 중요한 사람이 감사 편지를 받고 얼마나 기뻐할지에 대한 기대치는 낮은데 반해, 얼마나 어색해할지는 실제보다 부풀려 짐작했다.[3]

쿠마르와 에플리는 또 다른 연구에서 참가자들에게 그들에게 영향을 주는 사람에게 감사 편지를 얼마나 자주 쓴다고 생각하는지 물었다. 너무 자주 쓴다고 생각하는가? 너무 적게 쓴다고 생각하는가? 압도적인 다수가 감사 편지를 자주 쓰지 않는 편인 것 같다고 답했다. 감사의 말을 들으면 가장 기뻐할 사람에게 감사의 마음을 전하려고 충분히 노력하지 않는다는 뜻이다.

사실 남편과 나도 그랬다. 첫딸은 태어나고 처음 며칠간은 온타리오주 키치너에 위치한 그랜드리버 병원의 신생아 집중치료실에서 보내야 했다. 다행히 큰 문제는 없었지만 우리의 조그만 아기가 모니터와 정맥 주사에 연결된 모습을 보는 것이 남편과 내게는 끔찍한 경험이었다. 그곳 간호사들은 다들 훌륭한 분들이었다. 그들은 우리 딸만이 아니라 처음 부모가 된 우리도 세심히 신경 써줬다. 사흘간 그들과 신생아 집중치료실에 머물면서 우리는 부모가 되기 위한 집중 훈련을 받은 셈이었다. 딸의 치료를 마치고 집에 돌아온 뒤 우리가 기저귀를 갈고 밤낮으로 보살피고 백신을 맞히면서 잘 달래는 모습을 본 주변 사람들은 우리가 여유로워 보인다고 말해주었다. 이건 모두 신생아 집중치료실 간호사들 덕분이었다. 그들은 우리에게 아기를 키우는 요령을 많이 가르쳐주었다. 우리는 주변 사람들에게 간호사들 덕분에 값진 경험을 했다고 말했다. 그런데 정작 그분들에게는 진심을 전하지 못했다.

딸이 신생아 집중치료실에서 나오고 3개월이 지났을 무렵 (건강한 모습으로 밝게 웃는) 딸 사진을 찍다가 문득 감사한 마음에 가슴이 벅찼다. 그래서 사진을 프린트해서 뒷면에 감사 인사를 적고 키치너의 신생아 집중치료실 간호사들에게 보냈다. 그분들이 그 편지를 받고 어떤 기분이었을지 몰라도 내가 생각한 것보다 더 기분이 좋았기를 바란다.

이상의 연구 사례처럼 우리는 낯선 사람을 칭찬하거나 우리 삶에서 중요한 사람에게 감사의 마음을 전하는 노력을 게을리하는 편이다. 우리의 말이 상대에게 미치는 영향력을 과소평가하기 때문이다. 우리가 누군가에게 좋은 말을 해주면 상대가 얼마나 좋아할지에 대해 크게 기대하지 않는 것이다. 그런데 앞으로 이 책에서 다룰 내용처럼 이것은 우리가 타인에게 미치는 영향을 과소평가하는 여러 방식 중 하나일 뿐이다.

스스로 무능하다거나, 보이지 않는다거나, 어설프다고 느끼더라도 알고 보면 그렇지 않을 가능성이 크다. 이런 기분이 드는 이유는 우리의 말과 행동, 나아가 우리의 존재 자체가 남에게 어떤 영향을 미치는지 잘 모르기 때문이다.

스스로 존재감이 없다고 느끼기 때문에 우리의 존재가 남에게 미치는 영향을 과소평가한다. 상대가 "노(no)"라고 답할 거라고 예상하고 지레 겁먹어서 애초에 부탁하지도 않는다. 때로는 말을 배려 없이 툭 내뱉기도 한다. 우리가 하는 말의 영향을 과소평가해서 상대도 그냥 별생각 없이 흘려들을 거라고 착각하기 때문이다. 그리고 권력을 가진 자리에 있을 때는 별 뜻 없이 농담조로 던지는 제안이 아랫사람에게는 명령으로 들릴 수 있다는 사실도 인지하지 못한다.

사실 잘 모르는 것도 당연하다. 우리가 남에게 미치는 영향의 상당 부분은 우리가 관찰하거나 접근하기 어려운 영역이기 때문이다. 누군가를 만나 대화를 나누고 각자 갈 길을 갈 때 상대가 나중에 나를 얼마나 생각해줄지는 알 길이 없다. 감사 편지를 보내고 상대가 편지를 읽는 순간에는 옆에서 지켜볼 수 없다. (마침 옆에 있다고 해도 상대가 그 편지로 얼마나 기분이 좋아졌는지를 정해진 척도로 답해주지 않는다.) 지하철에서 벌떡 일어나 "여러분 중 몇 명이 지금 저를 보고 계시나요?"라고 물어보지 않는 한 과연 몇 명이나 내 행동을 지켜볼지 (그리고 영향을 받는지) 알 수 없다.

나와 동료 연구자는 바로 이 지점에 관심을 두고 연구했다. 우리 연구팀은 수십 년간 우리가 남에게 미치는 영향, 즉 평소에는 쉽게 알 수 없는 지점에 주목했다. 연구에서 우리는 남에게 미치는 영향에 관해 누구나 궁금해할 질문을 참가자들에게 던졌다. 오늘 내가 그 자리에 있었던 걸 그 사람이 알까? 내가 아까 한 말에 저 사람은 얼마나 기분 상했을까? 내 제안을 거절할 수 있다는 걸 저 사람들은 알까? 저 사람이 내 부탁을 들어줄까?

이 질문에 대한 참가자들의 답변은 인상적이었다. 대체로 자신에게 영향력이 거의 없다고 **느낀다**는 것이다. 하지만 연구 결과 사람들은 우리가 생각하는 것보다 더 자주 우리를 보고, 우리 말을 듣고, 우리의 부탁을 들어주려 한다. 좋은 쪽으로든 나쁜 쪽으로든.

여기서 한 가지 짚어둘 점이 있다. 이 책은 영향력과 설득을 다루는 기존 책들과는 다르다. 영향력과 설득을 다루는 책들은 주로 한 가지 목표를 향한다. **가지고 있지 않은** 영향력을 키우는 방법을 소개해서 새로 얻은 영향력을 과감히 활용하여 더 발전하도록 도와주는 것이다. 하지만 이 책의 목표는 영향력을 키우도록 도와주는 것이 아니라, 이미 **가지고 있지만** 알아채지 못하는 영향력을 깨닫게 하는 데 있다. 우리가 이미 가진 영향력을 알아채면 우리는 스스로의 영향력을 과감히 활용하면서 더 발전시킬 수 있을 것이다. 자신의 영향력을 바탕으로 마음속의 말을 더 표현하고 싶고 필요한 것을 더 요구하고 싶어질 것이다. 반대로 적게 말하고 싶어질 수도 있다. 사람들이 우리에게 "노"라고 말하는 것을 얼마나 어려워하는지, 또 얼마나 많은 사람이 우리의 즉흥적인 생각을 진지하게 받아들이는지 알면 한발 뒤로 물러나 영향력을 **적게** 사용해야 할 때도 있다는 것을 알게 될 것이다.

나는 이 책을 읽는 당신이 자신의 영향력을 더 명확히 알고 그 힘을 신중히 사용하기를 바란다. 더불어 영향력을 발휘해도 되는 상황에서는 더 과감하게 사용하고, 의도하지 않거나 알아채지 못한 채로 발산되는 영향력에는 스스로 더 큰 책임감을 갖기를 바란다.

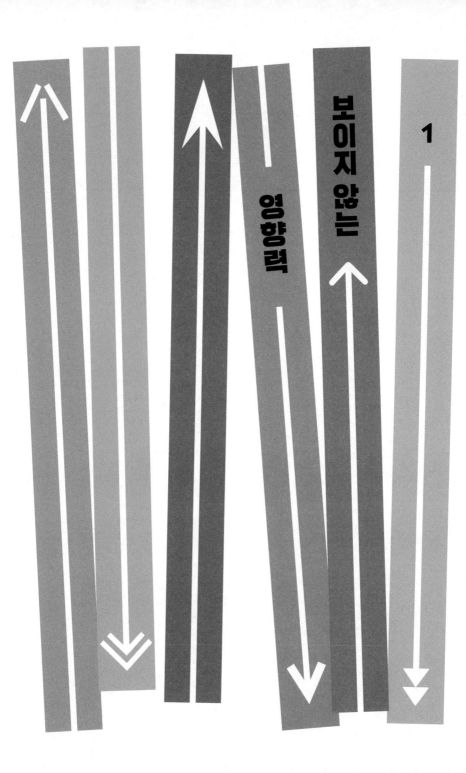

보이지 않는

영향력

1

미스터 마구^{Mr. Magoo}는 1949년*에 텔레비전 화면을 장식한 만화 캐릭터다. 앞을 거의 보지 못하는 고집불통 노인으로 한바탕 소동을 일으키는 인물이다. 한 에피소드에서는 미스터 마구가 로켓 발사 시설을 카지노로 착각하고 들어가 슬롯머신처럼 생긴 장치의 레버를 잡아당기는 실수를 저질러 이 시설의 관리인을 우주로 날려 보낸다. 또 다른 에피소드에서는 프랑켄슈타인의 실험실을 호텔 라운지 바로 착각하고 그 외의 여러 복잡한 사건을 거치면서 프랑켄슈타인이 그의 괴물에게 시도하려던 사악한 실험을 망친다.

　미스터 마구(와 이 인물이 지닌 희극적 장치)의 특징은 자신이

---

* 　　시청자들이 노골적인 장애인 차별에도 크게 분개하지 않던 시대

일으킨 분란을 전혀 모른다는 점이다. 그는 누군가를 우주로 날려 보내는 등 어마어마한 영향력을 행사하면서도 자신의 영향력을 전혀 모른다. 그리고 그가 나타날 때 주변 사람들의 행동과 관심이 어떻게 달라지는지도 전혀 눈치채지 못한다.

나는 이 책에서 누구에게나 미스터 마구와 같은 면이 조금씩 있다는 것을 보여주려 한다. 하루하루 앞만 보고 살아가는 동안에도 우리는 매일 마주치는 여러 사람에게 영향을 미친다. 그리고 미스터 마구처럼 우리가 미치는 영향을 거의 알아채지 못한다.

하지만 우리가 지닌 영향력을 깨달으면 힘이 나고 정신이 번쩍 들 것이다. 어찌 보면 영향을 미치는 것이 생각보다 쉽고 그렇게 거창한 일이 아니라는 뜻이다. 남에게 영향을 미치려고 시도하다가 실패할 때도 있지만 별다른 노력 없이(자기가 가진 영향력을 알아채지도 못한 채) 영향을 미칠 때가 훨씬 많다. 한편으로는 본의 아니게 원하지 않는 방식으로 남에게 영향을 미치기도 한다는 의미이다.

마케팅 전문가들은 영향력을 얻기 위한 첫 단계는 상대의 관심을 끄는 것이라고 말한다. 흔히 설득의 과정에서 남의 관심을 사로잡는 것이 가장 어려운 부분이라고 한다. 하지만 이 장에서는 이런 상식을 뒤집을 것이다. 관심을 끌려면 손을 흔들고 큰소리로 불러야 한다는 해묵은 오해가 풀릴 것이다. 무언가를 팔아야 하는 광고업자라면 무슨 수를 써서라도 사람들의 이목을 끌어야 하지만, 우리 같은 보통 사람은 그럴 필요가 없다. 우리에게는 이미 힘이 있다. 우리는 사람이지 광고나 트윗이 아니며, 인간은 본래 남을 의식하도록 태어났다. 무엇보다도 인간은 본래 남들이 무슨 생각을 하는지 궁금해하고 남들의 생각에 따라 자신의 생각과 행동을 조율한다. 즉, 우리는 이미 항상 주위 사람들에게 (별다른 노력 없이, 대개는 알아채지도 못한 채) 조용하고 미묘하게 영향을 미치고 있다.

우리는 생각만큼
보이지 않는 존재가 아니다

2017년 9월 12일, 뮐러 특별검사가 수사하는 도널드 트럼프 전 대통령의 러시아 게이트 연루 혐의에 대해 백악관 입장을 조율하던 책임자 타이 콥$^{Ty\ Cobb}$ 변호사는 이 사건을 맡은 트럼프의 외부 선임 변호사 존 다우드$^{John\ Dowd}$를 만나 함께 점심을 먹었다. 두 사람은 거리의 사람들이 분주히 오가는 워싱턴 D.C.의 유명 레스토랑의 야외 테라스 자리에 앉았다. 유명 레스토랑, 야외 테라스, 사람들이 바삐 오가는 인도. 이보다 더 공개적인 장소도 없었다. 그런데도 두 변호사는 45분 넘게 사건에 관한 민감한 부분을 논의했다. 이를테면 은밀히 진행되었던 '트럼프타워 회의'에 관한 기밀 정보, 트럼프그룹 안에서 트럼프의 사위 재러드 쿠슈너Jared Kushner의 불안한 입지, 그리고 트럼프가 얼마나 공격적으로 행정 특권을 내세울지 등이었다. 이런 민감한 정보가 마침 옆 테이블에 있던 『뉴욕타임스New York Times』의 기자를 통해 전 세계로 퍼져나갔다. 켄 보겔Ken Vogel이라는 그 기자는 트위터에 두 변호사의 사진을 올리고 이렇게 설명을 붙였다. "타이 콥과 존 다우드가 BLTSteakDC에서 큰 소리로 러시아의 대선 개입 수사에 관한 상세한 내용을 떠드는 장면입니다. 저는 옆 테이블에 앉아 있었고요."[1]

이 우연한 특종으로 트럼프의 사건을 맡은 변호사들 사이에서 러시아의 미국 대선 개입에 대한 수사에 얼마나 협조할지를 두고 내분이 일어난 사실이 폭로되었다. 하지만 언론은 이내 특종의 내용보다는 특종이 된 과정에 주목해서 흥미 위주의 보도를 쏟아냈다. 『워싱턴포스트Washington Post』의 프레드 바바시Fred Barbash 기자는 이렇게 말했다. "식당에서 식사하다가 기밀 정보를 엿듣고 특종을 올리는 것은 워싱턴에서 일하는 모든 기자의 꿈이다."[2] 두 변호사(그중에서도 콥은 러시아의 대선 개입에 대한 수사와 관련해 트럼프의 답변을 '전문적으로 조율하는' 일을 맡은 인물)는 어떻게 옆에서 누가 듣는지도 모르고 그런 민감한 사안을 발설할 수 있었을까? 보겔은 MSNBC와의 인터뷰에서 그 레스토랑과 『뉴욕타임스』 워싱턴 지부가 가까이 있다고 말하면서 "힘 있는 사람들이 점심 식사를 위해 찾는 장소일 뿐 아니라 기자, 특히 『뉴욕타임스』 기자들이 점심을 먹으러 자주 가는 곳으로 알려진 레스토랑에서 이런 대화를 나눈다는 것이 많은 사람에게는 더욱 충격일 겁니다"라고 말했다. 『워싱턴포스트』의 칼럼니스트 다나 밀뱅크Dana Milbank는 이렇게 물었다. "콥은 대체 무슨 생각이었을까요?"[3]

에리카 부스비는 예일 대학교의 연구자 마거릿 클라크Margaret Clark, 존 바그John Bargh와 함께 콥이 대체 무슨 생각이었을지 묻는 질문에 대한 답을 찾아낸 듯하다. 이 특종을 둘러싼 수수께끼만이 아니라 우리가 남에게 미치는 영향을 제대로 알아채지 못하는 이유에 대한 답까지도 알아낸 듯하다. 콥은 그저 남들이 자신을 얼마나 지켜보는지 과소평가하는 인간의 보편적인 성향을 보여주었다. 우리는 일반적으로 남이 우리를 보고, 우리의 말을 듣고, 우리에게 관심을 보내는 정도를 실제보다 낮게 생각한다. 부스비와 동료들은 '투명 망토 착각'[4]이라는 용어로 우리가 일상에서 남에게 잘 보이지 않을 거라고 여기는 성향을 설명했다. 이를테면 우리는 열차를 타고 헤드폰을 쓰거나, 선글라스를 쓰고 공원을 산책하며[5] 주위의 다른 사람들을 관찰하면서도 우리 자신은 마치 투명 망토를 걸친 것처럼 아무에게도 보이지 않을 거라고 생각한다. 하지만 변호사 콥과 다우드의 예처럼 사람들은 (우리가 생각하는 것 이상으로) 우리에게 주의를 기울인다.

부스비와 공동연구자들은 이런 현상을 입증하기 위해 초기 연구에서 북적이는 대학교 학생식당을 찾아가 여럿이 함께 식사하는 학생들에게 설문 조사를 실시했다. 학생들이 공공장소에서 점심을 먹으면서 실제보다 남의 눈에 덜 띈다고(즉 남이 지켜보지 않는다고) 생각하는지 알아보고자 했다.

이 가설을 검증하기 위해 학생식당에서 나오는 학생들을 무작위로 선별해서 각기 다른 조건에 배정했다. 한 조건에서는 학생들에게 식당에서 주위에 있던 사람들(그들의 행동이나 버릇, 외모)을 얼마나 인지하고 관찰했는지, 그들에게 얼마나 호기심을 느꼈는지 그리고 그들이 무슨 생각을 할까 얼마나 궁금해했는지 알아보았다. 다른 조건에서는 학생들에게 식당에 있던 사람들이 **자신들**(행동, 버릇, 외모)을 얼마나 알아채거나 지켜보았다고 생각하는지, **자신들**에게 얼마나 호기심을 느꼈다고 생각하는지, **자신들이** 무슨 생각을 하는지 얼마나 궁금해했을 거라고 생각하는지 알아보았다. 참가자들이 남들을 얼마나 관찰했는지 나타내는 점수는 남들이 **그들을** 얼마나 관찰했다고 생각하는지 나타내는 점수보다 67퍼센트 높았다. 모두가 모두를 관찰하느라 바쁜데도 우리는 어째서인지 우리가 주변의 다른 사람들보다 보이지 않는다고 생각한다.

왜 이렇게 생각할까? 이렇게 한번 물어보자. 누군가를 바라보다가 눈이 마주쳐서 얼른 눈을 돌리거나 다른 데를 보는 척한 적이 있는가? "그렇다"라고 답할 것이다. 다들 그렇다. 시력 과학자들이 만든 '시선 굴절gaze deflection'이라는 용어가 있다.[6] 우리는 누군가를 쳐다보면서도 안 보는 척 하려고 한다. 이는 곧 우리를 바라보던 사람도 그 사실을 숨기려 한다는 뜻이다. 따라서 누군가가 우리를 지켜본다는 증거를 우리가 확인할 수 있는 경우는 드물다. 가만히 주위를 둘러보면 천장을 보거나 자기 손을 보고 있다가, 우리가 시선을 다른 데로 돌리자마자 자기도 모르게 우리를 쳐다보는 사람들이 많은 걸 알 수 있다. 실제로 부스비와 동료들은 다른 연구에서 참가자들에게 이렇게 물었다. "모르는 사람과 눈이 마주칠 때 그 이유가 당신이 그 사람을 보고 있었기 때문이라고 생각합니까? 아니면 그 사람이 당신을 보고 있었기 때문이라고 생각합니까?" 이 연구에서는 대다수(76%)가 자기가 그 사람을 보고 있어서 눈이 마주친 거라고 답했다. 물론 정답이 아니다.

한편 모르는 사람만 우리 생각보다 더 우리에게 관심을 보이는 것은 아니다. 연구자들은 앞의 학생식당 상황을 바탕으로 이번에는 참가자들에게 같이 식사하는 사람들에 대해 얼마나 많이 관심을 가졌는지 물었다. 결과적으로 친구들도 우리 생각보다 더 우리에게 주목하고 우리가 무슨 생각을 하는지 궁금해하는 것으로 나타났다.

이 연구 결과들은 모두 이 책의 목표에 이르는 데 꼭 필요한 요소다. 남들이 우리에게 얼마나 관심을 갖는지 모르는데 어떻게 우리가 남들에게 얼마나 영향을 미치는지 평가할 수 있겠는가? 앞에서 내가 우리는 사람이지 광고가 아니라고 한 말은 여전히 유효하지만 광고에서 한 가지 유용한 통찰을 얻을 수 있다.

나를 향한 타인의 관심이 영향력으로 가는 첫걸음이라는 점이다. 따라서 우리가 가진 설득의 힘을 과소평가하게 만드는 시작점은 남들이 우리에게 얼마나 주목하는지를 과소평가하는 것이다.

지나치게
예민할 필요는 없다

투명 망토 착각에 관해 읽고 '그럼 남들이 모두 나의 [이 괄호 안에 당신이 부끄럽게 생각하는 개인적인 불안감을 넣어라]를 본다'라고 생각할 수 있다. 하지만 여기서 짚고 넘어갈 점이 있다. 사실 남들은 우리가 관심 있는 그 부분을 보고 있지 않다. 특히 [당신이 개인적으로 부끄럽게 생각하는 불안의 요소]에 주목하지 않는다.

누군가를 쳐다보다가 그 사람과 눈이 마주치면(사실은 그 사람도 나를 보고 있었을 가능성이 있는데도) 괜히 혼자 들킨 것 같아 창피한 기분이 들 수 있다. 또 반대로 남들이 모두 나의 뻗친 머리를 보거나. 내가 발을 헛디디는 모습을 보거나, 바지의 이상한 위치에 생긴 얼룩을 보는 것 같아서 창피해하기도 한다. 그러나 걱정하지 않아도 된다. 연구에 따르면 우리의 이런 우려와 달리 사람들은 우리의 그런 부분을 보고 있지 않다. 사회심리학자

탐 길로비치Tom Gilovich와 비키 메드백Vicky Medvec, 켄 사비츠키 Ken Savitsky는 이제는 고전이 됐을 정도로 유명한 한 연구에서 우리가 가장 부끄러워하는 부분을 남들이 다 지켜볼까 봐 걱정하는 것이 과한 염려인지 아닌지 알아보았다.[7] 이들은 학생 참가자들을 여러 집단으로 나누어 실험실로 부른 후 무작위로 한 학생을 선정해, 사전 인터뷰에서 모두가 창피하게 여기는 것으로 나타난 티셔츠를 입혔다. 배리 매닐로우Barry Manilow 콘서트 티셔츠였다.*

　이어서 실험자는 이런 창피한 티셔츠를 입은 참가자를 데리고 실험이 진행되는 장소라면서 다른 방으로 데려갔다. 참가자는 그 방에 들어가 이미 테이블에 앉아 있는 다른 참가자들을 보았다. 참가자가 테이블로 가서 끼어 앉으려고 하면 실험자가 제지하며 다시 생각해보니 다른 참가자들은 이미 작업을 많이 진행했다면서 배리 매닐로우 티셔츠를 입은 참가자에게 잠시 밖에서 기다려 달라고 말했다. 참가자가 밖에서 기다리는 사이 실험자들은 두 가지 중요한 정보를 수집했다. 먼저 배리 매닐로우는 티셔츠를 입은 참가자에게 방 안에 있던 사람 중 몇 명이나 당신이 그 티셔츠를 입은 걸 알아챘을 것 같은지 물었다. 그리고 나서 나머지 참가자들에게는 그 참가자의 티셔츠에 누가 그려

———

*　이런 티셔츠를 좋아하는 힙스터 문화가 출현하기 몇 년 전에 진행된 연구였다.

져 있었는지 봤느냐고 물었다. 실험자들은 이런 방식의 연구로 티셔츠를 입은 참가자들이 창피한 티셔츠를 알아봤을 거라고 예상한 사람의 비율과 실제로 그 이미지를 알아본 사람의 비율을 비교할 수 있었다.

좋은 소식이 있다. 티셔츠를 입은 참가자는 그 방에 있던 사람들 절반 정도가 부끄러운 티셔츠를 알아봤을 거라고 예상했지만 실제로는 4분의 1만 알아보았다. 다시 말해 티셔츠를 입은 참가자들은 자신의 외모에서 창피하게 생각하는 부분에 주목한 사람을 실제보다 두 배 많게 예상한 것이다. 연구자들은 이런 결과를 '스포트라이트 효과'라고 일컬었다. 사람들은 사회적 스포트라이트가 그들을 실제보다 더 눈에 잘 띄게 비춘다고 생각하는 경향이 있다.

이 연구에서 참가자들은 남들이 그들에게 보이는 관심의 크기는 과대평가 했지만, 앞서 보았듯이 사람들은 때로 남들이 보이는 관심의 정도에 대해서는 과소평가하기도 한다. 그러면 두 가지 효과(투명 망토 착각과 스포트라이트 효과)가 어떻게 공존할 수 있을까? 길로비치와 공동연구자들은 스포트라이트 효과 연구의 결과를 논의하다가 이 효과가 역전될 만한 상황도 떠올렸다. 그들은 이것을 '역 스포트라이트 효과'라고 불렀고, 훗날 다른 연구자들이 이런 현상을 '투명 망토 착각'이라고 일컬었다. 가령 사람들은 어떤 상황에서 남의 시선을 의식할 때는 남들이 보이는 관심의 정도를 크게 느끼지만, 일상의 거의 모든 상황에서는

(평소와 똑같은 일과를 보내고, 평소 입던 옷을 입고, 별생각 없이 습관적으로 일하면서) 사람들이 우리에게 보내는 관심을 적게 느끼는 경향이 있다.

부스비와 동료들(투명 망토 연구자들)은 두 현상을 구분하기 위해 새로운 연구를 진행했다. 이번에는 길로비치 연구팀의 연구 계획서에서 한 페이지를 차용했다.[8] 대신 학생식당이 아니라, 실험실로 학생들을 불러 설문 조사를 진행했다. 참가자들이 도착하면 둘 중 하나의 조건에 배정했다. 참가자들에게 옷 위에 티셔츠를 덧입게하는 조건과 그렇지 않은 조건이었다. 스포트라이트 효과 연구처럼 티셔츠에는 눈에 잘 띄는 얼굴이 그려져 있었다. 다만 요새는 배리 매닐로우 티셔츠를 구하는 게 1990년대보다 어려우므로 악명 높은 마약왕 파블로 에스코바르Pablo Escobar의 얼굴이 프린트된 티셔츠를 나눠줬다. 그래도 같은 효과가 나타났다. 티셔츠를 입은 참가자들은 남의 시선을 의식했다. 한편 다른 조건의 참가자들은 실험하러 올 때 입었던 옷을 그대로 입어서 겉모습 때문에 남의 시선을 의식할 필요가 없었다.

다음으로 참가자들은 (실험자에게 받은 티셔츠를 입었든, 자기 옷을 입었든) 다른 참가자들이 있는 대기실로 안내받았고, 5분간 기다리다가 다른 방으로 가서 주어진 설문지에 응답했다. 그사이 실험자들은 스포트라이트 효과 연구와 같은 유형의 정보를 수집했다. '실험자에게 티셔츠를 받은' 조건과 '자기 티셔츠를 입은' 조건의 참가자들에게 대기실에 있던 다른 참가자들이 그들의 티셔츠를 얼마나 알아챘고, 티셔츠에 대해 어떻게 생각했을 거라고 예상하는지 물었다. 그리고 대기실의 다른 참가자들에게는 실제로 그 참가사의 티셔츠를 얼마나 알아챘고, 어떻게 생각했는지 물었다.

부스비와 동료들은 파블로 에스코바르 티셔츠를 입은 참가자들에게서 스포트라이트 효과를 확인했다. 티셔츠 참가자는 다른 참가자들이 실제보다 더 많이 그 티셔츠를 알아보고 생각할 거라고 짐작했다. 하지만 본인 옷을 그대로 입어서 남의 시선을 의식할 필요가 없던 참가자들은 실제보다 다른 참가자가 자신의 티셔츠를 덜 알아보고 덜 생각한다고 예상했다. 우리가 무언가에 대해 남의 시선을 의식할 때는 그 부분에 과도하게 신경을 쓰다 보니 남들도 우리만큼 그 부분에 주목할 거라고 가정한다. 다시 말해 우리가 스포트라이트를 받고 있고 모두가 우리의 가장 창피한 부분을 보고 있다고 생각하는 것이다. 하지만 현실은 그렇지 않다. 아무도 우리가 자신 없어 하는 그 부분에 우리만큼 주목하지 않는다. 반면에 어떤 행동이나 옷차림에 딱히 신경 쓸 이유가 없을 때는 남들이 실제로 그 부분에 주목하는 정도보다 덜 본다고 생각한다. 이를테면 우리에게는 오래 입어 익숙한 티셔츠일지 몰라도 누군가에게는 처음 보는 티셔츠이고, 그 사람은 그 옷이 꽤 귀엽다고 생각할 수 있는 것이다.

남들이 우리의 오래된 티셔츠에 생각보다 더 관심을 가지므로 우리가 의도치 않게 사람들에게 패션으로 영감을 줄 수 있다는 게 중요한 건 아니다. 그보다 우리의 존재가 우리도 모르는 사이에 사람들이 생각하고 느끼는 방식을 변화시킬 수도 있다는 점이 중요하다. 심리학자들은 우리의 존재가 사람들이 보고 느끼고 경험하는 과정에 조용히 영향을 미치고, 결과적으로 그들이 생각하고 느끼고 행동하는 방식까지 변화시킨다는 것을 발견했다.

사람들의 경험 속
우리의 존재

내가 남편과 연애를 시작했을 때 남편은 자신이 좋아하는 밴드를 나도 같이 좋아해주길 바랐다. 내게 플레이리스트를 보내주면서 곡의 음악적 의의를 소개하는 글까지 덧붙였고, 그가 세심하게 신경 써서 정해놓은 순서로 그 음악들을 들어보라고 권했다. 나는 그의 말대로 어느 날 저녁에 혼자 집에서 헤드폰을 쓰고 느긋하게 앉아 남편이 일러준 대로 전곡을 들었다. 음… 괜찮았다. 이런 미적지근한 소감을 나름대로 열심히 포장해서 전했지만, 남편은 실망했다. 그래도 그는 서운한 마음을 잘 극복했고, 그 밴드에 관해서는 서로 거의 얘기하지 않았다. 그렇게 몇 달이 흐른 뒤 우리는 장거리 여행을 떠났고 차에서 라디오 방송이 잡히지 않자 남편은 곧바로 그 플레이리스트를 틀었다. 나는 밴드의 음악을 바로 알아챘다. 우리는 차에 나란히 앉아 창밖을 내다보면서 말없이 함께 전곡을 들었다. 그 음악에 대한 내 느낌은 어땠을까? 훨씬 좋았다. 그 밴드에 대한 내 감상이 달라졌다.

내가 그날의 기억을 떠올린 건 에리카 부스비가 진행한 다른 연구를 읽었을 때다. 부스비와 동료들은 다른 사람과 함께 하는 경험이 우리의 경험에 어떤 영향을 미치는지 연구했다. 누군가와 나란히 앉아 음악을 듣거나 누군가의 옆에 서서 그림을 보기만 해도(말하거나, 몸짓을 하거나, 그 외 어떤 식으로든 상대에게 영향을 미치려고 특별히 노력하지 않아도) 상대의 경험에 영향을 미칠 수 있기 때문이다.

부스비와 동료들은 이 효과를 입증하기 위해 '미각 실험'을 진행하는 척 가장해 참가자들을 실험실로 불렀다. 참가자들에게 초콜릿 두 조각을 먹어보고 하나씩 맛을 평가해달라고 요청했다. 참가자들은 몰랐지만, 사실 초콜릿 두 조각은 같은 초콜릿 바에서 자른 것이라 같은 맛이었다. 연구자들은 참가자들이 혼자 초콜릿을 맛본다고 생각할 때와 다른 참가자도 동시에 초콜릿을 맛본다고 생각할 때 같은 초콜릿을 다르게 평가할 거라고 예상했다. 결과적으로 연구자들은 우리가 데이트할 때 디저트를 주문해야 하는 이유를 찾아냈다. 참가자들은 다른 참가자와 동시에 맛본 초콜릿이 혼자 맛본 초콜릿보다 더 마음에 들고 맛있다고 대답했다.[9]

따라서 누군가가 무언가를 좋아하게 만들려면 그냥 그 사람과 그 경험을 나누면 된다. 그러나 부스비와 동료들은 누군가와 함께 경험하면 그 사람을 더 기분 좋게 만들 수 있다는 결과만 얻은 것이 아니었다. 함께 경험하면 경험에 대한 감정이 더 증폭된다는 결과도 나왔다. 앞의 연구에서는 달콤한 초콜릿을 먹는 유쾌한 감정이 증폭되었다. 하지만 불쾌한 감정도 증폭될 수 있음을 밝힌 연구도 있다. 이후의 연구에서 부스비와 동료들은 같은 실험 장면을 설정했다. 이번에는 사전 조사에서 매우 불쾌한 맛으로 나타난 아주 쓴맛의 초콜릿을 맛보게 했다. 결과적으로 불쾌한 맛의 초콜릿을 다른 사람과 함께 맛보면 그 경험이 더 즐거워지는 대신 오히려 불쾌해지는 것으로 나타났다. 함께 하면 좋은 쪽으로든 나쁜 쪽으로든 감정이 더 강렬해지는 것이다.

연구자들은 특히 참가자들끼리 대화를 나누지 못하게 하려고 신중을 기했다. 서로의 존재만 알게 하고, 서로 메모를 비교하지도, 눈을 마주치지도, 몸짓을 보는 행위도 못하게 했다. 초콜릿 한 조각을 맛보는 경험이 단지 다른 사람과 함께한다는 이유만으로 어떻게 그렇게 극적으로 달라질 수 있을까? (심지어 한 사례에서는 10점 만점의 호감도 척도에서 평균 점수가 5.5점에서 7점으로 올라갔다.)

연구자들이 내놓은 흥미로운 이론은 이런 현상이 정신화 mentalization 과정을 통해 나타난다는 것이다. 맛있는 초콜릿을 먹을 때 누군가가 같은 행동(초콜릿 맛보기)을 한다고 생각하면 그 사람은 초콜릿 맛을 어떻게 경험할지 상상하는 것이다. 그러면서 맛있다는 생각이 배가된다.

한편 심리학자 개리 슈테인버그Garriy Shteynberg와 동료들은 우리의 마음이 남들과 동시에 같은 대상을 평가한다고 생각할 때 감정이 과열된다는 연구 결과를 발표했다. 우리가 속한 집단의 다른 구성원들이 같은 책을 읽거나 같은 TV 프로그램을 본다는 걸 알면 대상에 더 집중하고, 더 세세히 기억하고, 더 신중히 평가하면서 남들은 그것에 대해 어떻게 생각하는지 알아내려 한다는 것이다(한마디로 '우리'는 어떻게 생각하는가?). 그러면서 정신적 에너지를 더 사용하고, 이를 통해 다시 무엇을 평가하든 그것에 대한 우리의 태도도 달라지는 것이다. 심지어 다른 사람들과 구체적으로 논의하지 않고, 남들의 의견이 무엇인지 몰라도 말이다.

일련의 연구에서 참가자들에게 그림 몇 점을 평가하게 하고 다른 참가자들도 같은 그림을 평가한다고 **알려주자** 참가자들은 그 그림에 대한 감상을 더 복잡하게 적었다. 특히 어떤 그림을 혼자 평가한다고 생각하거나 다른 참가자들은 다른 그림을 평가한다고 생각할 때보다 그림에 대한 평가가 극단적으로 흘렀다.[10] 즉 다른 참가자들도 같은 대상을 평가하고 있다고 생각할 때 그 대상에 더 집중하고 더 진지하게 평가해서 결국 그 대상에 대한 태도가 강렬해진 것이다. 다른 사람도 초콜릿을 먹는다고 정신화하면 초콜릿을 맛보는 경험이 더 강렬해지는 것과 같은 이치다.

정신화는 사람들이 주위에 있을 때 본능적으로 일어나는 현상이다. 우리는 본능적으로 남들에게 호기심을 느끼고 남들의 머릿속에서 무슨 일이 일어나는지, 어떤 대상을 어떻게 생각하고, 어떻게 반응하는지 알아내려고 한다. 다만 이 책의 주제와 관련하여 기억해야 할 것은 남들도 우리처럼 한다는 사실이다. 우리가 사람들과 같이 있을 때 그들도 **우리가** 무슨 생각을 하는지 유심히 알아내려 한다. 그리고 앞에서 보았듯 사람들은 우리가 예상하는 것보다 훨씬 열심히 우리의 생각을 알아내려 한다. 따라서 사람들은 우리가 생각하는 것보다 우리의 존재를 더 알아챌 뿐 아니라 우리의 행동을 보면서 왜 그렇게 행동하고 무슨 생각을 하는지 궁금해한다. 이처럼 사람들은 주위 사람들의 행동을 이해하려고 노력하기 때문에 우리가 옆에 있으면 우리로 인해 다르게 생각하고 다르게 느낀다. 따라서 우리는 사람들과 함께 있을 때 그들이 세상을 경험하는 방식뿐 아니라 그들의 마음에도 영향을 미친다.

청중 속에
존재하는 힘

내가 지원한 대학원 중에는 학사학위를 받은 브라운 대학교의 심리학부도 있었다(현재의 인지, 언어, 심리 과학부). 나는 운 좋게 합격했고, 이후 학부 시절 교수님 한 분으로부터 몇 년 전 수업에서 나를 본 기억이 있다는 황송한 이메일을 받았다. 그분이 말한 수업은 강의 위주의 수업이어서 나는 50명 이상의 학생들이 들어찬 강의실 어딘가에, 아마도 앞줄보다는 뒷줄에 앉아 있었을 것이다. 물론 수업을 열심히 듣고 고개를 끄덕였겠지만 그때만 해도 수줍음이 많아서 수업 시간에 질문이나 발언을 하지 못하던 학생이라 아마 한마디도 하지 않았을 것이다. 그런데도 그분이 나를 기억해주었다.

나 또한 약 200명을 대상으로 대규모 강의를 진행하는 지금 와서 생각해보면 그 교수님이 강의실에 있는 수많은 얼굴 중에서 나를 기억하는 것이 그때만큼 그렇게 놀랍지는 않다. 군중 속에 있으면 내가 잘 보이지 않을 거라 생각하기 쉽고, 강단에 선 사람을 빤히 쳐다봐도 그 사람은 나를 보지 못할 거라고 생각한다. 하지만 그 사람도 나를 본다. 정말이다. 강의실에서 나는 학생들의 온갖 행동을 보지만 학생들은 내가 그들을 보지 못하는 줄 안다.

무대에서 공연하는 사람들도 관객들이 무대 위의 공연자가 자기를 보지 못할 줄 알고 하는 온갖 불쾌한 행동을 목격한다. 내 사촌 에리카 라우어는 오페라 가수로 오래 활동했다. 에리카는 내게 오디션을 볼 때 앞에서 요란하게 점심을 먹고 포장지를 구겨서 멀리 떨어진 휴지통에 던지는 관객 때문에 집중하기가 힘들었다고 하소연했다. (언젠가 한창 공연하던 중 이런 행동을 본 그녀는 그 사람이 던진 포장지가 휴지통에 제대로 들어가지 않은 것까지 기억난다고 했다. 물론 그건 쌤통이었다고 했다.) 토니상을 받은 브로드웨이의 슈퍼스타 패티 루폰Patti LuPone은 몇 년 전, 공연 내내 휴대전화만 들여다보던 관객을 보고 인내심을 잃어 신문 헤드라인을 장식했다. 화를 참지 못하고 무대에서 내려가 그 관객의 손에서 휴대전화를 빼앗은 것이다.[11]

그렇다고 좋아하는 아이돌그룹의 멤버를 우러러보면서 그 멤버가 오직 당신에게만 노래를 불러준다고 생각해도 될까? 아닐 것이다. (미안하지만!) 영향력에 관해 아직 사람들이 잘 모르는 부분을 설명해주는 흥미로운 비유가 있다. 영향력은 2차선 도로와 같다는 것이다. 우리는 앞에 있는 사람, 즉 대화를 주도하는 사람을 힘과 영향력이 있는 사람으로 생각한다. 하지만 넷플릭스의 호평받는 스페셜 프로그램 〈나의 이야기Nanette〉(그리고 재밌는 후속작 〈나의 더글러스Douglas〉)에 출연한 독특하면서도 통찰력 있는 코미디언 한나 개스비Hannah Gadsby의 말처럼 누군가가 "목소리를 증폭시키는 마술봉을 가졌다고 해서… 모두가 들어야 하는" 것은 아니다.[12]

사실 강단에 선 사람도 남들과 같은 걱정을 한다. 그 역시 남들이 무슨 생각을 하는지 궁금해하고 사람들이 자신을 좋아해주기를 바라고 사람들 앞에서 유능한 사람이라는 느낌을 받고 싶어 한다. 이 모든 것을 이루려면 어떻게 해야 할까? 청중에게 집중하고, 청중을 살피고, 자기가 주로 듣고 싶은 말을 청중에게 전해야 한다.

개스비 같은 코미디언은 청중의 구미에 맞게 무대를 꾸미는 것으로 유명하다. 코미디 특집 〈싱글 블랙 피메일Single Black Female〉을 연출한 마리나 프랭클린Marina Franklin은 자신의 농담 중 어떤 것이 관객에게 재밌을지 파악하는 일에 대해 "관객 앞에 서기 전에는 몰라요"라고 말했다.[13] 제리 사인펠드Jerry Seinfeld는 다큐멘터리 〈코미디언Comedian〉에서 관객에게 새로운 소재를 시험하고 있다고 말하면서 "저희의 기발한 아이디어가 좋은지 아닌지 판단하는 책임을 여러분이 진다는 게 믿어집니까?"라고 물었다.[14]

코미디언만이 아니라 정치인도 관객의 인정을 갈망한다. 인간의 본성이다. 따라서 청중에게 막강한 위력이 주어진다. 누군가의 말을 경청하기만 해도(청중으로서 집중하기만 해도) 그 사람이 어떤 문제를 어떻게 말할지에 영향을 미친다. 결국에는 그 사람이 그 문제에 대해 생각하는 방식도 바꿀 수 있다.

강력한 영향력을 가진 사람들이 추종자들 앞에서 극단적 수사법을 쓰는 장면을 떠올려보자. 사실 그들도 자신들의 의견에 덜 동조적인 사람들 앞에서는 그렇게 과격하게 말하지 않는다. 정치인들이 지지기반에 영합하기 위해 일반 청중에게는 비난받을 만한 말을 거침없이 내뱉으면서 얼마나 많은 헤드라인을 장식했는가? 2016년에 힐러리 클린턴Hillary Clinton은 '힐러리를 지지하는 성소수자 모임LGBT-for-Hillary'의 모금 행사에서 트럼프

지지자의 절반을 "한심한 무리"라고 표현했다.[15] 또 2012년에 '접시 하나에 5만 달러'라는 기부 행사의 주최자인 헤지펀드 매니저 밋 롬니Mitt Romney는 미국 인구의 47퍼센트가 "피해자 행세를 한다"라고 성토했다.[16] 이들이 과연 일반 대중 앞에서도 똑같이 말했을까? 아닐 것이다. 실제로 언론이 이들의 발언을 찾아내 일반 대중에게 방송하자 두 사람 모두 곧바로 발언을 정정했다.

그러한 행동은 코미디언과 마찬가지로 대중에 영합하는 정치인의 행동으로 치부하기 쉽다. 어쨌든 그들에게는 구체적인 보상이 생긴다. 정치인들은 대중의 지지를 얻으려고 안간힘을 쓰면서 옆에 있는 사람이 누구든 상관 않고 표를 받아내려 하는 사람들이다. 그러나 이들의 행동은 인간이 보여주는 극단적 사례에 해당한다. 사실 낯선 사람이 가득한 공간에서 연설하든, 친한 친구와 둘이서 대화를 나누든, 청중에게 가닿을 만한 문구를 신중히 고르는 건 누구나 마찬가지다. 나와 생각이 비슷한 친구에게는 의견을 좀 더 세게 말하지만, 상대의 의견을 모를 때는 좀 더 순화해서 말한다. 심리학에서는 이런 현상을 '청중 조율audience tuning'이라고 한다.[17] 사람들은 실용적인 이유부터 친목을 도모하려는 이유와 자기 이익을 챙기려는 이유까지 여러 이유로 청중에 맞춰 메시지를 조율한다.

이면에 다른 동기가 없을 때도 청중 조율을 한다. 흔한 예로 보스턴에서 모르는 사람이 다가와 길을 물으면 상대가 보스턴 억양으로 말할 때보다 미주리주 억양으로 말할 때 더 상세히 알려준다.[18] 얼핏 봐도 당연해 보인다. 타 지역 사람에게 길을 더 자세히 알려주고 싶을 것이다. 하지만 이런 행동이 의미하는 복잡성을 들여다볼 필요가 있다. 심리언어학자이자 사회심리학자인 컬럼비아 대학교 명예교수 밥 크라우스Bob Krauss는 이런 행동에는 세 가지의 지각 행위가 필요하다고 설명한다. 우선 길을 묻는 사람을 한 가지 정보(억양)만으로 사회적 범주('지역민' 대 '외지인')를 분류하고, 두 번째로 해당 사회적 범주에 속한 사람이 가질 만한 지식과 신념('매사추세츠가'를 아는가?)을 추론하고, 세 번째로 이런 가정에 따라 그 사람에게 통할 만한 메시지("오른쪽에 매사추세츠가가 보일 겁니다")를 떠올리는 것이다.[19] 깊이 생각하지 않고 이런 과정을 거친다. 청중에게 우리의 말을 이해시키기 위해서다.

물론 다른 이유로 상대에 맞게 메시지를 조율하기도 한다. 사실 상대가 우리를 좋아해주길(우리의 농담에 웃어주거나 우리에게 표를 주기) 바라는 마음이 무엇보다 크다. 사회심리학자에게는 그리 놀라운 결과가 아니지만(가장 신뢰할 만한 연구 결과 중 하나다) 우리는 자신과 의견이 비슷한 사람들을 좋아하는 경향이 있다.[20] 누구나 어느 정도는 이런 성향을 안다. 그래서 우리는 청중이 안다고 생각하는 것뿐 아니라 청중의 의견이라고 생각하는 것을 반영해서 메시지를 조율한다. 가령 내가 엊저녁에 식사한 레스토랑을 당신도 좋아한다는 사실을 안다면 당신이 별로 좋아하지 않는 레스토랑이라고 생각할 때보다 긍정적 측면을 더 집중해서 전달할 것이다. 어쨌든 누구나 남들에게 호감을 얻고 싶어 하고, 공통의 관심사를 찾는 것이 바로 호감을 사는 방법이기 때문이다.

이런 효과를 관찰한 중요한 연구가 있다. 연구자들은 참가자들에게 마리화나 합법화를 찬성하는 상대와 반대하는 상대를 대상으로 마리화나 합법화를 논하는 연설을 찬성과 반대 측면에서 요약하게 했다. 참가자들에게 주어진 연설문은 중립이었다. 하지만 합법화에 반대하는 상대에게 연설을 요약해준 참가자들은 찬성하는 상대에게 연설을 요약해준 참가자보다 연설문이 합법화에 반대하는 내용이라고 답하는 경우가 많았다.[21] 특히 이 연구의 연구자들은 참가자들이 본인의 의견을 내지 않았다는 점을 알고 있었다. 참가자들은 다른 누군가의 의견을 요약하기만 했다. 그러나 참가자들은 자신의 의견이 아닌데도 상대에게 맞게 메시지를 적절히 조율했다. 이 연구를 통해 우리는 정보(여론 조사나 수사 결과)가 그 정보를 받는 청중의 구미에 맞추려는 목적에 따라 얼마나 왜곡될 수 있는지 알 수 있다.

'죽이는 표현'

우리는 지금까지 청중의 '보이지 않는 힘'은 메시지를 받을 때 그들이 자신의 지식과 신념과 견해로 그 내용을 걸러 듣기 때문에 화자가 메시지 자체를 바꾸게 한다고 이야기했다. 하지만 청중의 힘은 여기서 더 나아간다. 청중은 메시지만이 아니라 메시지를 전하는 사람의 신념 자체에도 영향을 미친다. 그런데 사람들이 청중에 따라 메시지를 조율한다면, 그저 청중에 맞춰주기 위한 것일 뿐 사실 자신은 자기의 말을 믿지 않는 것은 아닐까? 물론 처음에는 자신이 하는 말을 믿지 않았을지 몰라도 일단 어떤 말을 내뱉으면 그 말을 믿게 된다.

〈데일리쇼The Daily Show〉의 진행자 트레버 노아Trevor Noah가 2017년 〈레이트 나이트 위드 세스 메이어스Late Night with Seth Meyers〉 토크쇼에 초대 손님으로 나갔을 때 이 두 코미디언은 도널드 트럼프의 화법이 처음에는 단순히 지지기반을 만족시키려는 수단이었지만, 점차 트럼프 자신의 입장으로 굳어졌다며 농담을 주고받았다. "'장벽 세우기'는 원래 '죽이는 표현'이었을 뿐이지만 이제 트럼프는 정말로 장벽을 세워야 한다고 생각하는 거죠."[22] 황당하지만 실제로 벌어진 극단적 사례다. 연사가 청중에게 호소력이 있을 법한 말을 하고 청중이 열광하면, 연사가 자기가 내뱉은 말을 청중만큼 확신하게 되는 것이다.

나의 박사학위 논문 지도교수이자 사회심리학자인 컬럼비아 대학교 토리 히긴스Tory Higgins 교수는 '말하면 믿게 되는 효과'라는 적절한 명칭이 붙은 이 현상을 확인하기 위해 중요한 연구 몇 가지를 진행했다. 우리 연구실에서 '도널드 연구'*로 불리는 한 연구에서는 참가자들에게 도널드라는 가상의 인물을 묘사하면서 그의 성격에 대한 이미지가 긍정적일 수도 있고 부정적일 수도 있도록 모호하게 기술했다.[23] 예를 들어 도널드는 누구에게도 기댈 필요 없다고 생각하는 인물로 기술된다. 여기서 도널드를 독립적인 사람이라고 유추할 수 있다(다소 긍정적인 해석). 혹은 도널드를 냉담한 사람이라고도 유추할 수 있다(다소 부정적인 해석). 또 도널드는 일단 결심이 서면 좀처럼 바꾸지 않는다는 설명도 있다. 이 설명을 토대로 도널드를 끈기 있는 사람이라고 말할 수 있다. 반면 고집이 센 사람이라고도 할 수 있다. 정리하자면 도널드를 독립적이고 끈기 있고 자신감 있고 신뢰할만한 사람으로 보는 것도 맞고, 냉담하고 고집스럽고 자만심이 강하고 잘 속는 사람으로 보는 것도 맞다.

참가자들은 이런 모호한 설명을 읽고 도널드를 좋아하거나 싫어하는 사람에게 그의 성격을 요약해 설명했다. 앞서 소개한 청중 조율 현상을 고려하면, 참가자들이 도널드를 싫어하는 사람보다 좋아할 만한 사람에게 도널드의 성격을 더 긍정적으로 전달한다는 결과가 그리 놀랍지 않다.

이 연구에서 흥미로운 점은 참가자들이 도널드의 성격을 다

---

*   순전히 우연이다. 이 연구는 1970년대에 진행되었다. 도널드 트럼프가 뜨기 한참 전이다.

른 사람에게 설명한 뒤, 연구자가 그 참가자들에게 도널드를 어떻게 생각하는지 물어본 부분이다. 모든 참가자가 똑같이 모호한 설명을 상대방에게 전달했지만 도널드를 좋아하는 사람에게 설명한 참가자는 도널드를 싫어하는 사람에게 설명한 참가자보다 도널드를 호의적으로 평가했다. 이 효과는 2주 뒤 참가자를 실험실로 불러 도널드를 어떻게 생각하는지 다시 물었을 때도 유지되었다.

왜 그럴까? 참가자들은 철저히 중립적인 정보를 받았다. 그런데도 실험실을 나설 때는 뚜렷한 의견(2주 동안 유지되는 의견)을 갖게 되었다. 누군가가 참가자들에게 도널드가 얼마나 얼간이인지 설득하려 하지도 않았다. 사실 누군가에게 설명하고 소통한 사람은 바로 참가자들이었다. 청중이 어떤 말을 듣고 싶어 할지 알아내서 적절히 메시지를 조율하다 보니 그 메시지가 자신의 의견이 된 것이다.

이런 현상이 권력과 영향력의 개념에 어떤 의미를 줄지 생각해보자. 흔히 '남들에게 신뢰받는 상태'를 영향력이라고 한다. 그런데 이 말을 뒤집어 당신이 신뢰하는 사람은 누구인지 물어보자. 당신의 관심사에 맞게 메시지를 조율하려고 애쓰는 사람은 누구인가? 이 또한 매우 중요한 질문이다.

청중 속에 있는 힘을 활용하는 방법도 하나의 효과적인(그러나 진가를 인정받지 못하는) 영향력 전략일 수 있다. 따라서 누군가에게 말할 기회를 주고 **그 사람의** 청중이 되어주어(그 사람이 당신을 설득하게 하고 그사이 그 자신도 자신의 말을 믿게 되는 관계) 그에 따르는 권력을 누릴 수 있다.

돈 많고 힘 있는 사람들은 이미 이 전략을 사용하고 있다. 힐러리 클린턴은 대통령 선거 운동 중에 한 발언으로 맹공격을 받았지만, 청중 속에 있는 힘을 제대로 활용하기 위해 그녀에게 20만 달러에서 60만 달러에 달하는 연설료를 지불한 건 월 스트리트의 은행과 힘 있는 정부 기관 계약자들이었다. 클린턴이 골드만삭스Goldman Sachs 같은 금융기관에 보내다가 유출된 연설문 내용을 보면, 클린턴이 청중인 금융기관에 '대선 선거 운동에서 쓰는 언어보다 훨씬 부드러운 언어'로 메시지를 조율하며 월 스트리트에서는 인기 없는 개혁 법안을 언급한 것을 알 수 있다.[24] 클린턴이 백악관에 입성하려고 시도하는 동안 강연하고 받은 강연료에 대해 쏟아진 비판은 주로 클린턴이 얼굴만 비추고 받은 천문학적 금액에 집중되었다. 그렇게 큰 금액을 받으면 어쩔 수 없이 해당 기관에 신세를 지게 된다는 비판이다. 그러나 앞서 논의한 내용을 근거로 보면 현재 권력의 자리에 있거나 언젠가 권력을 잡을 수도 있는 사람에게 거액을 주고 연설을 의뢰하는 방식은 단순한 맞거래 전략이 아니다. 오히려 그 사람이 나의 관점을 고려하게 하고, 내가 하고 싶은 말을 하게 하고, 그 사람의 확고한 신념을 내 쪽으로 가까이 오게 만드는 전략이다. 그러한 과정을 통해 실제로 그 사람의 의견을 내가 원하는 방향으로 끌어당길 수도 있다.

보이는 대로
모방하기

내 딸이 좋아하는 책 중에 피터 브라운^{Peter Brown}이 쓴 『호기심 정원^{The Curious Garden}』이 있다. 어린 리암은 적막한 회색 도시에서 버려진 정원을 발견하고 혼자 묵묵히 정원을 가꾸기 시작한다. 이 책에는 거의 리암 혼자 등장한다. 리암이 정원을 발견하고, 리암이 정원을 정리하며 가지치기를 하고, 리암이 날마다 정원에 가서 식물을 돌본다. 이야기가 흘러가는 동안 정원에 오가는 리암을 주변 사람들이 어떻게 생각할지는 궁금하지 않다. 남들이 우리에게 주의를 기울이고 있는지 진지하게 생각하지 않는 것처럼.

시간이 흘러 리암의 정원이 점점 자라면서 면적도 넓어진다. 의외의 장소에서 나무가 불쑥불쑥 솟아나 도시 안에서 색채와 생명을 지닌 조그만 오아시스를 이룬다. 리암의 노력으로 도시가 소박하게나마 달라진다. 이 이야기는 여기서 끝날 수도 있었다. 이 정도로도 리암이 삭막한 도시 풍경을 바꾸기 위해 쏟은 노력과 작은 영향을 칭찬하기에 충분하다. 하지만 이야기는 계속되고 책이 거의 끝날 즈음 리암이 애정을 담아 한 일을 지켜본 사람이 우리만이 아니었음이 밝혀진다. 리암을 가까이서 보다가 좁은 시야에서 빠져나오면 리암의 뒤로 아이들이 줄줄이 물 조리개와 정원 도구를 들고 정원을 돌보러 가는 장면이 펼쳐진다. 리암의 정원은 그가 상상하는 수준을 뛰어넘어 아주 넓어졌을 뿐 아니라 정원을 돌보는 그의 행동도 널리 퍼져나갔다. "불쑥불쑥 솟아난 것은 놀랍게도 새로이 정원을 가꾸는 사람들이었다."[25]

이 책의 마지막 페이지에는 첫 페이지에서 묘사한 리암이 사는 도시 전경이 다시 그려진다. 하지만 풍경이 완전히 달라져 우중충하고 삭막한 공업 도시의 이미지가 초록이 우거진 도시로 변한다. 리암이 만든 정원은 새로운 풍경 안에서는 작은 한 조각일 뿐이다. 사실 리암의 노력이 도시에 직접 미친 영향은 미미했다. 하지만 리암의 행동이 간접적으로 미친 영향(리암의 행동이 사람들에게 퍼져 나가고 결국 집단의 노력으로 이어지는 과정)은 엄청나게 컸다.

이처럼 한 사람에서 다른 사람에게 행동이 전염병처럼 퍼지는 현상을 '행동 전염behavioral contagion'이라고 한다. 수 세기 전부터 학자들은 식습관과 스타일, 심지어 자살과 같은 행동까지도 다양한 집단에 '전염'되는 현상을 관찰하며, 이 개념을 보이는 대로 모방하는 인간 행동의 원인으로 지목했다. 전염병에 비유하면 이해가 쉽기는 하지만 사실 각기 다른 행동이 사람들 사이에 퍼지는 방식은 그보다 훨씬 복잡하다.[26] 전염병은 감염된 사람과 한 번 접촉하는 것만으로 걸릴 수 있다. '단순 전염'으로 알려진 과정을 통해 말이다. 하지만 집에 태양열 패널을 설치하는 것처럼 위험할 수 있거나 비용이 많이 드는 행동은 어느 날 버스에서 모르는 사람에게 '전염되는' 것이 아니다. 이런 행동은 가까운 사회관계망 안의 사람들에게 반복적으로 노출되어야 전염된다. 그래서 태양열 패널을 설치하고 싶은 욕구는 버스에서 만난 낯선 사람으로부터는 영향을 받지 않지만, 이웃에게서는 영향을 받는다.

코넬 대학교의 경제학자이자 『행동의 전염: 문제는 사람이 아니라 상황이다 *Under the Influence: Putting Peer Pressure to Work*』를 쓴 저자 로버트 H. 프랭크 Robert H. Frank는 기후 변화와 같은 사회 문제 해결에 행동 전염 심리를 활용해야 한다고 강조한다. 프랭크는 기후 친화적인 어떤 행동은 "특히 전염성이 강하다"라고 말하면서 태양열 패널을 설치하는 상황을 자주 예로 든다. "동네에 태양열 패널이 새로 설치되면 얼마 후 몇 개가 더 등장한다."[27] 항공 사진은 태양열 패널을 설치한 집이 군집을 이루는 모습을 보여주면서 태양열 패널 설치에 영향을 준 행위의 전염성을 시각적으로 드러낸다.

행동 전염으로 인해 우리가 하는 행동마다(태양열 패널을 설치하든, 데스티네이션 웨딩[+]을 치르든) 두 가지 효과가 나타날 수 있다. 하나는 직접적인 효과다. 태양열 패널을 설치하면 직접적으로 인간의 탄소발자국[++]을 줄이는 효과가 있다. 하지만 하와이

[+]   하객들이 휴가를 겸해 참석할 수 있도록 외국의 특별한 장소에서 하는 결혼식
[++] 사람이 활동하고 상품을 생산하거나 소비하는 과정에서 직·간접적으로 배출되는 온실가스 배출량을 이산화탄소로 환산한 총량

로 하객 100명을 초대해서 결혼식을 올리면 우리에게는 각각의 하객이 거기까지 가는 데 필요한 탄소 배출량에 대한 직접적 책임이 있다. 그러나 이런 행위의 직접적인 효과는 사실 미미하다. 태양열 패널 한 개나 결혼식 한 번이 지닌 영향력은 양동이에 물 한 방울 떨어뜨리는 정도에 불과하다. 그래서 좋은 변화를 이루기 위해 노력하는 사이 좌절감이 들 수 있다. 또는 한 개인의 선택이 거대한 계획에 미치는 미미한 부정적 영향을 생각하면 "나도 안 될 거 없지?"라는 생각이 들 수도 있다.

하지만 내가 하는 어떤 행위가 유발하는 두 번째 결과이자, 점점 거대해지는 **간접적** 효과를 고려하는 것이 더 중요하다. 태양열 패널을 설치하면 우선 내가 개인적으로 발생시키는 탄소 발자국이 감소한다. 하지만 그보다 중요한 건 이웃들이 나를 보고 자기 집에도 태양열 패널을 설치할 가능성이 커진다는 점이다.[28] 한편 데스티네이션 웨딩을 치른다면 이 결정은 탄소 배출 측면에서 비교적 사소한 사치이다. 하지만 내가 이렇게 결정하면 나와 교류하는 사회 집단 속 다른 사람들도 같은 선택을 할 가능성이 커지고, 나아가 결혼식에 참석한 하객들도 나중에 데스티네이션 웨딩으로 결정할 가능성이 커진다. 결국 나의 사소한 결정이 결코 사소하지 않게 된다. 나의 개인적인 행위가 작은 불씨가 되어 더 크게 폭발할 가능성을 생각하면 사소하고 개인적으로 보이는 어떤 선택이 좋은 쪽으로든 나쁜 쪽으로든 매우 중요한 의미를 갖게 된다.

우리의 행동은 간접적이지만 중요한 효과를 지니고 있다. 그러나 이를 간과하기 쉽다. 이 장에서 보았듯이 우리는 사람들이 우리의 생각과 행동을 알아채고 주목하고 순수한 호기심을 느끼는 정도를 과소평가한다. 이를테면 어느 날 갑자기 우리 집 뒤뜰에 리암의 식물처럼 태양열 패널이 생기면 이웃들이 그걸 보고 우리가 어떻게 그걸 세우게 됐는지 궁금해하고, 머릿속으로 그렇게 결정하는 과정을 시연해보고, 그들도 그런 결정을 고려하는 쪽으로 움직이게 하는 영향력의 범위를 과소평가하는 것이다. 한마디로 우리는 우리의 영향력의 가장 큰 부분, 즉 사람들이 우리의 행위를 보고 따라 하는 행위의 간접 효과를 과소평가하고 있다.

참석만으로도
가치가 있다

우리는 본능적으로 다른 사람들의 행동에 적응한다. 그들을 인식하고, 기억하고, 무슨 생각을 하는지 궁금해하고, 우리의 생각과 메시지를 그들에게 맞춰 조율하고, 그들의 행동을 따라 한다. 뒤집어 말하면 사람들도 우리에게 맞추려 하면서 같은 행동을 한다는 뜻이다. 우리가 자신의 영향력을 평가할 때 범하는 첫 번째 실수는 사람들이 우리에게 주목하는 정도를 낮게 예상한다는 점이다. 앞에서 몇 가지 방식을 통해 우리의 존재만으로 어떻게 주위 사람들이 생각하고 느끼고 행동하는 방식이 달라지는지 설명했다. 이제는 첫 번째 실수를 범하지 않기를 바란다.

사실 어떤 자리에 머물기만 해도('참석하기만 해도') 말 한마디 없이 사람들에게 큰 영향을 미칠 수 있다. 예를 들어 내가 몸담은 대학은 다양한 학술 심사를 통해 시대의 흐름에 뒤처지지 않으려고 애쓰면서, 여러 대학 프로그램을 학생과 교수진에게 제공해 유익한 변화를 만들려고 노력한다. 심사를 위해 다양한 학술회의를 주관하고 교수들을 초빙하기도 한다. 자연히 나이가 지긋하고 사회적으로 저명한 교수들이 이런 학술회의에 가장 많이 참석한다(그리고 가장 주도적이다). 이들은 회의에 참석해서 기여할 부분이 있다고 자신한다. 실제로도 그렇다. 대체로 대학에 오래 있었고 높은 자리에도 올랐다. 이들은 좋은 결과를 얻은 연구도 진행했고, 좋은 결과를 얻지 못한 연구도 경험했다. 큰 그림을 그린 뒤, 좋은 제안이 예상치 못한 결과로 이어질지 말지도 예측할 수 있다.

그러나 문제가 있다. 이런 회의에서 나온 제안은 저명한 종신교수에게만 영향을 미치는 것이 아니다. 젊은 교수들에게도 영향을 미친다. 이런 회의에 참석해서 할 얘기도 없는데 굳이 참석해야 할지 의문을 품는 사람들 말이다. 물론 특별히 기여할 부분이 없을 수도 있다. 아직은 사안에 대해 알아가는 단계라 모든 문제를 해결할 방법을 알 수도 없다. 그런데도 과연 젊은 교수들이 발언도 하지 않으면서 회의에 참석하기만 한다고 달라질 게 있을까?

있다! 앞서 보았듯이 우리가 어떤 자리에 머물기만 해도(연사로든 청중으로든) 사람들에게 영향을 미치기 때문에 엄청난 차이가 있다. 사람들은 우리를 보고 우리에게 맞게 메시지를 조율하고 회의에서 나온 말에 우리가 어떻게 반응하는지 주목한다. 이 모든 과정은 결국 그 사람들이 마주하고 있는 문제를 생각하고 느끼는 방식에 변화를 준다. 아이디어가 떠오르면 발언하면 된다(생각을 표현하는 일에 관해서는 다음 장에서 자세히 알아보자). 하지만 아이디어가 없어도 청중으로 그 자리에 참석하기만 해도 변화를 일으킬 수 있다. 따라서 다음에 이런 자리에 참석할지 말지 고민된다면 이 장에서 배운 점을 기억하고 꼭 참석하자. 한마디 안 하고도 토론에 영향을 미쳐서 더 나은 결정으로 유도할 수 있다.

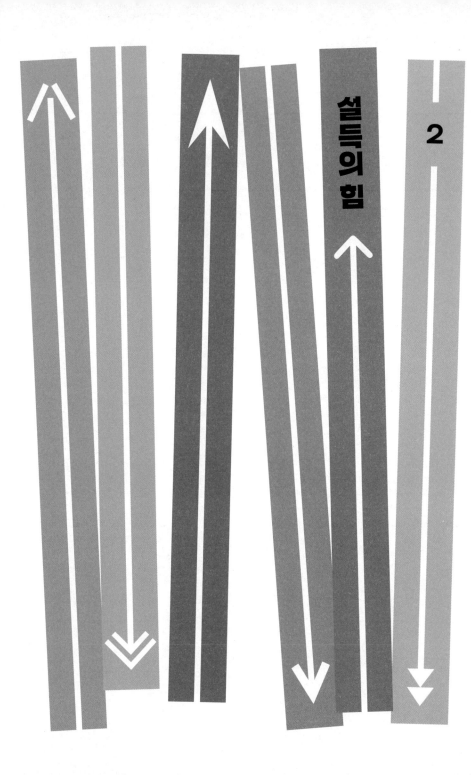

설득의 힘

2

누가 파티에 더 많이 갈까? 당신일까, 다른 사람들일까? 친구는 누가 더 많을까? 인맥은 누가 더 넓을까? 누가 더 자주 가족을 만나고 가족과 더 소통할까? 누가 당신이 더 속한 사회 집단의 '핵심 집단'에 가까울까?

코넬 대학교의 사회심리학자 세바스천 데리Sebastian Deri가 심리학자 샤이 다비다이Shai Davidai, 탐 길로비치와 함께 11편의 연구를 통해 3,000명 이상에게 던진 질문이다.[1] 주로 쇼핑몰의 쇼핑객, 대학 캠퍼스의 학생, 온라인 설문 조사의 응답자였다. 일부 연구에서는 참가자의 평균 나이가 19세였고, 나머지 연구에서는 평균 나이가 37세였다. 인구통계학적으로 다양하게 표본 집단을 구성한 이 설문 조사에서 응답자들은 스스로 평균적으로 파티에 적게 가고, 친구가 적고, 외식을 적게 하고, 가족을 적게 만나고, 또래보다 '핵심 집단'이나 '특권 집단'에서 배제되었다고 생각하는 것으로 나타났다. 이를테면 대학생들은 부모로부터 떨어져 대학가에서 자취하면서 다른 학생들에게 둘러싸여 지내는 동안 자기는 다른 학생들보다 사회적으로 활동적이지 않다고 생각했다. 또 30대 중후반 성인들도 일과 가정의 균형을 조율하면서 자신이 남들보다 사회적으로 적극적이지 않다고 생각했다.

연구자들은 오래전부터 사람들이 남보다 잘한다고 과신하는 행동들을 발견해왔다. 일반적으로 사람들은 자신이 다른 평균적인 사람들보다 운동 신경이 좋고[2] 도덕적이고[3] 창의적이고[4] 운전도 잘한다[5]고 생각하는 것으로 나타났다(사실은 논리적으로 맞지 않는다). 이렇게 과도한 자신감을 드러내는 영역도 많지만, 최근 연구에서는 사람들이 친구를 사귀고 남들에게 영향을 미치는 등의 사회적 영역에서는 전혀 다르게 생각한다는 결과가 나왔다.

데리의 연구 결과에서 명확히 드러나는 사실은 평균적인 사람은 평균 이하의 사회생활을 하지 **않는다**는 점이다. 그런데도 평균적인 사람이 자신을 사회적으로 평균 이하라고 생각하는 것은 도로 위의 운전자들이 스스로 '평균 이상으로' 운전을 한다고 자신하는 태도만큼 (정반대 방향으로) 비논리적이다. 우리가 스스로 사회적 역량을 평가할 때 오류를 범하는 것이다. 평균보다 지적이고 도덕적이고 창의적이고 운전도 잘한다고 자부하면서(다른 모든 영역에서는 **과도하게 자신만만한** 편이면서) 왜 유독 사회적 영역에서는 **자신감이 떨어질까?**

데리와 동료들은 이 문제의 답을 찾기 위해 우리가 사회적 영역의 정상 분포에서 어디에 위치하는지 판단할 때 어떤 사람과 상황을 기준으로 삼는지 알아보았다. 예를 들어 내가 당신에게 운전을 얼마나 잘하느냐고 물으면 당신은 스스로 운전을 어떻게 하는지 돌아볼 것이다. 가장 최근 운전대를 잡은 기억을 떠올리며 [이 괄호 안에 당신이 사는 지역에서 난폭 운전자가 많은 도로를 넣어라]에서 얼마나 과감하고 안정적으로 달렸는지 떠올릴 것이다. 그리고 스스로 등을 토닥이며 평균 이상으로 운전했다고 자부할 것이다.

실제로 데리와 동료들이 참가자들에게 사회생활과 관련이 없는 질문, 가령 (사회관계망이 아니라) 어휘력이 남보다 뛰어난지 부족한지, (외식이 아니라) 직접 요리하는 빈도가 남보다 많은지 적은지에 관한 질문을 받으면 어떻게 판단하고 답할 거냐고 물었다. 참가자들은 시선을 안으로 돌려서 자신의 특징과 능력, 행동을 돌아보며 질문의 답을 찾겠다고 답했다. 그리고 결과적으로 참가자들은 사회생활과 무관한 영역의 질문에는 전형적인 과도한 자신감을 보였다(예를 들어 자신의 어휘력이 평균 이상이고 남보다 요리를 자주 한다고 생각했다).

반면에 사교성에 관한 질문을 받으면 시선을 밖으로 돌려 남들이 보여주는 사회생활에 주목하기 쉽다. 어쨌든 사회적 삶의 중심에는 다른 사람들이 있다. 실제로 데리의 연구에 참여한 참가자들도 사교성에 관한 질문에 이와 유사한 방식으로 답했다. 가령 사회관계망의 상대적 크기와 외식의 빈도를 판단할 때는 시선을 밖으로 돌려서 다른 사람들의 특징과 행동, 능력을 볼 것 같다고 답했다.

그런데 사회성에 관한 질문을 받고 우리가 기준으로 삼는 대상은 그냥 아무나가 아니다. 주로 사교성이라고 하면 바로 떠오르는 인물이다. 즉, 우리는 자신의 사교성을 평가할 때 남달리 사교성이 뛰어난 사람들과 비교하는 경향이 있다. 우리가 기숙사에서 혼자 방에 틀어박혀 공부할 때 복도에서 떠들썩하게 먹고 마시고 놀던 학생들이나, 소파에 웅크리고 앉아 SNS를 보다가 발견하는 콘서트 혹은 파티 사진 속 사람들을 떠올릴 것이다. 그러면서 그날 밤 같은 기숙사에서 방에 틀어박혀 열심히 공부하던 수많은 우리 같은 학생들이나 같은 시간에 우리처럼 SNS에 올라온 사진을 구경하는 집순이, 집돌이 들은 떠올리지 않는다. 그러면서 스스로 평균보다 사교성이 떨어진다고 판단한다. 평균적인 사람과 비교하지 않고, 사교성이 남달리 뛰어난 인물과 비교하기 때문이다.

이런 현상이 이 책의 목적과도 관련이 있는 이유는 우리가 지닌 설득의 힘을 스스로 평가할 때도 이런 식으로 비교하기 때문이다. 이를테면 우리는 스스로의 영향력을 평가할 때 SNS 인플루언서나 트렌드세터, 구루, 유명인사와 같은 영향력의 전형적인 인물을 떠올린다. 그리고 이런 인플루언서들과 비교도 되지 않는 자신을 평균 이하라고 판단한다. 하지만 멧 갈라^{Met} $_{\text{Gala}}$+ 초대장을 받지 못했다고 해서 사교성이 떨어진다는 뜻은 아니며, 당신이 올린 트윗이 급속도로 퍼져나가지 않거나 인스타그램의 팔로워가 십만 명이 아니라고 해서 당신의 영향력이 부족한 것은 아니다. 대다수는 멧 갈라에 초대받지 못한다. 대다수의 트윗은 급속도로 퍼져나가지 않는다. 그리고 대다수는 인스타그램 팔로워를 십만 명이나 거느리지 않는다.

우리의 영향력이 스스로 생각하는 것보다 크다는 점을 감안하면, 우리는 사회적으로도 실제 생각하는 것보다 깊게 연결되어 있다고 예상할 수 있다. 따라서 마케팅 측면에서도 우리의 영향력은 생각보다 상당하다. '실생활'에서도 그렇고, SNS에서도 마찬가지다. 2013년 "당신은 트위터에서 생각보다 영향력이 있다"라는 제목으로 공개된 글에서는 트위터 계정마다 팔로워 수를 그래프로 분석했는데, 중간값이 61명이었다(분석 이전 한 달간 트윗을 전혀 올리지 않는 계정은 제외한 수치. 이런 계정까지 포함한다면 중간값이 1명으로 떨어진다).[6] 실제로 팔로워가 수만, 수십만이나 그 이상인 계정은 꽤 많다. 팔로워가 1,000명인 트위터 사용

+ 뉴욕 메트로폴리탄 미술관의 코스튬 인스티튜트가 개최하는 자선 모금 행사로, 유명인사들이 드레스코드에 맞춰 독특한 스타일을 뽐내는 자리

자가 이들 계정과 비교한다면 자신의 영향력이 초라하게 느껴질 것이다. 하지만 이 분석이 이루어진 2013년만 해도 팔로워를 1,000명 보유한 계정은 팔로워 수만 기준으로 볼 때 트위터 전체 사용자의 상위 4퍼센트 안에 들었다.[*]

하지만 이런 분석은 SNS 사용자가 자신의 영향력을 어떻게 생각하는지에 관한 심리적 경험까지 포착하지는 못한다. 그래서 나는 대학원생 배상아와 함께 이 주제로 두 가지 연구를 진행했다. 우리는 데리의 방법론을 차용해 대학생과 직장인 참가자들에게 다음의 질문을 던졌다. 페이스북, 인스타그램, 트위터, 스냅챗, 링크드인, 틱톡 등 각종 SNS에서 "누가 더 영향력과 친구(팔로워) 그리고 높은 반응도를 갖고 있나? 당신일까, 아니면 이 설문 조사에 참여한 다른 응답자들일까?" 우리도 데리와 그의 동료들이 확인한 결과와 유사한 결과를 얻었다. 우리 연구에서 평균적인 SNS 영향력을 지닌 참가자들은 다른 평균적인 영향력의 참가자들보다 자신의 SNS 영향력이 떨어진다고 생각했다.

---

[*] 2013년은 트위터 역사에서 고대 시대로 보일 수 있다. 그러나 데이터를 약간 다른 방식으로 분류하기는 했지만, 최근에 행해진 분석에서도 유사한 결과가 나왔다는 점을 밝힌다. 퓨리서치센터의 슈테판 보이직(Stefan Wojcik)과 애덤 휴즈(Adam Hughes)가 2019년 실시한 트위터 데이터 분석에서는 왕성하게 활동하는 트위터 계정 상위 10퍼센트의 팔로워 수 중간값이 386명에 불과했다("Sizing Up Twitter Users," April 24, 2019, https://www.pewresearch.org/internet/2019/04/24/sizing-up-twitter-users/).

최근 들어 우리가 사회적 연결성이나 앞으로 살펴볼 호감도와 같은 자질을 스스로 평가할 때 실제로 자신감을 잃는다는 연구 결과가 나오기 시작했다. 이런 편향은 자기 계발 산업을 지탱하는 데 일조하고, 나아가 우리가 가진 설득의 힘을 과소평가하게 만든다. 이 장에서 더 살펴보겠지만 결국 이러한 판단은 이미 우리에게 영향력이 있다는 걸 모른 채 영향력을 얻으려는 전략을 과도하게 시도하게 한다.

사람들은 우리를 좋아한다, 진심으로 좋아한다

나를 포함하여 학자들은 대체로 내향적인 편인데 학계에는 이런 내향적인 사람들이 힘들어하는 몇 가지 관행이 있다. 학술 강연이 그중 하나다. 물론 동료나 저명한 선배 학자들이 가득한 강당에서 강연을 하면 누구나 떨릴 것이다. 하지만 강연 자체는 그렇게 긴장되는 대목이 아니다. 사전에 많이 연습할 수 있고, 강연자와 청중에게 기대하는 기준이 어느 정도 정해져 있으며, 주로 프레젠테이션 슬라이드에 의지하기 때문이다.

사실 (적어도 나에게) 가장 두려운 부분은 강연 전후 상황이다. 같은 분야의 연구자를 대학으로 초대하려면 우선 그들과 그들의 연구를 알아야 한다. **강연자** 또한 주최 측 학과의 모든 학자와 연구를 숙지해야 한다. 따라서 모든 관계자가 서로 알아갈 기회를 마련하기 위해 강연자는 강연 전후로 온종일 교수들과 일대일로 만난다. 교수실마다 찾아가 인사하고 30분쯤 앉아 대화를 나누고, 이어서 옆 교수실로 가서 인사하고 다시 30분쯤 대화를 나눈다. 이 과정을 반복한다. 사실상 온종일 학계 버전의 스피드 데이트를 하는 셈이다.

강연과 달리 이런 일대일 대화(주로 잘 모르는 사람들과의 대화)에는 일정한 구조가 짜여 있지 않다. 나는 이렇게 사람들을 만나 연구만이 아니라 그들의 가족과 학계 소문, 종교 그리고 데이비드 보위까지 아우르며 온갖 주제로 대화를 나누었다. 수줍음이 많은 사람에게는 악몽 같은 시간이다. 처음 만나는 사람과 대화를 꾸역꾸역 이어가야 하는데 적절한 화제에 관한 지침도 없이 평가받는 자리인 것이다. 게다가 이 과정을 반복해야 한다.

스피드 데이트 방식의 대화가 처음에 어색한 것은 어찌 보면 당연하다. 하지만 나중에는 이런 만남이 의외로 꽤 즐거운 자리였다는 것을 알게 된다. 속사포처럼 이어지는 억지 대화를 열심히 나누고 나면 우리는 스스로 말을 너무 많이 했다거나, 재치가 없었다거나, 이상하고 엉뚱하고 어리석은 말을 늘어놓았다며 자책하지만, 다른 사람들은 대체로 대화를 나눈 뒤 기분 좋은 만남이었다고 느끼고 우리에게 긍정적인 감정을 갖는다.

이는 학계의 대학 방문이나 보통의 억지 대화에서만 나타나는 특징이 아니다. 어떤 자리에서 대화를 나누었든 우리는 나중에 말이 잘못 나갔다거나 분위기를 어색하게 만들었다면서 자신을 가혹하게 평가한다. 그런데 우리 생각과는 달리 대개 우리는 상대에게 좋은 인상과 덜 어색한 인상을 준다. 하지만 대화를 마친 뒤에는 상대가 우리를 어떻게 생각하는지 알 길이 거의 없으므로 우리가 상대에게 부정적인 인상을 심어주었을 거라는 **생각**을 떨쳐내기 어렵다. 다행히 에리카 부스비와 동료 연구자 거스 쿠니Gus Cooney, 질리언 샌드스트롬Gillian Sandstrom, 마거릿 클라크Margaret Clark가 발견한 '호감도 격차liking gap'라는 현상으로 자신을 부정적으로 바라보는 심리를 이해할 수 있다.[7]

이들은 단순한 방법론으로 접근했다. 우선 서로 모르는 두 사람을 짝 지어 실험실로 불러 5분간 대화를 나누게 했다. 알아서 대화를 나누게 하지 않고 어색한 분위기를 깨트릴 방법을 미리 제공했다. "어디서 오셨나요?" "취미가 뭔가요?" 같이 편하게 소통할 수 있는 질문지를 주고 돌아가면서 상대에게 물어보라고 지시했다. 이 방법이 도움이 되어야 했다. 참가자들이 일부러 대화거리를 찾거나 침묵을 깨려고 노력하는 등 분위기를 어색하게 만드는 행동을 할 필요가 없어야 했기 때문이다. 그들이 자신의 대화 능력을 대체로 괜찮게 생각하도록 말이다.

하지만 결과는 예상과 달랐다. 연구자들이 참가자를 한 명씩 다른 방으로 불러서 대화를 나눈 뒤 상대에게 얼마나 호감을 느끼는지("상대와 다시 대화를 나누고 싶다" "상대와 친구가 될 수 있을 것 같다"), 상대가 자기를 얼마나 좋아한다고 생각하는지("상대가 나와 다시 대화를 나누고 싶을 것 같다" "상대가 나와 친구가 될 수 있다고 생각할 것 같다") 묻는 설문지를 작성하게 했다. 결과적으로 대화를 나눈 상대는 참가자의 예상보다 참가자를 좋아했다. 그리고 참가자가 상대에게 준 호감도 점수가 자신이 받았을 거라고 예상한 호감도 점수보다 훨씬 높았다(12.5퍼센트 더 높았다).

이후 진행된 연구에서는 참가자들에게 최대 45분간 대화를 나누게 해서(일부는 그만큼 길게 대화를 나누었다) 대화 시간이 길어져도 호감도 격차가 지속하는지 알아보았다. 지속하는 것으로 나타났다. 마트 계산대 앞에 줄 서서 잠깐 대화를 나누든 동료와 직업에 대한 농담으로 30분을 채우든 상대는 대체로 대화 후 우리가 생각하는 것보다 우리에게 호감을 느꼈다.

연구자들은 이런 심리적 현상에서 흥미로운 사실을 두 가지 더 발견했다. 첫째, 당연하게도 수줍음이 많은 사람일수록 호감도 격차가 크게 나타났다. 따라서 사람들과 어울릴 때 유독 긴장된다면 이미 생각보다 훨씬 잘하고 있다고 생각해도 된다.

둘째, 두 참가자가 대화를 나누는 영상을 제3자가 보면 두 사람이 서로에게 얼마나 호감을 느끼는지 알 수 있다. 중립적인 관찰자는 서로에게 호감을 갖고 있는 두 당사자가 감지하지 못한 미묘한 단서를 포착할 수 있다. 연구자들의 말대로 대화는 정서적으로나 인지적으로 부담이 큰 과정이다. 대화를 주도하는 사람은 상대에게 어떤 인상을 줄지, 다음에 무슨 말을 할지 떠올리느라 분주하다. 따라서 상대가 당신을 멋진 사람으로 여기고 보내는 신호를 놓칠 수 있다. 하지만 한발 떨어져 관찰하는 사람은 이런 긍정적인 신호를 하나도 놓치지 않는다.

이는 우리가 가진 영향력을 설명해주는 중요한 사실이다. 영향력과 설득에 관한 연구에서 발견한 중요한 한 가지는 우리가 호감을 가진 상대에게 더 쉽게 설득된다는 점이다. 『설득의 심리학*Influence*』의 저자 로버트 치알디니Robert Cialdini는 이것을 설득의 여섯 가지 원칙 중 하나로 꼽았다. 바로 호감의 원칙이다.[8] 우리가 평소 멋지고 흥미로운 사람이라고 생각하는 누군가가 자주 듣는 팟캐스트를 추천한다면 호감을 느끼지 않는 사람이 추천할 때보다 그 팟캐스트를 찾아 들을 가능성이 커진다. 이것은 놀라운 사실까지는 아니어도 중요한 원칙이다. 우리가 남에게 얼마나 영향을 미치는지 알려면 먼저 남들이 우리를 얼마나 좋게 생각하는지 알면 된다는 뜻이다. 앞서 보았듯이 우리가 간단히 알 수 있는 부분이 아니지만, 사람들은 우리가 생각하는 것 이상으로 우리를 좋아하고, 결과적으로 우리는 우리가 생각하는 것 이상으로 사람들에게 영향력을 끼친다.

그런데도 우리는 사람들의 호감도를 과소평가하면서 사람들이 우리의 말을 잘 들어주지 않을 거라고 지레짐작한다. 그래서 무슨 싸움이라도 준비하는 양 바짝 긴장하고, 무슨 말을 할지 집착하고, 정보를 열심히 수집하고, 의견을 큰 소리로 표현하지만, 사실은 몇 단계 강도를 낮춰도 된다. 이제 이 부분에 대해 자세히 이야기해보자.

잘못 말할까 봐
지나치게 걱정하는 이유

요즘처럼 도덕적 분노가 끊임없이 분출되는 시대에는 의견을 말할 때 경계심을 늦출 수 없다. 주변의 모두가 우리가 하는 말을 하나하나 난도질하기 위해 공격하고 무기를 들 준비가 되어 있는 것처럼 느껴진다. SNS 때문에 이런 상황이 늘어난 것은 부정할 수 없지만(예일 대학교 심리학 교수 몰리 크로켓$^{Molly\ Crockett}$은 SNS가 체계적으로 도덕적 분노를[9] 들쑤신다고 말했다), 일상에서 벌어지는 상황은 아니다. 사람들은 우리의 말을 일일이 분석해서 공격하려고 하지 않는다. 실제로 여러 연구에 따르면 사람들은 우리가 하는 말에 (반박하기보다는) 동의하는 경향이 있다.

그 전에 알아둘 점은 사람들이 우리가 하는 말의 상당 부분을 듣지도, 기억하지도 않는다는 것이다. 심리학자들이 자주 하는 말처럼 인간은 '인지적 구두쇠$^{cognitive\ miser}$'다. 우리는 세상을 효율적으로 탐색하기 위해 최소한의 노력만 들이고 꼭 필요하거나 특별히 원하는 내용이 있을 때만 진지하게 생각한다. 연구자들의 계산에 따르면 사람들은 실제로 대화를 나눈 직후에도 대화의 10퍼센트 정도만 기억하고,[10] 기억하는 내용도 주로 우리가 실제로 한 말 자체가 아니라, 전체적인 요지나 개념 정도에 그친다.[11] 따라서 사람들에게 영향을 미치기 위해 생각 이상으로 열심히 노력할 필요는 없다. 오히려 무슨 말을 할지 크게 고민하지 않아도 사람들에게 영향을 미칠 수 있다.

예를 들어, 많은 십대들이 전화하느라 정신이 팔린 부모님께 통금을 지나 들어와도 되는지 슬쩍 물어볼 때 알게 되듯이, 사람들은 우리의 말을 별생각 없이 흘려듣는다(그리고 동의한다). 하버드 대학교의 심리학자 엘런 랭거Ellen Langer와 동료들의 연구를 살펴보자. 연구자들은 참가자들에게 대학 도서관의 복사기를 쓰려고 줄을 선 사람들에게 다가가 앞에 끼어들어도 되는지 물어보라고 지시했다.[12] 한 조건에서는 줄을 선 사람들에게 먼저 끼어들어야 하는 논리적인 이유를 말하게 했다. "죄송합니다. 다섯 페이지만 복사하면 되는데요. 제가 급한 상황인데 먼저 해도 될까요?" 급하다는데 끼워줘도 되지 않을까? 실제로 94퍼센트가 자기 앞에 끼워주었다. 물론 이 수치가 높다고 생각할 수 있다(높긴 하다!). 사람들이 당신의 요청에 생각보다 호의적인 이유는 다음 장에서 자세히 다루겠다.

또 다른 조건에서는 참가자가 "복사 좀 해야 하니까"(말도 안 되는 주장) 끼워달라는 식으로 부탁하게 했다. 사실 거기 서 있는 모두가 복사를 해야 해서 기다리는 중이었다. 그런데 비슷한 비율로 많은 사람이(93퍼센트) 이런 황당한 요청을 받아주었다. (나도 맨해튼의 어느 사람 많은 바에 앉아 있을 때 젊은 커플이 와서 비슷한 부탁을 해서 들어준 적이 있다. 남자가 "여자친구가 거기 앉아도 될까요? 임신했을지도 모르거든요"라고 말했고, 나는 무슨 부탁인지 제대로 알아듣지도 않고 벌떡 일어나 자리를 내주었다. **임신했을지도 모른다.** 잠깐, 뭐라고? 그건 말이 안 되잖아.)

랭거와 동료들은 이런 현상을 '표면적 배려 행위의 무분별함'이라고 일컬었다.[13] 로버트 치알디니는 이걸 '딸깍, 윙윙' 반응이라고 불렀다.[14] 두 연구자 모두 주변 환경에서 발생한 중요한 정보를 신중히 처리하지 않는 우리의 성향과 주어진 정보에 주의를 기울이지 않은 채 많은 영향력을 행사하는 상황을 지적한 것이다.

우리는 사실 어떤 주장에 담긴 정보를 정확히 기억하라고 지시받을 때조차 회의적인 관점에서 꼼꼼히 따져보지도 않고 그냥 "알았다!"라고 답한다. 예를 들어 노스일리노이 대학교의 인지심리학자 앤 브릿Anne Britt과 동료들은 참가자들에게 "재활용은 환경보호에 도움이 되므로 연방정부에서 공식적으로 지침을 내려야 한다"라거나 "재활용은 환경보호에 도움이 되므로 매우 유익하다"라는 각기 다른 주장을 제시하고 주장의 **구체적인 내용**을 기억해달라고 요청했다.[15] 무언가가 유익하다는 주장과 정부에서 지침을 내려야 한다는 주장 사이에는 실질적으로 큰 차이가 있다. 하지만 다수의 참가자가 두 주장의 차이를 구별하지 못했다. 재활용은 좋다는 요지만 남기고 다른 세세한 내용은 잊어버렸다.

그뿐 아니라 브릿과 연구자들은 다른 연구에서[16] 참가자들에게 두 주장의 차이를 기억하라고 명확히 지시했는데도 참가자들은 합리적인 주장과 터무니없는 주장을 구별하지 못했다. 예를 들어 사형 선고를 받은 다수가 DNA 검사를 통해 무죄로 밝혀졌으므로 사형은 **도덕적이지 않다**는 주장과 사형 선고를 받은 다수가 DNA 검사를 통해 무죄로 밝혀졌으므로 사형은 **효과적이지 않다**는 주장을 구별하지 못한다.* 우리가 주장을 요지만 처리하기 때문이다. 참가자들은 사형이 왜 나쁜지에 관한 주장이라는 정도만 처리하고 구체적으로 어떻게 나쁘다는 것인지는 생각하지 않았다(도덕적이지 않다 vs. 효과적이지 않다).

브릿과 동료들은 이 결과를 코넬 대학교의 신경과학자 밸러리 레이너Valerie Reyna가 발전시킨 '희미한 흔적 이론fuzzy trace theory'으로 설명한다.[17] 우리가 어떤 정보를 접할 때 두 가지 방식으로 처리한다는 개념이다. 뇌의 한 영역에서는 주어진 말을 있는 그대로 처리하고 기억한다. 하지만 뇌의 다른 영역에서는

---

*   첫 번째 주장은 (주장에 동의하든 아니든) 논리적으로 일관성이 있다. 내가 사형은 도덕적이지 않다고 주장하고 많은 사형수가 무죄로 밝혀졌다는 사실을 근거로 제시한다면, 둘 사이의 논리적 연결(언어학에서 '근거'라고 부르는 것)은 무고한 사람을 죽음에 이르게 하는 행위는 도덕적이지 않다는 것이다. 하지만 두 번째 주장에는 논리적 연결이 없다. 내가 사형은 효과적이지 않다면서 내 주장을 뒷받침하기 위해 많은 사형수가 무죄로 밝혀졌다고 말한다면 근거는 무엇인가? 무고한 사람을 죽음에 이르게 하는 방법은 효과적이지 않다는 것이 근거일까? 무엇에 효과적이지 않다는 것인가? 죽음에 이르게 하는 것에? 범죄와 싸우는 것에? 알 수 없다. 사실 말이 되지 않는다.

다른 무언가를 동시에 처리하고 기억한다. 말의 요지를 기억하는 것이다. 이 이론의 명칭에 맞게 우리는 실제 메시지를 '희미한 흔적'으로 암호화한다. 하지만 여기서 핵심은 처음에는 주어진 말의 구체적인 내용과 요지가 모두 암호화되지만, 문자 그대로의 정보를 담은 기억은 금방 지워지고 요지(메시지의 희미한 흔적)에 대한 기억만 오래 남는다는 것이다.

따라서 만약 당신이 즉흥적으로 〈버피 더 뱀파이어 슬레이어Buffy the Vampire Slayer〉가 왜 최고의 드라마인지(최고의 드라마는 맞다!)에 대해 열심히 주장한다면 당신의 말을 듣는 사람들은 결국 논리적으로 일관되지 않은 부분은 잊고 당신이 '버피'를 좋아해야 하는 이유를 잔뜩 늘어놓았다는 것만 기억할 것이다(무슨 이유였는지는 전혀 기억하지 못할 것이다). 게다가 당신은 당신이 생각하는 것보다 멋지고 호감을 주는 사람이 되었고, '버피' 팬도 끌어들였다.

따라서 이런 결론으로 이어진다. 어떤 말을 해야 할 것 같은 상황에서 **정확하게** 말할 수 있을지 걱정된다면 걱정하지 않아도 된다. 그냥 말하자. 진심이 담겨 있고 완전한 거짓말이 아니라면(이 점에 관해서는 나중에 자세히 다룬다) 아무리 더듬거리며 말하는 것 같아도 영향력을 얻을 수 있다. 상대는 생뚱맞고 어색한 표현에 집중하기보다 당신이 전하려는 말의 요지를 중심으로 생각할 것이다. 게다가 당신이 한 말에 반박하기보다 동의하려고 할 것이다.

동의하고
싶어 하는 성향

영국의 언어철학자 폴 그라이스^{Paul Grice}는 1975년 대화의 규범에 관한 중요한 이론을 내놓았다. 커뮤니케이션학 안에서 여전히 큰 영향력을 지닌 이론이다.[18] 그라이스 이론의 핵심은 의사소통이란 **협조적** 과정이라는 것이다. 서로 이해하려면 함께 노력해야 한다. 그러려면 그라이스가 중요하게 제시한 기본 규칙을 지켜야 한다. 그라이스에 따르면 의사소통의 첫 번째 규칙은 진실만 말하는 것이다. 거짓은 말하지 말고 증거가 없는 말도 하지 말아야 한다. 이 규칙(과 그라이스의 모든 규칙)의 핵심은 양쪽 당사자 모두에게 적용된다는 점이다. 그러니까 양쪽 모두가 진실을 말해야 할 뿐 아니라 상대도 진실을 말한다고 전제할 수 있어야 한다. 결국 누군가가 하는 말을 곧이곧대로 믿지 **않을** 이유가 없어야 한다는 뜻이다.

'믿고 싶은 것만 믿는 심리'와 '가짜 뉴스'가 판치는 시대에는 허황한 규칙이라고 생각할 수 있다. 하지만 이렇게 생각해보자. 누군가 하는 말의 진실성을 의심할 때도 있지만 기본적으로 우리는 모두가 진실을 말한다고 전제한다. 그렇지 않으면 의사소통이 거의 불가능할 것이다. 당신이 읽었다고 말하는 책을 정말로 다 읽었는지, 당신이 엊저녁에 먹은 연어 요리가 정말로 지나치게 익었는지 내가 사사건건 따진다면 우리의 대화는 이어지지 않을 것이다. 요컨대 우리는 사람들의 말을 믿고 싶어 한다. 그리고 남들도 (특히 일대일 대화에서) **우리의** 말을 믿고 싶어 하고 우리의 의견과 우리가 안다고 말하는 사실의 진실 여부를 굳이 따지려고 하지 않는다.

이 책의 목적, 즉 영향력을 이해할 때 중요한 점은 사람들은 우리가 하는 말이 담보하는 진실성을 믿고 싶어 할 뿐 아니라 우리가 하는 말의 내용을 있는 그대로 믿고 싶어 한다는 것이다. 이 주장은 계몽주의 시대의 철학자 바뤼흐 스피노자[Baruch Spinoza]가 1677년에 내놓은 이론으로 거슬러 올라간다.[19] 스피노자는 우리가 어떤 정보를 이해하려면 먼저 그 정보가 진실이라는 사실을 전제로 받아들여야 한다고 말했다. 그래야 진실처럼 들리지 않는 부분에 반박할 수 있다. '믿지 않을' 수도 있다. 하지만 '믿지 않는' 것은 사실 꽤 어렵다. 그리고 앞서 말했듯이 사람들은 인지적 노력을 굳이 들이려고 하지 않는다. 그래서 대개는 기본적으로 상대의 말을 믿으려고 한다.[20]

놀랍게도 현대의 연구자들이 실험을 통해 스피노자의 이론을 입증하는 근거를 찾았다. 하버드 대학교의 심리학자 대니얼 길버트[Daniel Gilbert]와 동료들은 일련의 연구에서 참가자들에게 과제를 주고 각 진술이 진실인지 거짓인지 말해달라고 주문했다.[21, 22] 그리고 참가자들이 과제를 온전히 처리하지 못하게 방해했다. 연구자들은 이런 방법으로 사람들이 정보를 판단할 때 전제하는 기본 가정(의심스러울 때 기본적으로 '신뢰'하는가, '불신'하는가?)을 확인할 수 있었다. 결과석으로 참가자들은 참인지 거짓인지 제대로 판단하지 못했으면서도 모두 진실이라고 가정했다. 불신하기 보다는 신뢰하는 경향을 보인 것이다.

물론 광고를 보다가 터무니 없는 말을 의심한 적이 있다면, 우리가 항상 들리는 모든 말을 진실로 받아들이는 건 아니라는 사실을 알 것이다. 실제로 광고를 볼 때처럼 정보의 출처가 미덥지 않다면 정보를 완전히 처리하기 전에 거부한다. 그래서 브랜드들이 소비자의 신뢰를 얻으려고 최선을 다해야 하는 것이다. 또 같은 이유에서 폭스뉴스를 보는 진보주의자와 MSNBC를 보는 보수주의자는 기본적으로 방송에서 하는 말을 전혀 믿지 않을 수 있다. (**보수주의자**가 폭스뉴스를 보고 **진보주의자**가 MSNBC를 볼 때는 정반대 현상이 나타난다. 출처가 믿을 만하면 시청자들은 기본적으로 방송에서 나오는 말을 모두 신뢰할 가능성이 크다.)

여기서 우리는 사람이지 광고가 아니고, 인간의 의사소통은 기본적으로 상호협력이 필요한 과정이라는 그라이스의 주장을 되새길 필요가 있다. 우리는 대화를 하면 기본적으로 상대가 진실을 말하고 있고 그 말에 대한 근거가 있을 거라고 믿는다. 따라서 호불호가 극명하게 나뉘는 케이블 뉴스가 아니라 일상생활에서 의견을 말할 때는 논쟁이 일어날 가능성이 훨씬 적다. 물론 누구나 대화가 좋지 않게 끝난 경험을 떠올릴 수 있지만(그리고 이런 기억이 크게 남을 수도 있지만) 이런 일은 예외적인 상황이며 일반적이지는 않다. 상대가 반박할 수도 있지만, 생각보다 강도도 훨씬 약하고 빈도도 적다.

상대가 반박하는 상황은 그에게 이미 확고한 반대 의견이 있고 모순된 정보가 쌓이는 경우에 발생한다. 우리가 영향력의 모범적인 사례를 생각할 때 흔히 정치적 주장을 펼치거나 남에게 싫은 일을 하도록 설득하는 사례를 떠올리지만, 우리가 어떤 문제에 대한 의견과 태도를 말할 때 남들에게는 그 문제에 대한 확고한 의견이 없거나 사전 지식이 많지 않을 수 있다. 그래서 그 사안에서는 우리 의견이 중요하게 영향을 미칠 수 있다. 사실 우리가 일상에서 하는 말은 주로 일과 인간관계, 돈, 여가 활동, 사람들, 외모에 관한 것이지,[23] 정치나 사회 문제에 대한 것이 아니다. 그러나 얄팍한 대화라고 치부해서는 안 된다. 사실 일과 인간관계 그리고 돈에 관한 대화야말로 적절한 것과 적절하지 않은 것이 무엇이고, 우리가 좋아하는 사람과 싫어하는 사람이 누구이며, 좋아하는 일과 싫어하는 일이 무엇인지를 판단하는 사회적 기준에 영향을 미치고, 내재화시키고, 확산시킨다. 결과적으로 이런 대화가 정치와 사회 문제에 대한 대화를 비롯해 여러 사안에 대한 의견과 태도에도 영향을 미친다. 이를테면 당신이 내게, 누군가가 부당하게 승진했다거나 누군가의 행동이나 옷차림이 부적절하다고 말한다고 해보자. 내가 당신을 믿으려 한다면 당신은 누가 자격이 있는 사람이고 그 이유는 무엇인지, 어떤 행동이 용납되고 그 이유는 무엇인지 판단하는 내 신념에 크게 영향을 미칠 것이다. 궁극적으로 미래에 내가 내릴 결정과 나아가 내가 지지하는 정치인과 정책에도 영향을 미칠 수 있다.

흔히 우리는 자신이 사실관계를 중심으로 고려하고 인간 고유의 방식에 따라 적절히 판단하고 행동한다고 생각한다. 하지만 오해다. 사실 자체는 우리의 행동과 믿음을 바꾸는 데 그다지 효과적이지 않다. 오히려 사회적 기준이 무엇이고 남들이 무엇을 믿고 어떻게 행동하는지 아는 것이 더 효과적이다. 즉 우리가 어떻게 생각하는지 말하기만 해도 사람들은 상당한 영향을 받는다.

여기서 의문이 들 수 있다. 그러면 이런 믿음이 무조건 다 좋은가? 물론 사람들이 우리의 말에 꼬투리를 잡지 않고 우리의 말에 반박하기보다 믿어주려 한다면 좋기는 하지만, 바꿔 말하면 아주 많은 말들이 제대로 걸러지지 않고, 사람들이 쉽게 속아 넘어갈 수도 있다는 뜻이다. 어느 정도는 사실이다. 정보를 가장 기본적인 '요지' 수준으로만 듣고 제대로 분석하지 않은 채로 수용할 때 잘못된 정보가 어떻게 만들어지고, 어떻게 바람직하지 않은 결과로 이어지는지는 뒤에서 자세히 다루겠다.

여기서는 일단 긍정적 측면에 집중할 테니 도덕적 분노의 다음 표적이 될까 봐 두려워하는 마음은 잠시 내려놓아도 된다. 대화 중에 누군가 당신이 잘못 말했다면서 버럭 화를 내는 일은 거의 없을 것이다. 사실 사람들은 우리의 말에 반박하기보다 그냥 믿어주고 싶어 한다. 우리가 그 사람들에게 소리를 지르지만 않는다면 말이다.

침착하게
말하라

잘못 말할까 봐 망설일 때도 있지만 반대로 불쑥 말해버릴 때도 있다. 소중한 사람이 몸에 해롭거나 무모하고 자기 파괴적 행동을 하면 불쑥 충고하고 싶을 것이다. 그리고 그 사람을 변화시키려고 악을 쓰게 된다. "담배 피우지 마! 운동해! 학교 빼먹지 마! 일단 해봐!"

하지만 SNS만 잠깐 둘러봐도 사람들이 버럭 소리를 지르는 이유가 사랑하는 사람을 걱정해서만은 아니라는 것을 알 수 있다. 사람들은 무엇이 옳다고 확신하거나 누군가에게 무엇이 최선인지 안다고 믿을 때 큰 소리로 거침없이 의견을 말한다. 그런데 자신만만해서가 아니라 자신의 설득력에 **자신이 없어서** 소리를 지르는 것일 수 있다. 사람들은 상대가 듣지 않는 것 같을 때 목소리를 높인다. 하지만 앞서 보았듯이 사람들은 우리의 말을 생각보다 더 많이 들어주고 받아들이려 한다. 거듭 말하지만 남에게 영향을 미치는 최선의 방법이 우리의 예상과 완전히 일치하지는 않는다.

앤 크론로드Ann Kronrod와 아미르 그린스타인Amir Grinstein, 뤽 와티유Luc Wathieu는 일련의 연구에서 사람들이 상대를 설득하기 위해 필요한 적극성의 정도를 얼마나 높게 잡고 있는지 알아보았다.[24] 한 연구에서는 참가자들에게 '케이트'라는 가상의 인물이 식단을 바꾸면 좋아질 수 있는 건강상의 문제가 있다고 설명했다. 케이트는 건강 상태가 심각해서(두통과 탈수증이 심각해서 입원까지 해야 하는 상태) 의사에게 진찰을 받았고 건강 관리법에 대한 조언이 필요할 수도 있다. 혹은 그렇게 심각한 상태는 아니어서(가벼운 두통이 있고 기운이 없는 상태) 당장 진찰받을 필요는 없을 수도 있다. 케이트는 인터넷이나 친구, 의학 전문가에게 조언을 구하는 데 관심이 있을 수도 있고, 이런 조언을 구하는 데 관심이 없을 수도 있다. 마지막으로 참가자들에게 두 가지 메시지 중 케이트에게 어떤 메시지를 전하고 싶은지 물었다. 하나는 비교적 온화한 메시지이고("건강을 위해 날마다 채소를 많이 드시면 좋아요"), 다른 하나는 명령조의 메시지였다("건강을 위해 매일 반드시 채소를 많이 드셔야 합니다!").

상대가 조언을 원하지 않을 때 조언을 하고 싶다면 좀 더 부드럽게 말해야 한다고 생각할 것이다. 하지만 이 연구의 참가자들은 그렇게 생각하지 않았다. 케이트가 조언을 얼마나 원하는지는 전혀 관심이 없었다. 건강 상태의 심각도나 케이트에게 조언이 필요한 정도만 고려하여 메시지를 선택했다. 말하자면 참가자들은 케이트가 의사에게 정밀 검사를 받아야 했고 자제력 문제로 병을 앓았다는 식의 설명을 듣고는 케이트에게 윽박지르는 방법을 선택했다. 그러면서 케이트가 조언을 듣고 싶어 하는지는 고려하지 않았다.

어디서 많이 듣던 소리인가? 여러분 주위에도 자제하면 달라질 수 있는 문제로 끊임없이 투덜대는 사람이 있을 것이다. 짜증스러운 상황일 것이다. 게다가 케이트가 탈수증으로 입원했다는 설명까지 읽으면 화가 치밀 것이다. "이봐요, 케이트, 그냥 물을 마시면 되잖아요!" 그런데 이 말이 케이트가 건강을 돌보게 하는 최선의 방법일까? 크론노드에 따르면 그렇지 않다.

크론노드와 동료들은 또 다른 연구에서 무작위로 선정된 대학생 200명을 두 그룹으로 나눠 운동을 권하는 메일을 각각 다른 어조로 보냈다. 한 그룹에게는 "학생 여러분, 매일 5분씩 복근 운동을 하세요. 코어 근육을 키우세요. 일단 시작하세요!"라는 적극적인 메시지를 보냈다. 다른 그룹에게는 메시지 내용은 거의 비슷하지만 훨씬 부드럽게 "학생 여러분, 매일 5분씩 투자해서 복근 운동을 하면 코어가 튼튼해집니다. 여러분도 할 수 있어요"라는 메시지를 보냈다. 일주일 뒤 같은 학생들에게 질문지를 보냈다. 한 주 동안 운동을 얼마나 했는지, 건강 관련 조언과 함께 체성분 정보를 얼마나 듣고 싶은지(각자가 건강에 관한 조언을 얼마나 필요로 하는지를 알아보기 위한 측정치) 물었다.

결과는 그리 놀랍지 않았다. 건강 습관을 바꿔야 하는 사람에게 소리를 지르는 방식은 변화에 도움이 되지 않았다. 운동을 더 열심히 해야 하는 사람(신체 측정치로 판단)에게 운동을 권할 때도 적극적인 메시지가 온화한 메시지보다 효과적이지는 않았다. 마찬가지로 조언을 원하지 않는 사람은 온화한 제안보다 명령조의 조언을 받을 때 더 듣지 않았다. 실제로 조언을 원하지 않는 참가자들은 온화한 메시지를 받을 때보다 적극적인 메시지를 받을 때 운동을 적게 했다. 운동이 꼭 필요해 보이는 사람도 마찬가지였다. 적극적인 메시지가 오히려 역효과를 낸 것이다.

적극적인 메시지로 효과를 보는 집단은 실제로 조언을 듣고 싶다고 답한 학생들이다. 이들은 온화한 메시지보다 적극적인 메시지를 받은 뒤 운동을 더 열심히 했다. 사실 그렇게 흥미로운 결과는 아니다. 특별히 조언을 구하는 사람이라면 당연히 두루뭉술하고 불확실하게 "음… 이렇게 하면 좋을 것 같은데요"라는 말보다 명확히 어떻게 하라고 알려주는 조언을 듣고 싶을 것이다.

여기서 흥미로운 사실은 이런 내용이 당연하게 들릴지 몰라도 실제로 누군가를 설득하는 입장이 되면 다 잊는다는 것이다. 가설적인 상황에서는 누구나 고개를 끄덕인다. 하지만 소중한 사람이 생활 습관을 바꿔야 하는 경우라면 당신도 (상대가 당신의 의견을 들을 준비가 되어 있는지와 상관없이) 이러저러하게 하라고 명령조로 말할 수 있고, 그로 인해 역효과를 낼 수 있다.[25]

앞의 연구에서는 건강에 초점을 맞추었지만 이는 어떤 상황에나 적용되는 중요한 발견이다. 흔히 남들을 설득하지 못한다고 판단하거나 메시지가 제대로 전해지지 않는다고 생각할 때 우리는 목소리를 높인다. 더 크게 말하는 것이다. 하지만 영향력이 과하면 오히려 효과가 **떨어진다.** 앞의 연구에서 건강에 관한 조언을 듣고 싶지 않은 사람들에게 운동을 더 하라고 설득하려면 온화한 메시지가 더 효과적이었다. 우리는 흔히 영향력의 미묘한 힘을 과소평가한다. 우리는 사람들이 우리에게 호감을 느끼고 우리의 말을 들어주려 한다고 생각하지 않는다. 그래서 우리의 영향력을 과소평가하는 탓에 주장을 과격하게 펼친다.

다만 여기서 한 가지 짚고 넘어갈 점이 있다. 제도적으로 억압받아 온 집단이 억압에 관해 성토하는데 무조건 "진정하라"라고 한다면 이는 몰이해일 뿐 아니라 폭력적인 말을 하는 셈이다. 이런 '톤 폴리싱tone policing' 접근은 억압에 관한 논쟁을 다룰 때 논점을 흐릴 수 있다. 이제오마 올루오Ijeoma Oluo는 『인종 토크So You Want to Talk about Race』에서 톤 폴리싱에 관해 "억압에서, 논의하는 **방식** 자체로 논점을 바꾸는" 것이라고 적었다.[26] "톤 폴리싱이란 상대방의 말을 들어주고 도와주기 전에 전제조건을 다는 행위다." 예를 들어 "나한테 소리 지르면 당신 말을 들어주지 않겠다"라는 식이다.

제도적 억압으로 쌓인 고통과 분노는 억압당하는 당사자에게는 매일 마주하는 현실이고 감정적으로 뿌리가 깊어서 억압에 대해 말하기만 해도 상처가 될 수 있다. 이런 사람들에게 침착하게 말하라고 요구하거나, 인종차별이나 성차별에 관해 성토하는데 먼저 예의부터 갖추라고 말하는 것은 불합리하다. 문제는 우리가 그저 동의하지 않거나 불편하게 여기는 의견에 마치 억압받는 사람처럼 반응할 때가 많다는 것이다. 또는 사랑하는 사람을 진심으로 걱정하는 마음에서 생활 습관을 바꾸려고 소리를 지를 때도 많다. 이럴 때는 조금 진정할 필요가 있다.

자신감 부족의
문제

심리학자들은 오래전부터 **과잉 확신**의 문제를 경고했다. 지나치게 자신하면 불필요한 위험을 감수하려 하고, 성급하게 결정하고, 지름길을 찾으려 한다는 것이다. 학계에서 자주 인용되는 논문인 『과잉 확신의 문제*The Trouble with Overconfidence*』에서 이 주제의 전문가 던 무어Don Moore와 폴 힐리Paul Healy가 꼬집듯, 과도한 확신은 '전쟁, 파업, 소송, 사업 실패, 주식시장 거품'을 일으키는 원인으로 지목되었다.[27] 스콧 플라우스Scott Plous는 『판단과 의사결정의 심리학*The Psychology of Judgment and Decision Making*』(내가 대학 시절부터 좋아하는 교재)에서 "판단과 의사결정의 과정에서 과잉 확신만큼 널리 퍼져 있고 파국적 결과를 초래하는 문제도 없다"라고 지적했다.[28] 실제로 연구자들은 과잉 확신에 매우 부정적인 영향력이 있다고 여긴다.

반대로 자신감 부족이 야기하는 문제는 드물기도 하고 심각하지 않은 것으로 여겨진다. 확신에 서지 않으면 더 노력하고, 거듭 확인하며, 조언을 구하게 된다. 방어적이고 수동적인 사람은 자신감 부족을 역이용해 동기를 끌어내는 전략으로 삼기도 한다. 분명 긍정적 측면이 있다. 따라서 과잉 확신으로든 자신감 부족으로든 어차피 실수를 저지를 수밖에 없다면 나는 자신감 부족을 택할 것이다.

물론 자신감 부족으로 발생하는 문제들이 있다. 자신감이 부족하면 더 열심히 노력하고 사람들에게 조언을 더 많이 들으려 하지만 자연히 **지나치게** 노력하고 타인의 조언에 **지나치게** 의존할 수 있다. 이메일을 보내기 전에 끝도 없이 다듬고 고친 다음, 전송 버튼을 눌렀는데 30초 만에 단 두 글자만 적힌 답장을 받은 적이 있는가? 자신감 부족 때문이다. 효율적이지도 않고 자괴감이 들 수 있다. 어쩌면 어떤 결정이든 스스로 책임지지 않고 남들에게 끝없이 조언을 구하면서 책임을 전가하는 태도일 수 있다. 이 점에 관해서는 다음 장에서 다루겠다.

영향력과 설득의 측면에서 자신감이 부족하면 괜히 반감을 사고 잘못 말할까 봐 아무 말도 하지 못한다. 흔히 어떤 사안을 과도하게 확신하면서도 메시지를 전달하는 능력에는 자신이 없을 수도 있다. 결과적으로 이럴 때 영향력과 설득에 관한 오랜 연구에서 말하는 '적을수록 좋다'라는 이론을 간과할 수 있다.

앞 장에서는 영향력이 지닌 수동적 유형에 주목했지만 당연히 적극적인 수단으로 영향을 미치고자 시도하는 일도 많다. 하지만 누구나 남에게 영향을 미치는 자신의 능력이 부족하다고 느낄 때가 더 많다. 그래서인지 남에게 영향을 미치는 방법에 관한 책이나 기사가 꾸준히 인기를 끈다. 이 장에서 보았듯이 이런 불안은 진짜 현실을 반영하는 것이 아니라, 우리가 알아채지 못했던 우리의 영향력에 대한 또 다른 인지적 편향일 뿐이다.

따라서 재정비가 필요하다. 자신을 둘러싼 사회적 관계망을

종합해보자. 당신이 스스로 남에게 어떤 인상을 준다고 생각하든, 그보다는 좀 더 나을 거라고 생각하자. 남에게 어떤 반박을 받을 거라고 예상하든 강도가 그보다는 덜할 거라고 예상하자. 남에게 어떤 조언을 해주고 싶다면 좀 더 부드럽게 표현하자.

당신이

부탁했으니까

3

누구나 남에게 부탁하는 것을 싫어한다. 하이디 그랜트[Heidi Grant]는 『강화하기[Reinforcement]』라는 책에서 세 장에 걸쳐 왜 남에게 부탁하는 것이 '몹시' 힘든 일인지 설명했다.[1] 나도 부탁하는 것이 얼마나 고역인지 누구보다 잘 안다. 처음 연구자의 삶을 시작했을 때는 온종일 모르는 사람들에게 부탁하고 다녀야 했다. 컬럼비아 대학교 대학원생 시절에는 현재 스탠퍼드 대학교의 조직행동학과 교수인 프랭크 플린[Frank Flynn]과 함께 연구 자료를 수집했다. 매일 지하철을 타고 맨해튼 어퍼웨스트사이드에 위치한 컬럼비아 대학교에서 뉴욕 펜역으로 가서, 역 앞에서 낯선 사람들에게 설문지를 작성해달라고 부탁해야 했다. 똑같은 부탁을 반복하자니 속이 울렁거렸다. "설문지를 작성해주시겠습니까?" 확실히 (그랜트의 표현대로) **최악**이었다. 이후로도 내게 뉴욕의 펜역은 그 시절의 괴로운 과제를 연상시킨다.

한편으로는 당시 프랭크 플린과 함께 발견한 사실도 떠오른다. 어떤 사람이 내 요청에 어떻게 응답할지 예상하는 것과 실제로 그 사람이 어떻게 응답하는지는 매우 다르다는 점 말이다. 나는 낯선 사람에게 접근할 때마다 심호흡을 먼저 하고 최악의 상황, 이를테면 거절의 말이나 화가 난 듯한 한숨, 중얼중얼 내뱉는 모욕적인 말이 날아올 것에 대비해 마음의 준비를 했다. 그런데 대다수는 그냥 나를 쳐다보고(가끔은 어리둥절한 표정이지만 거의 다 정중하게) "그럼요, 해드릴게요"라고 답했다. 아무도 내게 호통치지 않았다. 피하지도 않았다. 내 부탁에 화가 나서 노려보는 사람은 (거의) 없었다.

연구가 끝난 뒤 우리는 상황이 처음의 가설대로(구체적으로 무슨 내용이었는지는 기억나지 않는다) 흘러가지 않아 실망했다. 하지만 자료를 찬찬히 살펴보다가 훨씬 흥미로운 점을 발견했다. 설문지를 작성해주겠다고 한 사람의 수였다. 내 부탁에 "예스"라고 답한 사람이 얼마나 많았는지 놀라울 정도였다. 우리는 낯선 사람들이 기꺼이 동의해주려는 모습을 보면 남들도 우리처럼 놀랄지 궁금했다. 이후 나는 연구에서 수천 명의 참가자에게 내가 오래전에 펜역에서 맞닥뜨린 상황과 같은 경험을 하게 했다. 그리고 이 주제로 15년간 연구한 끝에 이제는 나만의 경험이 아니라고 확신하게 되었다.

나는 참가자들에게 실험실에서 나가 낯선 사람들을 만나보

라고 주문한다. 그리고 모르는 사람들에게 무언가를 부탁하도
록 지시한다. 설문지 작성을 부탁하거나, 자선단체 기부금을 요
청하거나, 휴대전화를 빌려달라거나, 편지를 대신 부쳐달라거나,
복잡한 지시에 따라달라거나, 병 속에 든 콩을 세어달라고 부탁
하는 식이다(맞다, 정말로 콩 세는 과제다). 그리고 참가자들에게 실
험실에서 나가기 전에 낯선 사람 중 자신의 요청에 응해줄 사람
이 몇 명일지 예상해보라고 한다. 최근에 공식적으로 집계해보
니 우리 연구의 참가자들이 약 14,000명 이상의 낯선 사람들에
게 다가가 이런 식의 요청을 수행했다. 그리고 이런 갖가지 요청
후 얻은 연구 결과는 놀랄 만큼 일관되었다. 참가자들은 매번,
"예스"라고 응답할 것 같은 사람의 수를 실제보다 적게 예상했
다. 하지만 항상 참가자의 예상보다 두 배 가까이 되는 사람들이
참가자의 요청에 "예스"로 응해주었다. 이것은 엄청난 결과다.[2]

프랭크 플린과 내가 이 유형의 연구를 처음 시작할 때 우리
는 내가 펜역에서 경험한 상황을 최대한 가깝게 재현하려 했다.
나는 참가자들에게 뉴욕 컬럼비아 대학교 캠퍼스에서 낯선 사
람에게 다가가 설문지 작성을 요청하라고 지시했다. 목표는 내
가 펜역에서 반복한 말("설문지를 작성해주시겠습니까?")만으로 5명
에게서 승낙을 받아내는 것이었다. 참가자들을 내보내기 전에
5명에게 승낙을 받으려면 모두 몇 명에게 부탁해야 할 것 같은
지 묻자, 평균 약 20명에게 부탁해야 할 것 같다고 예상했다. 그
러나 실제로 참가자들이 실험실로 돌아와 보고한 결과 그들은

평균 10명에게만 부탁하면 되었고, 이는 예상한 수의 절반에 불과했다.[3]

사실 참가자들은 실험실로 그냥 '돌아온' 것이 아니라 **발걸음 가볍게 돌아왔다.** 참가자들은 과제가 예상보다 훨씬 수월하게 끝난 데다가 사람들이 예상보다 훨씬 친절해서 놀란 표정으로 하나둘씩 실험실로 돌아왔다. 예전에 펜역에 다녀온 내 모습 같았다.

이 명확한 연구 결과와 함께 우리는 실험을 거의 마쳤다고 생각했다. 하지만 이런 효과를 입증하기 위해 앞으로 얼마나 더 멀리 가야 하는지 몰랐다. 우리가 정해준 요청에서만 이런 효과가 나타날까? 사람들은 원래 설문지 작성하는 걸 좋아하는 걸까? 아니면 다른 과제에서도 동의해줄 가능성이 우리의 예상보다 높을까? 그래서 우리는 참가자들이 부탁할 만한 새로운 과제를 찾아보았다. 한 연구에서는 참가자들이 낯선 사람에게 다가가 잠깐만 통화하게 휴대전화를 빌려달라고 부탁하게 했다. 그리고 상대가 동의하면 실험실로 우리 연구자에게 전화하게 해서 실제로 매번 다른 사람의 전화를 빌렸는지 확인했다. 참가자들은 실험실로 전화를 세 번 걸어야 돌아올 수 있었다. 참가자들은 3명에게 동의를 얻으려면 10명 정도에게 부탁해야 할 거라고 예상했지만 실제로는 6명 정도에게만 부탁한 뒤 성공했다.

또 한 연구에서는 참가자들이 낯선 사람에게 길을 물었다. 여기에는 함정이 있었다. 우리는 컬럼비아 대학교 체육관이 유독 찾기 어렵다는 점을 이용했다. 체육관은 캠퍼스 북서쪽 한 구석에 위치한 건물 지하에 숨어 있었다. 입구는 그냥 지나치기 쉬웠고, 참가자들도 그렇게 말했다. 우리는 참가자들을 체육관에서 세 블록 떨어진 곳에 데려다 주고 낯선 사람에게 체육관 입구를 못 찾겠다고 말하라고 주문했다. 그리고 "거기까지 데려다주시겠습니까?"라고 부탁하게 했다. 즉, 참가자들은 낯선 사람들에게 체육관의 입구가 어디인지 물으면서 체육관까지 같이 가달라고 요청한 것이다. 이 부탁을 들어준다면 낯선 사람은 원래 가던 길에서 벗어나 세 블록을 함께 걸어가야 했다. 따라서 참가자들은 당연하게도 부탁을 들어줄 사람을 1명이라도 찾으려면 여러 명(약 7명)에게 부탁해야 할 거라고 예상했다. 하지만 결과적으로 2명에게만 부탁하면 되었다. 2명에 1명꼴로 부탁을 들어주었다.

이쯤 되자 우리는 이 효과를 거의 확신했다. 연구를 거듭할 때마다(적어도 대학생 실험에서는) 같은 결과가 나왔다. 몇 번이고 요청해도 참가자들은 사람들이 "예스"라고 답할 가능성을 과소평가하고, 거절할 가능성은 과대평가했다. 이제 다음의 질문을 던질 차례였다. 그러면 실험실 밖에서도, 실험으로 하는 부탁이 아닌 부탁에도, 그러니까 현실에서 부탁하는 상황에도 같은 결과가 나타날까?

형제여,

한 푼 내어주겠소?

우리로서는 고맙게도 이미 많은 사람이 자선 모금을 통해 이런 실험과 유사한 부탁을 해왔다. 자선단체는 주로 개별 모금자가 사람들에게 기부를 부탁하는 방식으로 운영된다. 우리는 연구를 위해 이런 자선단체 한 곳과 협업했다. 바로 백혈병림프종학회Leukemia Lymphoma Society 안에서 임상 연구와 교육 그리고 각종 혈액암 환자 치료를 위해 모금 활동을 하는 '팀인트레이닝Team In Training'과의 협업이었다. 팀인트레이닝의 자원봉사자는 극기심이 필요한 대회(마라톤이나 철인 3종 경기)에 참가하기 위해 코치를 소개받아 함께 훈련하고 도전하는 대가로 기부금 모금을 도왔다. 우리가 연구실에서 발견한 결과를 현실 세계에서도 일반화할 수 있는지 알아보기 위한 훌륭한 조건이었다. 팀인트레이닝의 자원봉사자들이 도전하는 과제는 우리의 실험실 연구를 현실에 복제한 것처럼 매우 유사했다. 게다가 참가자들이 완성할 과제의 규모가 꽤 컸다. 우리가 팀인트레이닝과 연구를 진행할 때 마침 그들이 모금해야 할 최소 금액은 2,100달러에서 5,000달러 사이였다. 설문지에 응답할 5명을 만나는 과제보다 훨씬 거창했다.

팀인트레이닝 측은 고맙게도 뉴욕 설명회에서 우리가 참가자를 모집하게 해주었고, 100명 이상이 우리 연구에 자원했다.

이들은 실험실 연구의 참가자들과 사실상 같은 과제를 수행했다. 우선 모금액 목표를 달성하기 위해 몇 명에게 부탁해야 할지 예측하는 설문지를 작성했다. 다음으로 모금 기간이 끝날 때(약 5개월 뒤) 목표액을 달성하기 위해 몇 명에게 부탁했는지 보고했다. 다행히 참가자들의 기억에만 의존하지 않아도 되었다. 팀인트레이닝과의 협업이 주는 또 하나의 장점은 참가자가 기부를 부탁한 사람들의 모금액에 대한 회계 기록이 남아 있다는 점이었다. 그래서 우리는 참가자들의 기억과 회계 기록을 비교하여 분석할 수 있었다.

이 연구에서 실험실 연구와 유사한 결과가 나왔다. 참가자들은 모금을 시작할 때 목표액을 달성하기까지 평균 약 210명에게 부탁해야 할 것 같다고 예상했다. 하지만 실제로는 122명에게만 부탁해도 목표액을 채울 수 있었다. 처음 예상보다 100명 가까이 적은 수였다. 팀인트레이닝의 자원봉사자들은 우리의 실험실 참가자들과 마찬가지로 그들의 요청을 들어줄 사람의 수를 낮게 예상했다. 그것도 한참 낮게.[4]

그러니 이제 현실에서도 효과가 입증된 것으로 보였다. 우리 연구의 결과는 실험실에서만 나오는 특이한 현상이 아니었다. 현실에서 모금 활동에 자원한 사람들도 이러한 부탁을 달성하기 어려운 과제라고 여긴 것이다.

물론 과학 연구에서 자주 일어나는 현상이 아니라는 점은 주의해야 한다. 사실 과학 연구에서는 처음의 발견이 거짓 알람

인데도 오랜 세월 같은 결과를 찾아 헤매다가 결국 아무런 성과도 올리지 못하는 경우가 비일비재하다. 하지만 우리 연구의 결과는 반복해서 나타났다. 그뿐 아니라 그것이 미치는 효과도 **컸다.** 나는 자료를 분석하기도 전에, 실험실을 나서기 전 불안했던 참가자들의 표정이 다시 돌아올 때는 놀라고도 안도한 표정이 된 걸 보고 결과를 알 수 있었다. 참가자들은 걱정하던 과제가 생각보다 수월하게 끝났다는 사실에 어리둥절해했다. 우리는 이후에도 뉴욕,[5] 캘리포니아,[6] 캐나다,[7, 8] 네덜란드,[9] 중국[10]에서 연구를 진행하며 거듭 같은 결과를 확인했다. 실험을 진행하는 상황마다 결과가 나타나는 방식에는 큰 차이가 있었지만 기본적인 결과는 매번 동일했다.

참가자들은 항상 실제 결과치보다 많은 거절을 예상했다. 그러나 결과적으로 사람들에게 부탁해서 승낙을 받아내는 과정은 생각보다 수월했다. 10년 이상 같은 결과를 거듭 확인했기에 이 결론을 반박하기는 어렵다. 하지만 이런 결과를 아는 사람조차도(내 남편처럼) 이 사실을 금방 잊는다.

이 책을 쓰는 동안 나는 남편과 함께 아이 둘을 데리고 장거리 자동차 여행을 떠났다. 그러다 도중에 타이어에서 이상한 소리가 났다. 갓길에 차를 세우고 살펴보니 타이어에 나사가 박혀 있었다. 그곳은 소도시였고, 7월 4일(미국 독립기념일) 연휴를 앞둔 주말이었으며, 목적지까지 앞으로 3시간 더 가야 했고, 뒷좌석에는 참을성 없는 한 살과 다섯 살짜리 아이들이 있었다. 우리는 휴대전화로 멀지 않은 곳에 작은 정비소가 있는 것을 확인했다. 그런데 인터넷에 올라온 정보로는 방금 문을 닫은 것 같았다. 그래도 일단 가보기로 했다. 어쨌든 누군가는 타이어에 박힌 나사를 빼고 구멍을 막아줘야 했고, 그 작업은 5분 이상 걸릴 터였다. 우리는 정비소 주차장에 차를 세우며 문에 붙은 영업시간표를 보았다. 정비소는 오후 2시에 이미 문을 닫았다. 그때는 2시 45분이었다. 하지만 정비사가 아직 차고에 있었다. 남편이 차창을 내리고 "영업 끝났나요?"라고 물었고, 정비사는 "네"라고 답했다. 남편은 낭패감에 한숨을 내쉬고 차창을 올린 뒤 시동을 걸었다. 그러다 내가 "잠깐!"이라고 말했다. "일단 우리한테 필요한 걸 말해보자. 저분이 우릴 도와줄 수 있는지 물어보자고."

남편은 마지못해 다시 차창을 내리고 말했다. "타이어에 나사가 박혔는데요. 5분이면 될 것 같은데, 혹시 도와주실 수 있을까요?" 정비사는 차고 밖으로 나와 타이어를 보고는 바로 고개를 끄덕였다. 그러고는 다시 차고로 들어가 공구를 가지고 나와서 말했다. "히포크라테스 선서 같은 거예요. 이런 일이 생기면 당연히 도와드려야죠." 그는 금방 나사를 빼고 구멍을 막았다. 5분밖에 걸리지 않았다. 그리고 우리를 보내주었다.

몇 시간을 겪을 수도 있었던 시련(혹은 그 이상의 시련)이 10분 만에 해결되었다. 우리가 부탁한 덕이었다. 결국 모두가 기분 좋은 결말이었다. 정비사는 우리를 도운 것에 뿌듯해했다(게다가 우리는 감사의 뜻으로 그에게 돈을 건넸다. 부탁하면서 돈을 제시하는 심리에 관해서는 뒤에서 자세히 다루겠다). 우리는 필요한 문제를 해결했을 뿐 아니라 사람들이 생각보다 선뜻 우리의 요청에 동의해준다는 사실에 놀라면서도 안도감이 들어서 기분이 좋았다. (남들은 몰라도 우리 부부는 이제 이런 상황에 놀라면 안 되는데도 말이다.)

우리 부부의 타이어 수리 요청 경험과 팀인트레이닝 연구를 연결하는, 영향력에 대한 두 가지 중요한 특징은 다음과 같다. 첫째, 남들이 부탁을 들어주게 만드는 우리의 능력을 비관적으로 보는 태도는 실질적 위험이 있을 때 나타난다. 둘째, 비관적인 생각은 쉽게 사라지지 않는다. 남편은 나와 살면서 줄곧 내 연구에 관해 들은 사람이고, (실험에 참가한) 팀인트레이닝 자원봉사자들 중 일부는 전에도 모금 운동을 해본 사람들이었다. 그런데도 부탁하는 행위를 어렵게 느낀다는 사실은 변하지 않았다. 또한 소통의 상황을 예상할 때 이런 감정에 영향을 받지 않기도 어려웠다. 사실 우리는 생각보다 쉽게 사람들이 우리를 위해 무언가를 하게 할 수 있고, 이를 위해 굳이 뇌물을 줄 필요도 없다.

다음으로 사람들이 요청을 들어줄 가능성을 과소평가하고, 굳이 돈까지 제시하려고 하는 이유에 대해 알아보자.

1달러를
주시겠습니까…?

우리는 단순한 요청의 힘을 낮게 평가해서 무언가를 부탁할 때 쓸데없이 공을 많이 들인다. 그래야 "예스"를 받아낼 가능성이 커진다고 지레짐작한다(예를 들어 승낙을 해준 대가로 돈을 준다). 앞서 우리 부부의 구멍 난 타이어 사례에서 빠트린 대목이 있다. 사실 남편은 "타이어에 나사가 박혔는데, 5분이면 될 것 같은데요. 혹시 도와주실 수 있을까요?"라고만 말하지 않았다. **"일반 요금의 두 배를 드릴게요"**라고 덧붙였다.

대개는 이처럼 승낙의 조건으로 돈을 제시하고 부탁한다. 차를 태워주면 기름값을 내겠다고 하거나 이사를 도와주면 맥주를 사겠다고 한다. 금전적 대가를 제시하면 부탁을 하는 우리의 기분도 더 나아지고 더 효과적으로 부탁하는 것 같지만 사실은 그런다고 해서 상대에게 "예스"를 받아낼 가능성이 커지는 것은 아니다.

내가 HEC 파리 경영대학원의 대니얼 뉴어크[Daniel Newark]와 나의 대학원생 에이미 쉬[Amy Xu]와 함께 진행한 일련의 연구에서우리는 참가자들에게 설문 참여를 부탁하면서 돈을 제시하면 상대가 요청을 받아들일 가능성이 얼마나 커질 거라고 기대하는지 물어보고, 실제로 승낙 가능성이 얼마나 커졌는지를 비교했다.[11] 첫 번째 연구에서는 참가자들에게 앞서 프랭크 플린과 함께 진행한 연구와 같은 방식의 과제를 주었다. 실험실 밖으로 나가 낯선 사람을 한 명씩 만나 설문지 작성을 부탁해서 3명에게 승낙을 받아내는 과제였다. 다만 참가자의 절반에게는 절차를 약간 변형했다. 우선 참가자의 절반에게는 기존에 설계한 대로 "부탁 좀 들어주시겠습니까? 설문지를 작성해주시겠습니까?"라고 물어보게 했고, 나머지 절반에게는 3달러를 주고 설문지를 작성하는 대가로 1달러씩 주겠다고 말하게 했다. 이들은 사람들에게 돈을 보여주면서 "부탁을 들어주시겠습니까? 설문지를 작성해주시겠습니까?"라고 물었다. 앞의 연구처럼 두 조건의 참가자들에게 3명의 승낙을 받으려면 몇 명에게 접근해야 할지 예상하게 했고, 실제로 몇 명에게 부탁했는지 확인했다.

잠시 참가자의 입장이 되어보자. 모르는 사람에게 가서 설문지를 작성해달라고 부탁하는 모습을 떠올려보자. 그리고 상대에게 돈을 보여주면서 부탁하는 장면도 그려보자. 어느 쪽이 효과적일까? 얼핏 1달러를 보여주면서 부탁하는 쪽이 효과적으로 보일 것이다. 실제로 참가자들도 압도적으로 많은 비율로 돈을 주면 승낙률이 높아질 거라고 예상했다. 참가자들은 돈을 제시하지 않을 때는 평균 약 10.5명에게 부탁해야 3명에게 승낙을 받아낼 수 있을 거라고 예상했다(예상 승낙률이 29퍼센트였다). 하지만 돈을 들고 있으면 평균 약 6.5명에게만 부탁하면 3명에게 승낙을 받아낼 수 있을 거라고 예상했다(예상 승낙률이 약 46퍼센트였다). 하지만 놀랍게도 두 조건의 실제 승낙률은 거의 비슷했다. 돈을 들고 있지 않은 조건에서는 평균 4.25명에게 부탁했고, 돈을 들고 있는 조건에서는 평균 4.29명에게 부탁했다. 차이는 0.04명으로 무시해도 되는 수준이었다.

따라서 돈을 제시한다고 해서 상대가 부탁을 들어주는 비율이 높아지지는 않았다. 1달러는 승낙률을 높일 만큼의 액수가 아니라고 생각할 수 있고, 그 생각이 맞을 수도 있다. 하지만 참가자들은 부탁하러 나가기 전에 1달러가 충분하다고 생각했고, 1달러를 제시하면 부탁해야 하는 사람의 수가 38퍼센트 감소할 거라고 예상했다. 그들이 **끔찍하게** 여기는 부탁 행위의 비율이 유의미하게 감소하는 것이다. 그런데 왜 참가자들은 돈을 제시하면 이런 효과를 거둘 수 있을 거라고 판단했을까?

이 질문에 대한 답을 찾기 위해 우리는 이어지는 연구에서 실험실 연구로는 진행하기 어려운 여러 부탁 상황을 참가자들이 상상하게 했다. 가령 이사를 도와달라거나, 공항까지 태워다 달라거나, 눈을 치워달라고(내가 사는 업스테이트 뉴욕에서는 중요한 일거리다) 부탁하는 것이다. 한 조건의 참가자들은 사람들에게 이런 일을 부탁하는 장면을 상상했고, 다른 조건의 참가자들은 사람들에게 돈을 제시하면서 부탁하는 장면을 상상했다. 다음으로 참가자들에게 부탁하는 장면을 상상할 때 기분이 어떻고 각각의 과제가 얼마나 큰 부탁이라고 생각하는지 물었다.

결과적으로 돈을 주면서 부탁하는 방법은 (부탁하는 당사자에게는) 긍정적 효과가 있는 것으로 나타났다. 참가자들은 부탁을 들어주는 대가로 돈을 제시하는 상황이 그냥 부탁하는 상황보다 훨씬 편하고 덜 어색할 거라고 상상했다. 그리고 부탁하는 과정이 덜 어색하고 덜 긴장되자 부탁하는 일의 내용을 더 명확히 볼 수 있었다.

사실 부탁해야 한다는 긴장이 크면(공항까지 데려다 달라고 부탁하기) 부탁하려는 일이 **거대해** 보인다. 실제로 프랭크 플린의 말처럼 어떤 일을 부탁할 때 사용하는 언어는 고마움의 표현으로 과도하게 포장되어 부탁하려는 일이 얼마나 큰일인지 강조하는 경향이 있다. "폐를 끼치는 것 같지만" "대단히 고맙습니다" 같은 표현이 그러하다.[12] (부탁을 받은 상대의 표현과 극명하게 대비된다. 상대는 자신이 들이는 노력을 겸손하게 낮춘다. "별거 아니에요" "진짜 아무것도 아니에요"[13] 우리가 하려는 부탁이 머릿속을 가득 차지해서 남들이 다 "노"라고 답할 거라고 예상하는 것도 당연하다.)

그런데 이러한 상황에 돈을 더하면 우리의 심리 상태는 완전히 달라진다. 갑자기 모든 상황이 덜 감정적이고, 덜 개인적이고, 덜 걱정스러워진다. 이제는 상대에게 대가를 제시하면서 무언가를 부탁하는 것이다. 상대가 "노"라고 답해도 나는 별로 타격을 입지 않고 거절당한 기분에 사로잡히지도 않는다. 그저 상대가 내가 제안하는 교환의 조건에 만족하지 않았다는 의미가 되기 때문이다. 하지만 이제 나는 상황을 객관적으로 보는 마음 상태에 있어서 상대가 "노"를 말할 가능성이 그리 크지 않다는 것을 안다. 내가 부탁하는 일(공항에 데려다 달라거나 설문지를 작성해달라는 부탁)이 사실은 그렇게 부담스러운 일이 아니라는 것을 안다. 이제는 부탁하는 일의 가치를 정확하고 합리적으로 평가할 권한이 나에게 있기 때문에 나의 부탁을 더 명확하게 볼 수 있다.

따라서 설령 적은 돈이 "예스"를 끌어낼 가능성을 크게 높여주지 않는다고 해도 우리가 마음 편히 부탁할 수 있기 때문에 우리가 부탁하는 일의 가치를 명확히 평가할 수 있다. 이렇게 머리가 명료해지면 우리가 부탁하는 일이 꽤 합리적이라는 것도 알게 되고, 결국 "예스"를 받아낼 수 있다. 말하자면 돈이 우리가 더 효과적이고 자신감 있게 부탁할 수 있게 만들어준 셈이다.

영화 〈덤보Dumbo〉[14]에서 코끼리 덤보는 자기에게 생긴 '마법의 깃털' 때문에 날 수 있다고 착각한다. 깃털에는 날게 해주는 기능이 전혀 없는데도 덤보에게 날 수 있다는 자신감을 심어준다. 덤보는 혼자서 날 수 있다고 생각하지 않기에 그 깃털 없이는 날아볼 생각도 하지 않는다. 마찬가지다. 우리가 돈을 제시하면서 부탁하는 이유는 돈이 우리에게 자신감을 주기 때문이다(그리고 거절을 피하는 데 도움을 주기 때문이다). 우리는 덤보가 마법의 깃털을 꼭 쥐듯이 지폐 한 장을 잡는다. 하지만 사실 우리에게는 그 돈이 필요 없다. 사람들은 공짜로도 (기꺼이) 우리가 부탁하는 일을 해주려고 하기 때문이다.

그렇다고 사람들이 돈을 받지 않아도 부탁을 들어주니 남의 시간을 함부로 이용하라는 뜻은 아니다. 고맙게도 연휴 주말에 우리를 도와준 정비사는 타이어의 구멍을 때운 뒤 우리에게 유쾌하게 "오늘이 제 생일인가봐요!"를 외치며 손을 흔들어주었다. 그는 우리의 부탁을 돈 때문에 들어준 것이 아니었다. 그리고 남편이 그에게 돈을 건네며 스카치 한잔 드시라고 말했을 때 사실은 그가 해준 서비스의 대가로 돈을 준 것이 아니라(우리는 정비사의 행동을 친절로 받아들였다) 친절히 부탁을 들어준 마음이 고마워서 준 것이었다.

여러 번 이야기했듯이 우리의 영향력은 생각보다 강하다. 그리고 우리는 우리의 영향력을 깨닫지 못해서 불필요한 전략에 의지해 영향력을 발휘하려고 시도한다. 앞 장에서 보았듯이 우리는 필요 이상으로 강하게 주장한다. 그리고 이 장에서 보았듯이 그냥 부탁해도 될 일인데 돈과 함께 제안한다. 효과적이고 알맞게 영향력을 발휘하는 방법을 간과하다 보니 강하게 주장하거나 보상할 방법을 찾는 것이다.

백만 달러짜리
질문

지금까지 사람들이 사소해 보이는 부탁을 들어줄 가능성이 생각보다 크다는 점을 이야기했다. 팀인트레이닝과의 연구에서 사람들이 모금자의 요청에 따라 기부하는 금액은 평균 64달러였고 최대 기부액은 약 1,000달러였다. 물론 너그러운 기부였다.

하지만 1,000달러도 약소해 보일 만큼 거창한 일을 당연하게 부탁하는 사람도 있다. 수백만 달러나, 신장 기증을 부탁하기도 하고, 아이를 대신 키워달라고 부탁하기도 한다. 그러면 이런 의문이 든다. 과연 우리는 부담이 **큰 요청**에 동의해주는 비율도 과소평가할까? 우리는 수백만 달러를 부탁하는 실험은 진행하지 않았지만, 상대가 나의 부탁에 동의할지 판단할 때 요청의 크기에 지나치게 무게를 둘 필요는 없다고 말해주는 자료가 있다.

물론 요청의 크기가 클수록 상대가 요청을 들어줄 가능성이 낮다고 생각할 수 있다. 프랭크 플린과 나는 한 참가자 집단에는 낯선 사람들에게 가서 간단한 설문지를 작성해달라고 부탁하게 하고, 다른 참가자 집단에는 낯선 사람들에게 가서 긴 설문지를 작성해달라고 부탁하게 했다. 참가자들은 긴 설문지에 응해주는 비율을 훨씬 낮게 예상했다. 하지만 실제로 밖으로 나가 설문조사를 부탁하자 두 가지 요청의 크기가 달랐는데도 수락률은 같았다.[15]

참가자들이 상대가 요청에 응해줄 가능성을 예상할 때 요청을 수락할 경우 발생하는 비용, 즉 설문지를 작성하는 데 들어가는 시간에 지나치게 집중했다는 뜻이다. 하지만 사람들은 비용이나 혜택을 계산하기보다 다양한 이유로 요청을 수락한다. 앞에서 사람들에게 요청을 들어주면 돈을 주겠다고 제안한 연구 사례를 보았다. 요청을 받아주면 돈을 준다고 하는 것과 같이 금전적 혜택을 높인다고 해서 기대만큼 수락률이 높아지지는 않았다. 마찬가지로 요청의 크기를 키운다고 해서 생각만큼 수락률이 떨어지지도 않았다.

사람들이 당신의 요청을 수락하게 만드는 요인에 대해서는 다음 장에서 자세히 다루겠다. 여기서는 일단 우리가 무언가를 요청할 때 우리가 간과했던 여러 이유로 사람들이 우리의 요청에 응해준다는 정도만 밝히겠다. 사람들이 요청에 응하는 이유는 "노"[16]라고 답할 때 죄책감이 들고 불편하기 때문이고, 남들에게 좋은 사람으로 보이고 싶어서이기도 하며, 누군가가 곤경에 처한 모습을 보기 힘들어서이기도 하고,[17] 순전히 공감의 마음에서 비롯된 것이기도 하고, 좋은 일을 하고 싶은 욕구 때문이기도 하다.[18] 하지만 연구에 따르면 우리는 사람들이 요청을 수락할 때 고려하는 온갖 복잡한 이유를 간과하고 사람들이 보상을 위해 요청을 받아주고[19] 비용 때문에 부탁을 거절한다고 가정하는 편이다.[20] 이처럼 잘못된 판단으로 돈을 주고 부탁하거나 작은 것을 부탁하게 된다.

모든 상황을 고려하면 사실 큰 요청이 받아들여질 가능성을 낮게 생각하는 것도 당연하다. 어쨌든 요청의 크기가 클수록 요청을 받아들이지 못하는 현실적인 이유도 커지기 때문이다. 하지만 흔히 간과하는 부분이 있다. 요청이 커지면 그만큼 부담도 커지지만("노"를 말할 때의 죄책감도 커지지만) 남에게 좋은 사람으로 보이거나 스스로 좋은 사람이라고 자부할 가능성도 커지고 실질적인 변화를 이룰 기회도 커진다. 사람들은 이런 이유에서 요청에 "예스"라고 답하는 것이기도 하다. 따라서 큰 요청을 수락할 때 치러야 할 비용이 발생하더라도 이런 이유로 큰 요청에 "노"라고 답하기 어려울 때가 생긴다.

물론 요청의 크기 면에서 보자면(낯선 사람에게 가서 무작위로 1달러나 100달러를 달라고 부탁한다고 해보자) 작은 요청(1달러)보다 큰 요청(100달러)에 동의할 사람이 적을 것이다. 다만 여기서 중요한 건 요청의 크기를 키워도(혹은 줄여도) 우리가 예상하는 만큼 수락률 차이가 크지는 않을 거라는 점이다.

우리는 사람들이 요청을 들어줄 가능성을 과소평가할 뿐 아니라 사람들이 그 요청을 수행하는 데 얼마나 큰 노력을 기꺼이 들이려 하는지도 과소평가한다. 이에 대한 자세한 연구를 위해 나와 프랭크 플린은 대니얼 뉴어크와 함께 참가자들이 캠퍼스로 나가 낯선 사람을 붙잡고 요청하게 했다. 다만 이번에는 참가자들에게 요청을 수락할 사람의 수뿐 아니라 그 사람들이 요청을 들어주기 위해 기꺼이 들이려고 하는 노력의 크기도 예상하게 했다.[21] 한 연구에서 참가자들은 낯선 사람들에게 리스트에 있는 아이템을 하나씩 찾아가는 '보물찾기'를 하듯이 질문지의 사소한 질문에 하나씩 답해달라고 부탁했다. 참가자들은 도와주겠다고 하는 사람이 평균 25개의 사소한 질문에 답할 것으로 예상했지만 실제로는 (참가자들의 예상보다 두 배나 많은) 평균 49가지 질문에 답했다. 후속 연구에서는 남을 위해 추천서를 써주고, 필기를 대신 해주고, 발표에 대해 의견을 주고, 새로운 컴퓨터 프로그램을 설명하는 데 들이는 노력의 양을 사람들이 실제보다 낮게 예상한다는 결과를 얻었다.

팀인트레이닝 연구에서도 유사한 결과가 나왔다. 참가자들은 후원자의 수를 낮게 예상할 뿐 아니라 한 사람이 기부할 금액도 낮게 예상했다. 참가자들이 예상한 후원자들의 기부액은 평균 48달러였지만, 실제 평균 기부액은 예상보다 33퍼센트나 높은 64달러였다.[22]

사람들이 어려운 요청에도 얼마나 흔쾌히 수락하는지를 알고 놀라는 이유는 우리가 평소 남에게 베풀고 싶어 하는 호의의 정도를 과소평가하기 때문이다. **그러나** 보통 요청의 규모가 커지면, 요청하는 맥락도 달라진다. 큰 요청의 대상은 일상에서 흔히 벌어지는 사소한 요청의 대상과 다르다. 골수 기부를 요청받는 사람은 대개 이미 골수 검사를 마치고 골수가 일치한다는 결과가 나온 경우다. 요청을 수락할 의지를 보여주는 단계를 이미 한 차례 거친 셈이다. 마찬가지로 아무도 갑자기 남에게 수백만 달러를 부탁하지 않는다. 일정 기간을 거치며 상대와의 관계를 발전시키고 그 사람의 가치관과 우선순위를 알아본 후 요청한다. 캠퍼스에서 아무나 붙잡고 백만 달러를 부탁할 사람은 없다.

따라서 이런 의문이 남는다. 큰 요청에 맞는 방식으로 요구를 했을 때도 지금까지 이야기한 연구 결과(실제보다 낮은 예상 응답률)가 그대로 적용될까? 1년에 걸쳐 큰 금액을 기부해 달라고 지속적으로 요청했던 사람도 그 거금을 받을 가능성을 똑같이 낮게 예상할까? 이거야말로 백만 달러의 가치를 지닌 질문이다.

백만 달러를
주실 수 있습니까?

이 질문을 위한 완벽한 사례는 가까이에 있다. 바로 학계이다. 대학 총장이야말로 다른 사람들이 그들의 큰 요청을 수락할 가능성에 대한 기대치와 현실의 결과가 일치하는지 판단하기 적합한 부류다. 대학 총장은 평생 모금과는 거의 혹은 전혀 무관한 학자로 살다가 갑자기 주 업무가 모금 활동인 자리로 올라간 사람들이다. 총장으로 임명되면 하루아침에 동문과 기부자들에게 연락해서 수백만 달러를 기부해달라고 요청해야 하는 입장이 된다. 게다가 원래 기금 마련 분야에서 열심히 활동한 사람들과 달리 총장으로 임명된 사람들은 애초에 남에게 부탁하는 행위 자체를 불편해하고 기부 약속을 받아내려면 어떻게 해야 하는지 명확한 방법도 알지 못한다. 따라서 수백만 달러를 요청하는 일에 대한 순진한 기대와 실제로 겪는 상황을 비교하기에 매우 좋은 표본이다.

스탠퍼드 대학교 법대 학과장을 지낸 저명한 폴 브레스트 Paul Brest를 예로 들어보자. 브레스트의 한 동료는 이렇게 말했다. "학자로서 완벽한 모범인 분이었습니다… 그런데 이제 기금 모금자로 변신하셨습니다."[23] 물론 브레스트에게 변신의 과정은 쉽지 않았다. 그리고 이후 20년간 유지한 학과장직을 내려놓으며 이렇게 적었다. "처음으로 동문에게 기부를 요청하던 기억이 생생하다. 어찌나 긴장했던지 상대에게는 말할 기회도 주지 않은 채 주절주절 말하면서 1,000달러를 요청하려 했다가 나 혼자 괜히 절반으로 깎았다." 그는 "기금 모금은 나의 강점이 아니었다. 그래도 해야 할 일이었다"라고 말했다.[24]

브레스트는 성공적인 기금 모금 사업들로 그 공적을 인정받았다. 학과장으로서 5,000만 달러를 목표로 시작한 기금 모금 사업이 결국 '기대를 넘어서는'[25] 큰 성과를 올렸다. 1999년 브레스트는 윌리엄 플로라 휼리트 재단의 이사장직을 제안받아 학과장직에서 물러나기로 했다. 기금 모금 사업의 조력자로 그가 직접 임명한 부학장 수전 벨Susan Bell은 그가 모은 기금을 총 1억 6,000만 달러로 추산했다(처음 목표한 금액의 두 배 이상이었다).[26] 브레스트도 놀라며 이렇게 적었다. "나는 여러 가지를 배웠지만 그중에서 나 자신도 놀라고 나를 아는 사람들도 감탄한 것은 내가 꽤 괜찮은 기금 모금자였다는 점이다."[27]

나는 '큰 요청'에 관한 연구를 진행하기 위해 우리 대학 학과장들을 만나 브레스트가 애초에 기대한 것보다 기금 모금을 훨씬 잘 해내 놀라워하는 현상이 그에게만 해당하는 독특한 상황인지 알아보았다. 지금까지의 결과로는 아닌 듯하다.

코넬 대학교 SC 존슨 경영대학원의 현재 학장이자 과거 ILR 대학(노사관계대학원·내가 있는 학교)의 학장을 지낸 케빈 핼록Kevin Hallock도 여느 학장들처럼 기금 모금을 하고 싶어 학과장직을 수락한 것은 아니라고 말했다. 그런데 지금은 기금 모금 사업이야말로 학과장직에서 그가 가장 좋아하는 일이라고 말한다. 핼록은 내게 기부해줄 가능성이 있는 사람을 만나는 자리에서 어떤 상황이 펼쳐지는지 자세히 들려주었다. 학장들은 대개 팀 단위로 일하면서 기부 후보자들과의 관계를 발전시킨다. 그리고 팀은 기부 후보자의 관심사와 기부 가능액을 꼼꼼히 분석해서 얼마를 요청할지 결정한다. 금액이 꽤 높을 수도 있지만(가끔 놀라운 수준이다) 준비 과정에서 각자에게 맞춰 요청할 액수를 조율하므로 결국에는 다들 기꺼이 요청을 수락한다. 게다가 각자의 기부 의향이나 능력을 넘어서는 높은 액수를 요청받는다고 해서 기분 나쁘게 생각하지 않는다. 오히려 자신에게 그만한 능력이 있어 보인다는 생각으로 기분 좋게 받아들이는 사람도 있다. 내가 뉴욕의 펜역에서 진행한 연구에서처럼 최악의 상황(누군가가 지나치게 높은 액수를 요청받은 일에 발끈해서 박차고 나오는 상황)은 일어나지 않았다.

알렉스 콜빈Alex Colvin은 코넬 대학교 ILR 대학의 현재 학장이다. 그는 내가 이 책을 쓰고 있을 때 마침 학장직을 넘겨받았고, 그가 초반에 기금 모금 사업을 진행한 경험은 내게 꽤 신선한 연구 재료였다. 콜빈은 처음으로 백만 달러 기부를 받아낸 날

원래 80만 달러를 제안하려고 준비해갔다고 했다. 그런데 친근한 대화가 오가는 사이 상대측에서 먼저 백만 달러를 불렀고, 콜빈은 감사를 표했다. 팀인트레이닝 참가자들처럼 콜빈(과 그의 팀)도 기부자가 내고 싶어 할 액수를 과소평가한 것이다.

콜빈은 애초 요청한 기부 금액보다 높은 금액을 받는 경우가 흔하지는 않지만 생각보다 수월한 일이라고 말한다. "흔히 기금 모금이 학장 업무에서 가장 어려운 업무일 거라고 생각해요." 하지만 학장이 된 뒤에 그는 "우리가 만나는 기부자의 95퍼센트가 우리를 도와주고 싶어 하고 대체로 우리가 하려는 일에 관대하고 많은 지지를 보냅니다"라고 설명했다.[28]

코넬 대학교에서 인간생태학 학장을 지낸 앨런 마티어스^{Alan} ^{Mathios}도 비슷한 의견을 들려주었다. 그는 기부 후보자와 관계(사실은 우정)를 형성한 이후 막상 큰 금액을 요청할 때가 되면 서로 어색해지기도 했다고 말했다. 하지만 대개는 생각보다 대화가 순조롭게 흘러 갔고, 사람들이 기꺼이 기부하려는 모습에 기분 좋게 놀랄 때도 많았다고 했다.

물론 돈 많은 동문에게 수백만 달러 기부를 요청하는 상황과 앞서 소개한 실험실 연구 사이에는 큰 차이가 있다. 모르는 사람에게 가서 백만 달러를 요청하는 것이 아니기 때문이다. 만약 그렇다면 아무도 수락하지 않을 것이다. 따라서 맥락이 중요하다. 하지만 두 상황 간 차이(사람들의 유형과 상황, 동기)가 꽤 큰데도 놀랍도록 비슷한 측면이 있다. 사람들이 우리의 요청을 얼마나 수락해줄지, 어떤 요청에 기꺼이 동의해줄지 판단할 때 지나치게 비관적으로 바라본다는 점이다. 심지어 권력을 가지고 있으면서 보통 사람들은 엄두도 못 낼 일을 남에게 요청하는 사람들조차 그들이 가진 영향력과, 사람들이 그들을 위해 꽤 많이 도움 준다는 점을 깨닫고 놀랄 수 있다. 이 문제는 다음 장에서 더 자세히 다루겠다.

가끔은 원하는 것을 얻을 수도 있다

현실을 직시하자. 남들이 우리를 알아봐주거나 우리 말을 들어주기만 바라는 것이 아니라 우리를 위해 무언가를 해주기를 원할 때도 있다. 우리의 대의명분을 위해 기부해주거나, 탄원서에 서명해주거나, 우리의 부탁을 들어주기를 원한다. 그러려면 사람들에게 요청해야 하는데, 사실 썩 내키지는 않는 과정이다.

결국 우리는 삶을 수월하게 하거나, 더 낫게 만들어줄 일인데도 부탁하지 않으려 한다. 남에게 뭔가를 부탁하는 것이 스스로 한심하게 느껴져서다. 게다가 미리부터 거절당할 거라고 예상한다. 또 협상할 때는 협상이 시작되기도 전에 패배했다고 생각한다. 나는 임신 8개월에 대중교통을 이용하면서 그저 배를 내밀고 누가 알아서 자리를 양보해주기만 기다렸다. 자리를 내달라고 부탁하지 못했다. 요즘은 그나마 좀 나아졌는데 오래전에 펜역에서 그 많은 사람에게 부탁하면서 깨달은 바도 있고, 내 연구의 참가자들이 요청을 기꺼이 받아주는 사람들에게 놀라는 모습을 반복해서 보았기 때문이다.

우리는 남에게 무언가를 부탁할 때 거절당할 가능성을 지나치게 크게 생각하는 경향이 있다. 이렇게 비관적으로 보며 아예 부탁하지 않기도 하고 상대가 해주려고 했는데도 지나치게 자세를 낮춰 부탁한다. 또 요청하는 일의 범위나 금액을 낮춰 요구하기도 한다. 폴 브레스트가 기부할 가능성이 있는 상대를 처음 만난 자리에서 요청 금액을 괜히 혼자 절반으로 깎아 제시한 일화를 떠올려보자. 그리고 내 남편이 애초에 공짜로 도와주려던 정비사에게 비용을 두 배로 제안한 일을 다시 생각해보자. 흔히 이런 방법을 쓰면 "예스"를 끌어낼 가능성이 커질 거라고 여긴다. 하지만 실제로 사람들은 우리의 예상보다 기꺼이 우리의 부탁을 들어주려고 한다(그리고 대개는 아무런 대가를 바라지도 않는다). 그리고 앞서 보았듯이 길에서 모르는 사람에게 설문조사를 요청하는 정도의 사소한 부탁이나 기부할 가능성이 있는 사람에게 100만 달러를 요청하는 정도의 큰 부탁도 마찬가지다.

요청을 주제로 오랫동안 연구한 나는 사람들이 부탁을 들어줄 가능성이 내가 생각하는 것보다 훨씬 크다는 점을 잘 안다. 그러면 이런 걸 잘 아는 나는 매번 부탁을 잘 할까? 아니다. 그래도 원하는 무언가를 부탁할 때 상대가 들어줄 가능성이 있다고 생각하기에 이제는 누가 알아서 자리를 양보해주기를 마냥 기다리지 않는다. 게다가 내 요청의 위력을 잘 알기에 현명하게 쓰려고 한다. 이제 영향력을 어떻게 사용해야 하는가에 관해 다음 두 장에 걸쳐 알아보겠다.

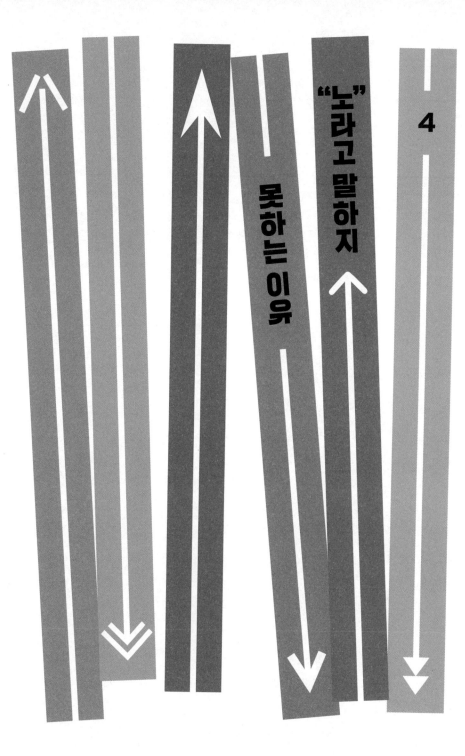

"노"라고 말하지 못하는 이유

4

내 연구의 참가자들에게 실험실 밖으로 나가서 살아 숨 쉬는 낯선 사람들에게 무언가를 요청하라고 주문하자 긴장한 기색이 역력했다. 대다수가 그런 대화에 두려움을 느꼈다. 하지만 과제를 마치고 실험실로 돌아올 때면 즐거워 보이기까지 했다. 낯선 사람들과 나눈 대화가 예상보다 훨씬 수월하고 유쾌했기 때문이다. 앞 장에서도 말했듯이 실험실로 돌아올 때는 발걸음도 가벼워 보였다.

하지만 이제부터 얘기가 조금 복잡해진다(그리고 더 흥미로워진다). 나는 성공에 들뜬 참가자들에게 그 많은 사람이 당신에게 "예스"라고 답한 진짜 이유는 사실 "노"를 말하는 게 어려워서라고 말하지 않았다. 무슨 말인지 이해할 것이다. "노"를 말하는 것이 얼마나 어려운지 다들 경험으로 알 것이다. 누구나 원하지 않아도 어쩔 수 없이 요청(예. 위원회 업무, 점심 데이트, 부탁)을 들어줄 때가 있다. 그런데 정작 부탁하는 쪽이 되면(특히 낯선 사람들에게 부탁할 때) 이것을 잊는다. 그래서 거절당할 가능성을 지나치게 높게 예상할 뿐 아니라 효과적이지도 않은 방식으로 부탁한다. 이 장에서는 이런 현상을 알아보겠다.

창피당할까
두려운 마음

"노"를 말하는 것이 왜 그렇게 어려울까? 사회학자들은 오래전부터 논의한 이 질문의 답을 '영향력'이 아닌, '정중함'이라고 말했다. 맞는 말이다. 그저 예의를 차려야 한다는 뿌리 깊은 신념에서 귀찮은 일을 해주는 것이다. 사회학계의 대가 어빙 고프먼 Erving Goffman은 이보다 학술적인 용어를 제시했다. '체면 세우기 facework'라는 용어다.[1] '체면face'은 우리가 공적인 자리에서 우리를 드러내는 방식, 즉 우리가 내세우고자 하는 모습이자 상대가 봐주기를 바라는 얼굴이다. 문명사회에서 우리는 남들의 체면을 지켜주고 남들도 우리의 체면을 지켜줄 것으로 기대한다. 샐리가 많이 아파서 파티에 오지 못했다고 말하는데 당신이 다짜고짜 "아니잖아요! 레베카가 어젯밤에 술집에서 당신을 봤다던데요?"라고 대꾸한다면 '체면 세우기'에 실패한 것이다. 물론 보통은 이렇게 상대의 '체면'을 깎아내리지 **않는다**. 모두가 불편해지기 때문이다. 샐리는 얼굴이 빨개지고, 레베카는 슬그머니 자리를 피하고, 당신도 썩 기분이 좋지 않을 것이다.

내가 당신에게 부탁할 때도 같은 과정이 적용된다. 내가 당신에게 가서 휴대전화를 빌려달라고 한다면 여기에는 내가 믿을 만한 사람이고 휴대전화를 빌려달라고 부탁하는 것이 합당하다는 전제가 깔려 있다. 그런데 당신이 "노"라고 답한다면 이런 전제에 반박하는 셈이다. 휴대전화를 빌려달라는 사람에게 "노"라고 말하면 그 사람이 휴대전화를 돌려줄 거라고 당신이 믿지 못한다는 의미가 내포될 수 있다. 코넬 대학교 경영대학원의 수니타 사흐Sunita Sah는 이런 현상을 설명하기 위해 '암시 불안insinuation anxiety'2이라는 용어를 만들었다. 우리는 누군가에게 상대를 부정적으로 생각한다는 암시를 줄까봐 불안해한다. 그래서 애매하게 돌려서 말한다. 휴대전화를 빌려달라는 사람에게 "다른 날이라면 정말로 빌려줄 텐데, 아니 당신의 부탁이 너무 반갑고 기뻐서 빌려주고 싶지만 하필 오늘은 배터리 사용 시간을 충분히 확보 해놓아야 한다"라는 식으로 둘러댄다. 상대에게 요청을 거절한다고 해서 당신을 믿지 못하겠다는 뜻은 아니라는 걸 넌지시 전하려는 것이다. 하지만 실제로 그런 상황에서는 대개 요청을 거절하지 못한다. "노"라고 하면 모두가 어색해지고 창피해지는 상황, 즉 우리가 정말 싫어하는 상황이 되기 때문이다.

실제로 우리는 창피한 상황을 몹시 싫어한다. 심지어 어떤 희생을 치러서라도 창피한 상황은 피하려 한다. 매년 약 5,000명이 식사 중 목이 막혀 죽는다.[3] 도와달라고 하면 창피당할까 두려워서 (함께 식사하는 사람에게 도와달라고 말하지 못하고[4]) 혼자 자리에서 일어나기 때문이다.

저명한 심리학자 존 새비니John Sabini와 동료들은 사회심리학계에서 내놓은 가장 중요한 발견 중 다수는 창피한 상황을 두려워하는 마음에 관한 것이라고 말한다.[5] 심리학자 존 달리John Darley와 빕 라타네Bibb Latané는 '방관자 효과bystander effect'라는 중요한 현상을 입증했다.[6] 방관자 효과란 위급한 상황에서 주변에 다른 사람이 있으면, 특히 사람이 많으면 아무도 선뜻 나서려 하지 않는 현상이다.

방관자 효과는 여러 기발한 연구 방법을 통해 입증되었다. 특히 주목할 만한 한 실험이 있다. 실험실에 도착한 참가자들은 대기실에 앉아 설문지를 작성했다.[7] 조건에 따라 대기실에 혼자 있거나, 다른 참가자 두 명과 함께 있거나, 참가자인 척하고 앉아 있는 연구 조교 두 명과 함께 있었다. 그러다 갑자기 대기실에 연기가 차기 시작했다. 연구자들이 이 실험에서 알아보려는 것은 세 조건에서 다른 사람에게 연기가 찬다고 말하는 참가자의 비율이었다.

대기실에 혼자 있는 조건에서는 대다수(75퍼센트)가 실험자에게 연기가 난다고 보고했다. 이러한 반응이 합리적인 이유는 문제 상황을 쉽게 파악할 수 있을 만큼 꽤 많은 양의 연기가 대기실에 퍼져 있었기 때문이다. 연구자들은 "실험이 끝날 즈음 연기가 심해서 시야가 뿌옇게 가려질 정도였다"라고 말했다. 때문에 '75퍼센트'라는 숫자는 대기실에 연기가 차는 현상이 실험자에게 알릴 만큼 우려할 만한 상황이라고 판단한 통제 조건[+]의 비율이었다. 따라서 다른 두 조건에서도 75퍼센트는 연기가 나는 상황을 실험자에게 보고할 만큼 우려할 만한 상황으로 인지하는 기저선이다.

하지만 대기실에 다른 두 참가자와 함께 있는 조건에서는 어느 한 참가자가 실험자에게 연기를 보고하는 경우가 38퍼센트로 줄었다. 게다가 연구 조교가 참가자인 척 들어가 별일 아니라는 듯 행동하는 조건에서는 참가자의 10퍼센트만 실험자에게 연기를 보고했다. 나머지 참가자들은 "손을 저으며 얼굴 앞의 연기를 치우고, 기침하고, 눈을 비비고, 창문을 열면서도 연기에 관해 보고하지 않았다."[8]

다소 극적인 결과였다. 불이 난 듯한 건물 안에서 눈앞의 연기를 바라보고 앉아 남들 앞에서 평점심을 잃지 않으려고 하는 모습을 상상해보자. 어떻게 된 걸까? 심리학 개론 수업에서 자주 듣는 '책임의 분산' 현상으로 설명할 수 있다. 긴급 상황이더라도 주변에 사람이 많으면 조치를 취해야 한다는 책임감을

[+]   피험자 내 설계에서 비교 조건

덜 느끼는 것이다. 그런 상황에서는 꼭 해야 할 조치(119에 신고하거나 책임자에게 상황을 보고하기)를 다른 누군가 할 거라 기대하거나, 이미 했을 거라고 생각하기 때문이다. 그러나 '책임의 분산' 개념은 참가자들이 남들도 상황을 인지한 것을 알면서도 연기를 보고해야 한다는 생각을 못하는 상황은 설명하지만, 왜 아무 일도 없는 척 가만히 자리에 앉아 있는지는 설명하지 못한다.

참가자들의 이런 기이한 행동을 좀 더 명확히 설명해주는 개념으로 '다수의 무지pluralistic ignorance'가 있다.[9, 10] 기본적으로 이런 상황에서는 누구나 겁먹고 무엇을 해야 할지 고민한다. 처음에 당황하고 의심이 들어 주위를 둘러보다가, 남들이 아무것도 하지 않는 모습을 보면 그 순간 꼭 '뭔가를 해야 하나'라는 의구심이 든다. 모두가 아무것도 하지 않기로 하는 황당한 집단 결정이 내려지는 것이다. 그 자리의 모두가 사실은 같은 생각, 그러니까 누군가 빨리 조치를 취해야 한다는 생각을 하고 있다는 사실을 인지하지 못하기 때문이다. 연구 내용에 따르면 참가자들은 다른 모두가 그냥 앉아 있는 모습을 보고 모든 것이 정상이라고 여기고 그냥 아무 일 없는 듯 앉아 있었다고 한다. 참가자들이 연기에 숨이 막히면서도 그 상황을 정상이라고 생각한다는 설명이 내게는 좀 억지스럽게 들린다. 그래도 좋다. 일단 더 알아보자.

'책임의 분산'과 '다수의 무지', 두 개념 모두 참가자들의 행동을 어느 정도 합리화해주지만 두 개념 모두 참가자들의 머릿속에서 어떤 생각이 그렇게 강렬하게 일어나 긴급 상황에서도 무력하게 의자에 앉아 있었는지는 명확히 설명하지 못한다. 존 새비니의 연구팀은 첫 연구를 실행하고 수십 년이 지나서야 이러한 이상 반응에 대한 이론을 제시했다. 참가자들이 행동할 책임을 느끼지 못하든, 남보다 과잉 반응을 보인다고 느끼든, 이들의 행동에 대한 근본적인 설명은 앞에 나서면(벌떡 일어나기, 실험자를 찾기, 119에 신고하기, 상황의 위급함을 강조하기) **창피해질** 수도 있다는 것이다.[11] 내가 상황을 잘못 해석한 거면 어쩌지? 누가 이미 처리했는데 괜히 그 사람의 기분을 상하게 하면 (그래서 그 사람의 체면을 구기면) 어쩌지? 남들은 다 (겉으로는) 평온해 보이는데 나 혼자 겁먹고 어리석어 보이면 어쩌지? 많은 참가자가 이러한 판단으로 창피해질 가능성에 직면하느니 아무것도 하지 않는 쪽을 선택한 것이다. 그저 연기 속에 가만히 앉아 콜록거리면서 침착하게 대처하려고 안간힘을 썼다.

따라서 사람들이 그렇게 자주 우리의 요청을 수락하는 것도 그리 놀라운 일은 아니다. 다시 휴대전화 실험 사례를 보자. 당신이 아무에게나 가서 전화기를 빌려달라고 요청하는 장면을 상상해보자. 상대가 "예스"라고 하고 바로 전화기를 건넨다면 상대는 잠재적 위험에 노출될 수 있다. 당신이 도둑이면 어쩌지? 당신이 국제전화를 걸면 어쩌지? 당신이 휴대전화의 개인정보로 무슨 짓을 하면 어쩌지? 반면에 상대가 "노"라고 한다면 상대는 당신이 도둑이거나, 데이터를 함부로 쓰거나, 남의 휴대전화를 염탐할 사람이라고 **의심한다**고 암시하는 셈이다. 한마디로 "노"라고 답하는 것은 그 자리에 있는 모두를 창피하게 만들 위험까지 감수하는 것이다. 앞의 연구 사례처럼 사람들은 창피당하는 괴로움을 겪느니 차라리 불이 났을지 모르는 건물에 가만히 앉아 있는 쪽을 택한다. 따라서 이런 선택에 직면한 사람들이 "예스"라고 답하고 그들이 소유하고 있는 가장 소중한 물건을 건네면서* 애써 침착하게 대처하려고 노력할 거라 가정하는 것이 그리 큰 비약은 아니다.

이메일로는 "노"라고 답하기
더 쉬운 이유

누구나 들어봤을 법한 유명한 연구에서도 비슷한 현상이 나타났다. 스탠리 밀그램Stanley Milgram의 악명 높은 전기 충격 실험말이다.[12] 복종 실험으로 알려진, 그러나 실험 방법에 윤리적으로

---

*   실제로 그렇게 하면 위생 문제가 생길 수 있는데도 말이다. (Panigrahi, Sunil Kumar, Vineet Kumar Pathak, M. Mohan Kumar, and Utsav Raj. "Covid-19 and mobile phone hygiene in healthcare settings," BMJ Global Health 5, no. 4 (2020): e002505. https://www.ncbi.nlm.nih.gov/pmc/articles/PMC7204931/)

문제가 있는 사례로 회자되는 밀그램의 실험은 우리가 일상(직접 만나 부탁할지, 이메일로 부탁할지)에서 남에게 미치는 영향에 대해 많은 이야기를 들려준다.

참가자들은 처음에 학습에 관한 연구의 '교사' 역할로 무작위 배정되었다고 듣는다. '학습자'(이 역할의 경우, 배우가 참가했다가 나중에는 배우가 사전에 녹음한 내용으로 바뀐다)는 단어 쌍을 암기해야 하는데 계속 실수를 범한다. 참가자(교사)는 학습자가 실수할 때마다 전기 충격의 강도를 높이고, 그러다 학습자가 교사에게 중단해달라고 애원하기에 이르고, 마침내 학습자가 전기 충격으로 심장발작을 일으키는 듯 보인다. 그사이 흰색 실험복의 실험자가 참가자 뒤에 서서 "계속하세요"라거나 "실험을 계속 해야 합니다"라고 한다. 이 연구의 가장 유명한 버전에서는 참가자의 65퍼센트가 전기 충격을 최고 전압까지 올렸다는 충격적인 결과도 있다.

이 연구는 주로 권위에 대한 무분별한 복종을 보여주는 사례로 해석되었고, 여전히 그렇다. 예일 대학교 심리학과를 대표하는 흰색 실험복의 실험자는 어떤 권위를 발산하여 참가자들이 심리적으로 그 지시를 따르게 했다. 게다가 책임의 분산 효과도 작용했다. 참가자들은 어떤 상황이 벌어지든 실험자가 자신보다 윤리적 또는 법적 책임을 더 많이는 아니라도 비슷하게 질 거라고 생각했다.

밀그램의 연구는 다른 버전으로도 진행되었다. 실험자가 다른 방에서 전화로 지시를 내리는 방식이었다. 놀랍게도 이 실험에서는 참가자의 약 20퍼센트만 전기 충격의 강도를 가장 센 수준까지 올렸다.[13] 실험자와 다른 공간에 있다는 이유만으로 참가자가 지시를 따르는 정도가 크게 내려간 이유는 무엇일까? 실험자는 여전히 권위 있는 인물이다. 여전히 흰색 실험복을 입었고, 연구도 계속 예일 대학교에서 진행되었다. 게다가 실험자는 여전히 어떤 상황이 발생하든 많은 책임을 지게 될 것이다.

새비니와 동료들의 창피함에 관한 통찰을 통해 이 결과를 이해할 수 있다. 밀그램이 처음 진행한 실험에서 참가자들이 실험자의 지시를 따르지 않겠다고 거부하면 얼마나 어색하고 창피할지 생각해보라. 참가자들은 "노"라고 답할 수도 있었지만(실제로 "노"라고 네 번 말하면 실험을 중단해야 했다) 그러면 실험자에게 어떤 암시가 될까? 실험자에게 윤리적으로 문제가 있다. 실험자가 요구하는 과제는 용납할 수 없는 일이다. 실험자는 그가 주장하는 그런 사람(책임감 있는 과학자)이 아니다. 즉 "노"라고 말하면 실험자의 '체면'을 깎게 된다. "사실은 아프지 않았잖아요! 레베카가 어젯밤에 술집에서 당신을 봤다던데요?"라는 말을 바로 뒤에 서 있는 흰색 실험복의 예일 대학교 심리학과 교수에게 하는 셈이다. 하지만 실험자가 다른 방에 있고, 참가자가 실험자를 돌아보며 직접적으로 그의 얼굴에 대고 실험을 중단하겠다고 말하지 않아도 될 때는(그래서 실험자가 윤리적으로 타락했다고 넌지시 말할 수 있을 때는) 훨씬 편안하게 "노"라고 말할 수 있다.

얼굴을 직접 마주하지 않아도 될 때는 "노"라고 말하는 것이 훨씬 수월하다(덜 어색하다). 우리가 일상적으로 내리는 선택을 생각하면 중요한 통찰이다. 누군가를 설득하려면 어떻게 시작해야 할까? 전화로 말해야 할까? 이메일을 보내야 할까? 사무실로 직접 찾아가야 할까? 이메일이 최선의 선택으로 보인다. 이메일이 쉬워 보인다. 어차피 거절당할 거라면 면전에서 당하느니 이메일로 당하는 편이 덜 창피할 것 같다. 이메일이 더 설득력이 있다고 확신할 수도 있다. 어쨌든 상대가 시간을 들여 우리의 주장을 찬찬히 읽어볼 수 있다. 게다가 2장에서 설명한 것처럼 사람들은 여전히 '언어를 정확하게 다듬으려고 하기'와 같은 (잘못된) 생각으로, 이메일을 보내면 메시지를 세심하게 다듬을 수 있다고 판단한다. 하지만 밀그램의 연구를 보면 멈칫하게 된다. 이메일은 상대에게 빠져나갈 길을 터줄 수 있다. 직접 대면해서 "노"라고 말할 필요가 없어지기 때문이다. 따라서 누군가를 설득하려면 직접 찾아가는 방법이 가장 효과적인(그러나 아주 드물게 쓰이는) 전략이다.

내 연구에서도 이를 뒷받침하는 증거를 발견했다. 일반적으로 사람들과 직접 대면하여 요청한 참가자들은 예상보다 "노"를 훨씬 적게 듣는다. 하지만 현재 토론토 라이어슨 대학교의 조교수인 내 제자 마흐디 로그하니자드^{Mahdi Roghanizad}와 함께 진행한 실험에서 이메일로 낯선 사람들에게 요청하게 했을 때는 정반대의 결과가 나왔다. 이메일을 받은 상대는 예상보다 더 많이 거절했다. 애초에 거절할 필요조차 없었다. 그냥 이메일을 무시해서 어색하고 껄끄러운 상황을 회피하면 되었다. 바로 앞에서 도움을 요청했다면 그러지 못했을 것이다. 결과적으로 직접 가서 설문지를 작성해달라고 요청했을 때 이메일로 요청했을 때보다 34배 높은 비율로 요청을 수락했다.[14]

내가 처음 연구를 시작했을 때 펜역에서 낯선 사람들에게 접근하는 대신 이메일을 보냈다면 어땠을까? 나는 전혀 다른 상황을 경험했을 것이고, 영향력이라는 주제에도 완전히 다르게 접근했을 것이다!

하지만 앞의 연구에는 후기가 있다. 놀랍게도 참가자들은 직접 요청하면 결과가 얼마나 달라질지 전혀 예상하지 못했다. 참가자들은 대면으로 요청하라는 지시를 받았든, 이메일로 요청하라는 지시를 받았든, 절반 정도만 요청에 응해줄 거라고 예상했다. 이것은 실제로 대면 요청에 응해준 사람의 수에 비하면 한참 낮은 수이고 이메일 요청에 응해준 사람의 수에 비하면 한참 높은 수였다. 참가자들이 이렇게 직접 요청하면 결과가 달라진다는 점을 모르는 이유는 무엇일까? 이제부터 이 질문의 답을 찾아보자.

창피함은
사소하지 않다

창피함(특히 창피한 상황을 피하려는 행동)은 우리 삶에서 중요한 감정으로 작용한다. 그런데도 우리는 창피함이 우리의 행동에서 중요한 원동력이라는 사실을 간과한다. 창피한 마음을 사소하게 취급하는 것이다. 분노는? 잘 다스려야 한다. 슬픔은? 하루 동안 쉬면서 소파에 웅크리고 앉아 울며 달랜다. 그런데 창피함은? 그냥 잊어버려야 한다. 그리고 그냥 웃어넘겨야 한다. 하지만 앞서 보았듯이 창피한 마음은 사소하지 않다. 사람들은 이 사소해 보이는 감정이 두려워서 목이 막히거나, 실내에 연기가 가득 차는 것을 지켜만 보거나, 상대에게 위험한 전기 충격을 가하도록 지시를 받을 때에도 나쁜 결정을 내린다.

앞에서 설명한 연구 사례들을 읽으면서 이렇게 생각할 수도 있다. 나라면 절대 저러지 않을 거야! 나라면 남에게 고통을 주라고 지시하는 실험을 중단할 거야. 나라면 연기를 발견하고 누군가에게 알릴 거야. 나라면 창피함 같은 어리석은 감정으로 옳은 일을 망설이지 않을 거야. 실제로 대다수가 이렇게 생각한다. 우리는 스스로 선하고 책임감 있는 사람이라고 자부하고, 선하고 책임감 있는 사람이 되고 싶어 하고, 실제로 대다수는 선하고 책임감 있는 사람이다. 하지만 연구에서는 창피해질 수 있는 상황에 처하면 대다수가 (아무리 선의 있는 사람들이라도) 실험을 중단하지도 않고 연기를 보고하지도 않는다. 다시 말해 이러한 상황에서 스스로 어떻게 하겠다고 **생각하는** 행동과 **실제로** 하는 행동 사이에는 괴리가 있다는 뜻이다. 이것은 창피함의 위력을 과소평가해서 나타난 결과다. 이처럼 창피함을 두려워하는 마음을 간과하는 성향은 우리의 영향력을 제대로 인식하지 못하게 하는 가장 큰 요인이다.

연구자들은 이렇게 창피함의 힘을 간과하는 심리를 연구하기 위해 참가자들이 창피한 상황에서 어떻게 행동할지 예상한 내용과 실제 그런 상황에서 하는 행동을 비교했다. 우선 밀그램은 전기 충격 실험 결과를 접하지 못한 사람들에게 다른 방에서 실험 방식에 항의하는 목소리가 들릴 경우, 상대 참가자에게 전기 충격을 가할 사람이 얼마나 될 것 같은지 물었다. 이들 제3의 집단은 참가자의 1퍼센트 미만만 지시에 따를 것으로 예상했다 (실제로 지시에 따른 수치 65퍼센트와는 한참 거리가 멀다).[15]

심리학자 리프 판 보벤Leaf Van Boven과 조지 로웬스타인George Loewenstein, 데이비드 더닝David Dunning은 이 문제에 더 직접적으로 접근했다. 참가자들은 앞에 무대가 있는 대강당에서 진행되는 대형 강의를 듣는 대학생들이었다. 학생들이 강당에 들어갈 때 릭 제임스Rick James의 곡, 〈Super Freak〉가 흘러나왔다(물론 학생들이 평소 강당에 들어갈 때 나오는 곡은 아니었다).[16] 참가자들은 지시문이 인쇄된 종이를 받았다. 일부 참가자는 다른 학생들이 보는 무대 위에서 〈Super Freak〉에 맞춰 춤을 추면 돈을 주겠다는 지시문을 읽었고, 다른 참가자들은 강당의 **다른** 학생들이 돈을 받고 혼자 무대에 올라가 춤을 출 수도 있다는 설명을 읽었다. 따라서 무대에 올라가 모든 사람 앞에서 춤을 추는 상황은 일부 참가자들에게는 순전히 가설적인 상황이지만 또 다른 참가자들에게는 실제로 가능한 상황이었다.

모든 참가자가 두 가지 질문에 답했다. **당신은** 얼마 이상을 받으면 무대에서 춤을 추겠는가? 그리고 무작위로 선정된 **다른 학생은** 최소 얼마를 받으면 무대에서 춤을 출 것 같은가? 참가자들은 무대에서 춤을 추는 상황이 그저 가설적 상황이라고 생각할 때는 평균 21.07달러 이상을 받아야 무대에 올라가 춤을 추겠다고 답했다. 하지만 그들이 **실제로** 무대에 올라갈 가능성이 있다면 52.88달러 이상을 받아야 한다고 답했다(두 배 이상 차이가 나는 금액이었다). 그리고 **자기는** 50달러 이상을 받아야 무대에서 춤을 출 수 있다고 답하면서도 **다른 학생은** 19.22달러만 받고도 무대에 올라갈 거라고 예상했다.

연구자들은 이런 현상을 '용기의 착각illusion of courage'이라고 불렀다. 어느 정도는 우리가 타인의 용기를 오해하기 때문에 나타나는 현상이다. 우리는 남들이 우리보다 더 용감하다(이런 상황에서 창피당하는 것을 덜 걱정한다)고 생각한다. 하지만 물론 사실이 아니다. 남보다 더 용감한 사람도 있기는 하지만 다들 비슷한 입장이다. 당신은 내가 20달러에 무대에 올라가 춤을 출 거라고 예상하지만 나도 사실 (당신처럼) 50달러 이상을 받아야 한다고 생각하는 것이다.

무엇보다도 남들이 창피한 상황을 걱정하는 정도를 낮게 판단하는 탓에 남들이 우리의 요청에 응해줄 가능성도 낮게 예상한다(그래서 얼마나 많은 사람이 요청을 수락하는지 알고 놀라는 것이다). 앞서 보았듯이 뭔가를 부탁하는 사람의 바로 앞에서 "노"라고 말하는 것은 서로에게 민망한 상황이다. 따라서 우리는 창피한 감정을 피하기 위해 "예스"라고 말한다.

'Super Freak' 연구에서 추가로 알 수 있는 특성은 당장 창피한 일을 할지 말지 결정해야 하는 상황에 직면하면, 우리는 창피함의 두려움을 극복하는 것이 다른 사람들에게도 똑같이 어렵다는 걸 인지하지 못한다는 점이다. 그래서 남들은 우리보다 더 쉽게 무대에 올라가 춤을 출 거라고 가정한다. 그리고 같은 맥락에서 사람들이 우리보다 우리 앞에서 더 편안하게 "노"를 말할 수 있을 거라고 전제한다.

이런 '용기의 착각'으로 인해 남들이 우리의 부탁을 편하게 거절할 수 있을 거라고 잘못 가정할 뿐 아니라 남들에게 무언가를 요청할 때의 적절한 방법도 잘못 판단하게 된다. 앞에서 보았듯이 이메일보다 직접 만나서 요청하는 것이 훨씬 효과적이라는 사실을 깨닫지 못하는 것이다. 요청을 위한 적절한 방법에 대한 오해는 더 있다.

프랭크 플린과 나는 연구를 통해 우리가 무언가를 간접적으로 요청하는 방법이 직접 요청하는 것보다 더는 아니라도 비슷하게 효과적이라고 가정한다는 결과를 얻었다.[17] 우리는 내가 임신한 배를 내밀고 남들이 알아서 양보해주기를 바랐던 경험 (앞 장에서 말한)과 유사한 연구를 설계했다. 참가자들에게 무언가를 간접적으로 그리고 직접적으로 요청하는 상황을 상상하게 했다. 예를 들어 참가자들은 계단 위에 유모차와 함께 있어서 아래로 내려가려면 도움이 필요한 상황을 상상했다. 그리고 도움을 바라는 눈빛으로 누군가의 시선을 붙잡는 상황이나 누군가에게 계단을 내려가도록 도와달라고 직접 부탁하는 상황을 상상했다. 놀랍게도 참가자들은 누군가의 시선을 붙잡는 방법이 직접 부탁하는 방법만큼 효과적일 거라고 생각했다. 물론 도움을 줄 상대가 보는 관점과는 전혀 달랐다. 같은 상황에서 도움을 주는 사람의 관점을 취한 다른 참가자 집단은 직접 요청하면 더 많은 사람이 도와줄 것 같다고 답했다. 이제 이런 결과가 놀랍지도 않다. 도움을 구하는 상대의 시선을 외면하는 것보다 대놓고 도와달라고 요청하는 사람에게 "노"라고 답하는 것이 훨씬 불편하고 어색하다는 점을 우리는 안다. 하지만 연구의 참가자들은 시선을 피하는 것보다 직접 거절하는 것이 얼마나 어색한지 모르던 터라 이 결과에 의아해했다. 결국 참가자들은 직접 요청하는 방법이 얼마다 더 효과적인지 깨닫지 못했다.

결과적으로 타인으로부터 어떤 행동을 유도할 때 창피함의 역할이 얼마나 중요한지 모르면 남에게 원하는 일을 하게 만드는 자신의 능력을 과소평가하게 된다. 무엇보다도, 가장 효과적인 영향력 전략의 개념이 왜곡된다. 그래서 계속해서 자신의 영향력을 과소평가하게 되고, 남에게 무언가를 요청할 때 덜 효과적인 방법으로 요청하게 된다. 그러면 거절하기 편한 방식으로 요청을 받은 사람들은 쉽게 "노"라고 답할 것이다. 결국 우리는 우리의 영향력이 약하다고 (거듭) 확신한다.

원칙이 항상
이긴다는 착각

'Super Freak' 연구의 핵심은 여기서 더 나아간다. 이 연구는 타인의 용기에 대한 우리의 착각을 드러낼 뿐 아니라 우리가 창피한 상황에 처한다고 가정할 때 실제보다 자신이 더 용감할 거라고 생각한다는 사실도 보여준다. 우리는 가설적 상황에서는 창피한 일을 하는 것이 어렵지 않다고(그래서 그런 행동을 할 가능성이 크다고) 생각한다.

이 연구 결과가 중요한 이유는 무대에 올라가 춤을 출지 말지 선택하는 상황만이 우리가 겪을 유일한 창피한 상황이 아니기 때문이다. 우리는 이보다 훨씬 중요한 상황에서 창피당할지 모를 말과 행동을 결정해야 할 때도 있다. 예를 들어 부당한 사건을 겪거나 목격하고 나서 누군가의 '체면'을 깎으며 그 일에 직면할지 결정해야 할 수 있다. 연구는 성희롱을 당하면 어떻게 반응할지, 누군가 인종차별이나 동성애 혐오 발언을 하면 어떻게 대응할지와 같은 가설적 상황에서는, 우리가 스스로 용기 낼 수 있다고 착각한다고 말한다. 그래서 곧바로 목소리를 내는 것이 얼마나 힘든지 제대로 이해하지 못하는 것으로 나타났다. 우리는 실제보다 더 용감하게 맞설 거라고 자신하고 남들도 더 용감했어야 한다고 생각한다.

심리학자 줄리 우드지카^{Julie Woodzicka}와 마리안느 라프랑스^{Marianne LaFrance}는 여자들을 대상으로 한 연구에서 한 조건에는 취업 면접에서 성적으로 부적절한 질문을 받으면 어떻게 대응할지 상상하게 하고 다른 조건에는 실제로 부적절한 질문을 던졌다(이 실험이 대학의 연구 윤리 기준을 통과했다는 것이 놀랍다).[18] 남자 면접관이 취업 면접의 일반적 질문과 함께 다음과 같은 질문을 던졌다. "남자친구 있어요? 섹시하다는 말 자주 들어요? 여자들이 출근할 때 브래지어를 해야 한다고 생각합니까?"

이런 질문을 받는다고 상상한 가설적 조건에서 참가자들은 여러 가지 방법으로 질문의 부적절성을 지적하는 자신의 모습을 떠올렸다. 68퍼센트는 적어도 한 가지 이상의 질문에 답하지 않겠다고 말했고, 28퍼센트는 면접장에서 나가겠다고 말했다. 하지만 실제로 같은 질문을 받은 참가자 전원이 모든 질문에 대답했고, 질문의 부적절성을 면접관에게 명확히 지적한 사람도 찾기 힘들었다.

부적절한 상황을 상상한 참가자들은 당연히 화가 나서 면접관에게 맞설 거라고 예상했다. 하지만 실제로 질문을 받은 참가자들은 두려운 마음이 들어 질문의 부적절성을 무시하고 그냥 넘어가려 했다고 밝혔다. 게다가 성희롱을 당한 면접자들은 점점 불편해지는 면접관의 질문에 묘한 반응을 보였다. 미소를 지은 것이다. 언뜻 괴상해 보일 수 있지만 가만히 들여다보면 '뒤셴 미소Duchenne Smiles, 진짜 미소'가 아닌 가짜 미소였다. 얼굴 전체가 움직이지 않는 미소였다. 입은 위로 올라가지만 유쾌한 감정을 드러내는 눈가의 주름이나 뺨의 움직임이 없었다. 뒤셴 미소가 아닌 미소는 긍정적인 감정에서 짓는 미소가 아니라 **유화적 제스처**에 가깝다. 참가자들은 면접에서 부적절한 질문을 하는 사람에게 화가 나서 맞설 거라고 상상했지만, 현실에서는 어색한 미소를 지으면서 면접자를 회유하려 했다.

심리학자 제니퍼 크로스비Jennifer Crosby와 조해네스 윌슨 Johannes Wilson의 연구에서도 참가자들은 차별이 일어나는 상황에서 스스로 어떻게 반응할지를 두고 이와 유사하게 잘못 예상했다.[19] 이 연구에서는 연구 조교가 참가자인 척 앉아서 자기소개 시간에 자기는 동성애학생연합에서 열심히 활동한다고 말했다. 그는 잠시 화장실을 다녀오겠다고 말하고는 방에서 나가다가 역시 참가자인 척 앉아 있던 다른 연구 조교의 다리에 걸리는 척 행동했다. 그리고 그 다른 연구 조교가 동성애 혐오적 욕설을 내뱉었다. 이제 실제 참가자는 방금 동성애 혐오적 욕설을 한 사람과 1분 동안 같이 있어야 했다. 이 상황을 참가자 몰래 영상으로 촬영했다.

연구자들은 참가자들이 1분 동안 어떻게 행동하는지 알아보고 싶을 뿐 아니라, 이런 상황을 상상하기만 한 다른 참가자 집단은 스스로 어떻게 할 거라고 예상하는지도 확인하고자 했다. 상상하기만 한 참가자는 절반 가까이가 연구 조교에게 그가 뱉은 욕설에 대해 지적하겠다고 답했다. 하지만 실제로 그 상황을 겪은 참가자 중에서 조교에게 지적을 한 사람은 아무도 없었다.

이런 현상이 개인이 저지르는 인종차별을 지속시킬 수 있을지 묻는다면 답은 '그렇다'이다. 우리는 실제로 인종차별 발언을 들으면 가설적 상황으로 예상했을 때만큼 비난하지 못한다. 사회심리학자 케리 카와카미^{Kerry Kawakami}의 연구에서는 누군가가 인종차별 발언을 하는 상황을 상상한 참가자의 83퍼센트가 이후의 과제에서 그 사람과 같이 일하기를 거부하겠다고 답했다. 하지만 실제로 인종차별 발언을 하는 사람을 본 참가자는 37퍼센트만 그 문제로 그 사람과 함께 일하기를 거부했다.[20] 따라서 경찰의 과잉진압이나 인종차별 사건이 떠들썩하게 보도된 뒤 SNS에는 지지 발언이 넘쳐나지만 실제로 같은 상황을 목격한다면 얼마나 많은 사람이 인종차별에 맞설지는 미지수다.

이상의 여러 연구는 공통적으로 다른 사람의 '체면'을 깎거나 위협하는 상황을 다룬다. 어떤 사람이 성적 혐오 발언이나, 동성애 혐오 발언이나, 인종차별 발언을 할 때는 사실 "내가 이 말을 하는 것이 적절하다고 생각한다"라고 말하는 것이다. 따라서 우리가 그 사람을 지적한다면 그 사람이 세상에 내보이는 '얼굴'에 대고 말하는 셈이고, 그러면 서로 무척 어색하고 불편해질 것이다. 우리는 가설적인 상황에서 돈을 받기 위해 무대에서 춤을 추겠다고 생각하는 것처럼, 나와 남을 위해 차별에 맞서는 것 같은 더 중요한 일에는 더 목소리를 높여 적극적으로 행동할 거라고 생각한다. 분노와 사회 정의에 대한 신념이 자신을 압도할 거라고 상상한다. 하지만 현실에서는 창피당할까 두려운 마음이 생각보다 자주 이긴다.

한편으로 **당신이** 의도치 않게 인종차별적이거나 부적절한 언어로 남에게 상처 주는 말을 했다고 해도 아무도 지적하지 않아서 당신은 그런 말을 했는지도 모르고 넘어갈 수 있다. 누구도 잘못된 말이나 상처를 주는 말, 둔감한 말을 하지 않고 살 수는 없다. 또 누군가는 우리의 말이나 행동에 분노하고 실망하거나 불편해할 수 있다. 이상적으로는, 우리는 우리의 말이나 행동이 타인에게 영향을 미치는지 아닌지, 언제 영향을 미치는지 알고 싶어 한다. 그리고 행동을 고치고 변화하고 싶어 한다. 하지만 현실적으로 우리에게 상처를 입었거나 우리 때문에 기분이 상한 당사자는 창피당할까 두려워 우리에게 감정을 표현하지 못한다. 그러나 우리는 이런 두려움을 가볍게 치부하거나 아예 알아채지 못하기도 한다. 이 두려운 감정에 대해서는 다음 두 장에서 다시 살펴보겠다.

창피함을 자극해
민감한 정보 캐기

창피함이 지닌 힘과 창피함이 우리의 행동에 끼치는 영향을 예리하게 포착하는 사람들이 있다. 그중 한 예가 사회공학자다. 이들은 해커지만 기술보다는 사회적으로 소통하는 방식을 통해 기밀 정보에 접근한다. 정교한 암호 해독 소프트웨어를 개발해서 비밀번호를 캐내는 대신, 당사자에게 직접 전화해서 그들이 거부하기 힘든 상황을 조성해 스스로 비밀번호를 **넘기게** 하는 것이다. 이들은 "노"라고 답하기가 껄끄러운 상황을 비롯해 온갖 설득 수법을 범죄에 악용한다. 이들이 자신을 새로 들어온 IT 기술자라거나 상사의 동료라고 소개하면 피해자들은 (남의 '체면'을 구기는 어색한 상황을 견디기보다는) 그냥 그 말을 믿어주는 쪽을 택해서 결국 기밀 자료를 넘긴다.

해커로 활동하다가 5년간 복역한 뒤 컴퓨터 보안 전문가로 변신해 IBM과 페덱스FedEx 같은 기업에 자문하는 케빈 미트닉Kevin Mitnick은 저서 『네트워크 속의 유령Ghost in the Wires』에서 통신기업 모토로라Motorola를 공격한 희대의 해킹 사건을 기술하면서 이 기법을 어떻게 활용했는지 설명한다.[21] 미트닉의 전략은 독창적이면서도 황당할 정도로 단순했다. 그냥 표적 기업의 직원들에게 전화해서 대화 중에 정교하게 계산된 정보를 끼워 넣어 상대가 스스로 비밀번호와 기업의 기밀 파일, 기타 민감한 정보를 넘기게 만드는 방법이었다. 일부 의심하는 직원도 물론 있었을 것이다. 굳이 정보를 공유해야 하는지 의아해했을 수도 있다. 하지만 미트닉은 앞서 이 장에서 여러 연구를 통해 거듭 입증됐다고 소개한 한 가지 현상에 본인이 기댈 수 있음을 알고 있었다. 사람들은 틀릴 위험을 감수하고 상대에게 반박하여 그 자리의 모두를 민망하게 만드느니 의심이 가더라도 그냥 믿어주고 수상쩍은 요청에 따르는 쪽을 택한다는 점이다.[22]

미트닉은 저서에서 모토로라를 해킹하기 위해 '스티브'라는 직원에게 전화해 IT 오류로 데이터가 손상되어 그의 파일을 며칠간 복원할 수 없게 되었다고 속인 일화를 소개했다. 예상대로 스티브가 당황하자 미트닉은 대신 더 빨리 복구해줄 수 있다면서 비밀번호를 알려달라고 말했다. 스티브도 처음에는 긴가민가 하면서 미트닉에게 신원 확인을 요구했다. 하지만 미트닉은 요구에 선선히 따르는 척하면서 서랍을 쾅쾅 닫고 키보드를 요란하게 두드리며 자신의 파일에서도 스티브의 비밀번호를 찾아내 접근할 수 있다는 듯 행동했다. 미트닉이 열심히 연기하자 스티브는 계속 신원을 확인해달라고 요구하기가 불편해졌다. "사실은 키보드로 타이핑하는 거 아니잖아요!"라거나 "다 꾸며낸 얘기잖아요!"라고 반박할 수 없었다. 만약 그가 헛짚은 거라면 황당한 소리로 들릴 테고 창피를 당할 수 있었다. 게다가 스티브는 파일을 복구하고 싶었다. 그래서 마지못해 비밀번호를 알려주었다.

모토로라를 해킹하기 위한 또 다른 단계에서 미트닉은 프로젝트 매니저의 비서 연락처를 알아내어 (휴가 관련 메시지를 통해) 매니저가 휴가를 떠난 사실을 확인했다. 우선 그 비서('앨리사')[23]에게 직접 전화해서 그녀의 상사와 함께 일하는 사람이라고 자기를 소개하고 상사가 휴가를 떠나기 전에 파일을 보내주지 않았다고 말했다. 앨리사는 대화를 의심하지 않고 미트닉에게 기밀 파일 여러 개를 보냈다. 그리고 파일을 보내는 과정에서 문제에 부딪혔다. 파일이 모토로라의 외부의 IP 주소로 전송되자 계속 보안 오류가 뜬 것이다. 여기서 위험 신호를 감지했어야 했다. 하지만 앨리사는 모토로라 외부로 파일을 내보내는 것이 적절한지 미트닉에게 이의를 제기하는 대신, 보안 담당자를 끌어들였다. 미트닉과 소통하지 않고 **보안 담당자**의 이름과 비밀번호를 이용해, 애초에 미트닉 같은 외부자에게 민감한 정보가 새어나가지 못하게 막으려고 마련된 보안 검사를 우회하면서까지 파일을 전달한 것이다.

이 사례에 등장하는 인물들을 그저 잘 속는 사람들로 치부하고 우리는 절대로 그러지 않을 거라고 자신하기 전에 잠시 앞서 소개한 연구로 돌아가보자. 사람들은 성희롱이나 편견 앞에서 당당히 의견을 밝힐 거라고 자신하지만 실제로 그렇게 행동하는 비율은 매우 낮았다. 앞서 언급한 해킹 사례도 마찬가지다. 우리는 스티브와 앨리사보다 더 똑똑하고 덜 어리석고 더 당당하게 의문을 제기할 거라고 자신한다. 하지만 실제로는 그러지 못할 수 있다. 우리는 기본적으로 사람들을 믿고 그들이 내보이고 싶어 하는 모습을 의심하지 않는다. 설령 의심이 들더라도 스티브와 앨리사처럼 굳이 의혹을 제기하지 않는다.

이상의 사례에서 많은 교훈을 얻을 수 있다. 하지만 내가 여기서 강조하고 싶은 한 가지는 창피함을 지나치게 걱정하는 마음은 영향력을 일으키는 단순하면서도 강력한 기제라는 점이다. 문제는 우리는 이런 심리를 활용하기 꺼려하고, 케빈 미트닉 같은 사람들은 제멋대로 이용하게 놔둔다는 데 있다. 하지만 우리는 이를 훨씬 유용하게 활용할 수 있다.

상관없다. 나는 남에게
부탁하고 싶지 않은 것 같다

이제 사람들이 창피당할까 두려운 마음에서 갖가지 부탁을 들어준다는 것이 명확해졌다. 게다가 창피를 두려워하는 사람들의 마음을 제대로 이해하지 못해서 우리의 요청이 받아들여지는 정도를 과소평가한다는 것도 명확해졌다. 그래서 해커가 아닌 보통 사람들은 남들이 우리를 위해 그 모든 일을 기꺼이 해주는 모습에 놀라는 것이다.

이제 당신은 남에게 편하게 부탁을 해도 되는 건지 모르겠다고 생각할 수 있다. 상대가 그저 "노"라고 말하기 어려워서 부탁을 들어주는 상황을 원하는 사람은 없다. 사실 누군가에게 무언가를 부탁할 때 어느 정도는 상대를 곤혹스럽게 만든다. 그 사람들은 보통 어떻게 반응하는가? 거절하면서 모두를 불편하게 만들까? 아닐 것이다.

하지만 이렇게 생각해보자. 사람들이 "노"라고 말하지 못할 것 같다고 느끼는 만큼 진심으로 "예스"라고 말하고 싶을 수도 있다. 물론 낯선 사람에게 비밀번호를 넘기는 것은 꺼리겠지만, 당신이 부탁을 망설이는 많은 일에 "예스"라고 답할 수 있다. 앨리사는 케빈 미트닉의 신용 사기에 속아 넘어가고 싶지 않았지만 도와주고 싶은 마음에 보안 프로토콜도 우회하면서 부탁을 받아준 것이다.

사람들은 남에게 좋은 일을 해주고 싶어 한다. 남을 도우면서 가슴이 따뜻해지고 스스로 좋은 사람이라는 기분을 얻고 싶어 한다. 따라서 남에게 뭔가를 부탁하는 상황은 상대를 곤혹스럽게 만들기도 하지만 한편으로는 그 사람에게 스스로 좋은 사람이라고 느낄 기회를 주는 것이기도 하다. 당신이 가고 난 뒤, 상대는 "예스"라고 답해야 하는 의무감이 들었다고 생각하지 않을 것이다. 그들은 곤경에 처한 사람을 도와주고 스스로 좋은 사람이 된 기분에 흐뭇해할 것이다.

우리는 스스로 좋은 사람이라고 느끼기 위해 다양한 심리적 방어 기제를 사용한다. 자신이 한 일을 다시 떠올리면서 스스로를 긍정적으로 바라본다. 우리의 행동을 타당하고 의미 있는 방식으로 재해석한다. 그래서 지나간 후에야 어떤 일의 의미가 생기는 경우도 많다.

우리는 일반적으로 어떤 사람의 행동이 그가 어떤 성향의 사람이고 무엇을 믿는지 보여준다고 여긴다. 예를 들어 당신이 자선단체에 돈을 기부한다면 그건 당신이 기부 활동을 열심히 해야 한다고 믿는 좋은 사람이기 때문이다. 말하자면 개인의 신념이 행동을 유도한다고 생각하는 것이다. 하지만 오래전부터 심리학자들은 인간의 마음이 항상 이런 식으로 작동하지는 않는다고 주장했다. 특히 심리학자 대릴 벰^{Daryl Bem}은 자기지각 이론을 내놓으며 인과관계가 반대 방향일 때도 많다고 주장했다.[24] 그러니까 어떤 행동을 먼저 하고 이어서 그 행동에 따라 어떻게 믿을지 조율한다는 것이다. 실제로 이렇게 행동이 믿음을 결정하기도 한다. 나는 어떤 다른 이유로 자선단체에 기부했을 수도 있지만(누가 부탁했는데 "노"라고 답하기 곤란해서) 결국에는 나 자신이 기부도 하는 좋은 사람이고 사람들은 자선단체에 기부해야 한다고 믿게 된다. 처음에는 나 자신과 자선활동에 관해 이렇게 생각하지 않았다. 하지만 일단 자선단체에 기부하는 자신의 모습을 보고 나면 "날 봐. 나는 자선단체에 기부하는 좋은 사람이야! 자선단체에 기부하는 것은 훌륭한 일이야!"라고 생각하는 것이다.

낯선 사람에게 자신의 과제를 부탁해서 승낙을 받아내고 실험실로 돌아올 때 내 연구의 참가자들이 어떤 기분이었는지 다시 떠올려보자. 참가자들은 기쁘고 편안하고 행복해 보였다. 낯선 사람들에게 **싫은** 일을 하게 만들어서가 아니었다. 사실 그 낯선 사람들은 쓸모 있고 유능하고 좋은 사람이라고 자부할 기회를 얻고 기꺼이 번거로운 일을 해준 것이다.

"노"라고 답하기 어려워하는 심리를 안다고 해서 도움을 요청하면 안 되는 것은 아니다. 사소한 부탁이든 큰 부탁이든 상대가 스스로 좋은 사람이라고 생각하게 만드는 긍정적인 측면이 있다. 물론 주의할 필요도 있다. 무리한 요청은(다음 장에서 다루는 것처럼 누군가에게 과도하게 부담을 주거나 부적절한 행동을 요구하는 경우) 당연히 신중하게 접근해야 한다. 그래도 도와달라고 요청할 때 사람들이 예상보다 자주 "예스"라고 답하는 이유를 안다고 해서 부탁을 지양해야 하는 것은 아니다. 어차피 누군가 어떤 부탁을 들어줄 때 그 이유는 나중에 스스로 좋게 해석된다.

그러면 이제 사람들에게 가서 당신이 **요청해야 할** 것을 모두 말해보자. 친구들에게 부탁해보자. 동료들에게 조언을 구해보자. 배우자에게 누가 쓰레기를 버릴 차례인지 확실히 말해보자. 하지만 상대가 "예스"라고 답하기를 바란다면, 우리가 주로 상대가 "노"라고 대답하기 쉬운 방법으로 요청한다는 걸 기억해야 한다. 자신의 영향력을 인정하자. 그리고 직접 만나서 요청하자.

잘못된 정보,
부적절한 요청
그리고 미투 운동

5

나와 제자들은 낯선 사람이 다가와 점점 더 이상하고 부담스러운 도움을 청해도 기꺼이 도와주고 싶어 하는 사람들과, 그 모습을 보고 매번 놀라는 연구의 참가자들을 오랜 기간 지켜보았다. 그러다 우리가 연구에서 발견한 이런 효과를 어디까지 밀어붙일 수 있는지 알아보고 싶었다. 사람들이 **또 어떤** 부탁까지 들어줘서 우리 참가자(와 연구진)를 놀라게 할까?

마침 미국 서브프라임 모기지sub-prime mortgage 사태로 경제 불황이 시작된 직후인 2011년이었다. 이후, 사태에 대한 자세한 내막이 드러났고, 그중에 특히 한 가지가 인상적이었다. 경제 불황을 촉발한 결정적 요인은 신용평가기관, 즉 우리가 부실한 주식과 증권에 투자하지 않도록 보호해주어야 하는(또는 적어도 우리가 처할 위험 수준을 경고해야 하는) 감시기관이 본분을 다하지 않았기 때문이라는 것이다. 당시 신용평가기관은 지금은 매우 위험하다고 밝혀진 서브프라임 모기지 상품에 터무니없이 높은 신용 등급을 매겼다. 비난의 중심에 선 기관은 무디스Moody's였다. 당시 무디스는 가장 유서 깊은 신용평가기관이었기에 이런 의문이 든다. 어떻게 그 지경에 이를 수 있었을까? 무능해서였을까? 아니면 의도적인 사기였을까?

비즈니스 저널리스트 그레첸 모겐슨Gretchen Morgenson은 『뉴욕타임스』의 기사에서 무디스가 어떻게 상황을 그렇게 심각한 지경으로 끌고 갈 수 있었는지 설명했다. 나는 모겐슨의 설명에 호기심을 느꼈고 내가 좋아하는 연구 분야를 위한 영감을 얻었다. 모겐슨의 기사에 따르면 무디스도 처음에는 위험한 모기지 상품에 낮은 등급을 매겼다. 무디스도 그 상품의 잠재적 위험을 기민하게 알아챘다는 뜻이다. 그러다 (갑자기) 등급을 바꿨다. 왜일까?

무디스가 등급을 바꾼 이유는 누군가의 요청 때문인 것으로 밝혀졌다. 무디스가 주요 모기지 대출 기관인 컨트리와이드 파이낸셜Countrywide Financial에서 인수한 유가증권의 등급을 매기자 컨트리와이드의 누군가가 무디스에 연락해 평가에 대해 불평했다. 모겐슨은 이렇게 적었다. "이튿날 무디스는 중요한 정보가 새로 나오지 않았는데도 등급을 바꿨다."[1]

나는 이런 일이 가능하다는 데 흥미를 느꼈다. 컨트리와이드의 요청은(그게 뭐든) 분명 비윤리적이었다. 그런데도 무디스가 그냥… 동의해줬다? 내가 순진해서 놀란 것일 수도 있지만 어쨌든 나는 이 사실에 경악했다. 그러다 단순 부탁만으로도 사람들에게 매우 쉽게 비윤리적인 일을 하게 만들 수 있다는 걸 알면 남들도 놀랄 거라는 생각이 들었다. 그래서 궁금해졌다. 참가자들이 우리의 앞선 연구와 같이 무해한 부탁을 하는 것이 아니라 비윤리적 행위를 부탁하면 어떻게 될까? 참가자들이 낯선 사람들에게 무해한 일을 도와달라고 부탁할 때 상대가 수락하는 정도를 과소평가했던 것처럼 비윤리적 행위를 부탁할 때도 그 요청에 응할 가능성이 낮다고 생각할까?

우리는 이 질문에 대한 답을 알아보기 위해 우선 작게 시작했다. 참가자들은 낯선 사람들에게 악의 없는 거짓말을 해달라고 부탁했다.[2] 새로 개설되는 강의를 홍보해야 하는데 별로 하고 싶지 않지만, 그래도 홍보하고 확인 서명을 받아야 한다고 말했다. 낯선 사람들은 "홍보를 다 들었다"라고 적힌 서류에 (듣지 않고도) 이름을 적어줄까? 다시 말해서 사람들이 서류에 거짓으로 서명해서 참가자를 위해 거짓말을 해줄까?

우리는 우선 참가자들에게 사람들이 서류 조작 행위에 얼마나 동의해줄 것 같은지 물었다. 참가자의 35퍼센트가 사람들이 동의해줄 것으로 예측했다. 하지만 실제로 밖으로 나가 사람들에게 요청하자 68퍼센트(거의 두 배)가 거짓 서명에 응했다.[3] 이전 연구의 참가자들이 낯선 사람에게 도와달라고 부탁할 때 그 부탁에 응하는 사람들의 수를 과소평가한 것처럼 이번 연구의 참가자들도 낯선 사람들이 그들을 위해 거짓말을 하도록 만드는 것이 얼마나 수월한지 과소평가했다.

우리는 사소한 부탁으로 시작했다. 참가자들이 만난 사람들이 서류에 서명해주기로 한 이유는 다양할 것이다. 별일 아니라고 생각했을 것이다. "피해가 없으면 문제도 없다." 심지어 좋은 일을 해준다고 생각했을 수 있다. 어쨌든 곤경에 처한 사람을 도와주는 일이기는 했다. 그래서 우리는 다음 단계로 참가자들이 사람들에게 **명백히** 부정한 일을 부탁하게 만들 방법을 찾아보았다. 그러다 낯선 사람에게 도서관 책을 훼손해달라고 부탁하는 방법을 고안했다.

물론 실제로 도서관 책을 파손할 수는 없으므로 우리가 만들었다. 내 책장에서 책을 잔뜩 가져와 도서관 정리 번호를 붙여 대학 도서관의 소장 도서처럼 보이게 만들었다. 다음으로 그럴듯한 사연을 지어야 했다. 그냥 낯선 사람에게 다가가 "저기요, 이 책을 훼손해주실 수 있을까요?"라고 말할 수는 없는 노릇이었다. 결국 참가자들이 캠퍼스 내 여러 도서관에 가서 낯선 사람들에게 다가가 친구에게 장난치려고 한다고 말하는 방법을 택했다. 그리고 장난칠 친구가 참가자의 필체를 알아볼 수 있기 때문에 참가자 대신 펜으로 도서관 책에 뭔가를 적어달라고 부탁하게 했다.

우리는 참가자들이 낯선 사람에게 무슨 말을 적어달라고 부탁해야 할지 고심했다. 결국 한 단어로 정했다. 피클. '피클'이라는 단어가 장난스럽게 들려서였다. 우리는 참가자들에게 "여기 이 도서관 책에 빨리 '피클'이라고 적어주시겠습니까?"라고 부탁하라고 지시했다.

우리가 참가자들에게 낯선 사람들을 대상으로 뭘 부탁해야 할지 알리자 참가자들은 다들 거절할 거라고 확신했다. 실제로 낯선 사람들이 참가자들에게 한 대답으로 봐서는 다수가 거절했을 것 같았다. 일부는 주저했다. 참가자들의 기록지에는 "정말요?"라거나 "음…"과 같은 반응이 많았다. 또 누군가는 책을 훼손한다는 생각 자체를 불편해하면서 그릇된 행동으로 생각한다는 티를 냈다. "이래도 되는 건지 모르겠네요… 도서관 책이잖아요?" "이거 기물 파손 아닌가요?" "이런 쓸데없는 짓 하지 않으면 좋겠어요!"[4]

그런데도 결국 참가자들이 만난 대다수가 책을 훼손하는 일에 응했다. 참가자들은 28퍼센트만 책에 낙서하는 데 동의할 거라고 예상했지만 실제로는 64퍼센트나 동의했다.[5] 다수가 참가자들의 부탁에 당황하고 불편해하면서도 그냥 들어주었다. 참가자들(과 나)의 예상보다 훨씬 높은 비율이었다.

다시 말하지만 우리의 연구에 의하면 사람들이 어떤 일에 동의해주는 이유는 (그 일을 하는 것이 불편하더라도) "노"라고 말하는 것이 더 불편하기 때문이다. 대다수는 남에게 도서관 책을 훼손해달라고(비윤리적인 일을 해달라고) 뻔뻔하게 요구하지 않는다. 하지만 많은 사람이 선을 넘는 요청이나 질문에 상대방이 불편함을 느끼면 그냥 답하지 않거나 간단히 "노"라고 답할 거라고 예상한다. 가령 직장 동료에게 데이트를 신청해도 상대가 관심이 없으면 그냥 "노"라고 답할 거라고 생각한다. 혹은 면접장에서 결혼 여부와 같은 개인 정보를 물으면 안 된다는 규정까지 어겨가면서 이런 질문을 던지는 이유는 답을 할지 말지는 상대가 자유롭게 선택할 수 있다고 가정하기 때문이다. 언뜻 악의 없는 질문 같지만 실제로는 직장에서 성희롱과 싸우고 다양성을 높이려는 노력에 심각한 타격을 미칠 수 있다. 다음으로 상대방을 불편하게 하는 이런 유형의 요청에 관해 알아보자.

남자들이 '일단 도전해보기'를 해서는 안 되는 이유

2017년은 남자들에게 심판의 해였다. 2006년 미국의 사회운동가 타라나 버크Tarana Burke가 성희롱과 성추행을 고발하기 위해 시작한 미투Me Too 운동은 그해 갑자기 누구나 아는 이슈가 되었다.[6] 미디어 업계의 거물 하비 웨인스타인Harvey Weinstein이 저지른 상상 초월의 성희롱과 성추행 행각이 만천하에 드러났다.[7] 〈투데이Today〉 쇼의 전 진행자 매트 라우어Matt Lauer가 책상 밑 섬뜩한 버튼으로 여자들을 사무실에 감금한 사실도 폭로되었다.[8] 깨어 있는 사람으로 보이던 코미디언 루이스 C. K.Louis C. K.는 조언을

구하러 온 여자들 앞에서 몸을 노출하고 자위 행위를 한 사실을 인정했다.[9]

이처럼 충격적인 수준부터 무시무시한 수준까지 온갖 부정 행위에 대한 고발과 이에 대한 상대방의 인정 그리고 부정의 광풍이 불었다. 동시에 비교적 평범해 보이는 고발과 고백도 줄줄이 이어졌다.[10] 경계선이 불분명한 사례, 그러니까 문제 행동이 덜 고압적이거나 판단을 제대로 못해서 생긴 사례도 많았다. 그중 일부 사례는 자신의 행동이 상대에게 어떤 영향을 미칠지 몰라서 생겼다.

특히 뜨거운 논쟁거리가 된 사례로 코미디언 아지즈 안사리 Aziz Ansari 사건이 있었다. 〈베이브닷넷babe.net〉이라는 웹사이트에 올라온 기사에서 '그레이스'라는 가명의 여자가 안사리와의 데이트를 상세히 기술하고 "인생 최악의 밤으로 돌변한" 데이트였다고 폭로했다.[11] 그레이스는 처음에 안사리와 데이트한다는 생각에 들뜨기는 했지만, 같이 저녁을 먹고 그의 아파트로 올라가면서 성관계는 갖고 싶지 않다고 표현했고, 그런데도 그가 끈질기게 요구했다고 주장했다. 그레이스는 "관심이 없다는 신호를 적극적으로 드러냈고" 이어서 "강요받고 싶지 않아요"라고 말했다고 전했다. 안사리도 처음에는 그녀의 주저하는 반응을 너그럽게 받아주며 "우리 둘 다 재밌어야 좋죠"라고 말했지만 그날 밤 내내 압박하고 거칠게 입을 맞추며 밀어붙였고, 결국 그레이스는 울음을 터트렸다고 말했다. 그레이스는 "폭행당한 느낌이었다"라고 밝혔다.

한편 안사리는 그레이스와 성관계를 갖긴 했지만 "모든 정황으로 보아 완전히 합의된 것"이라고 판단했다고 말했다. 이튿날 아침에 그레이스에게 불편한 감정을 토로하는 문자를 받았고, 그에게는 괜찮아 보였던 전날 밤의 모든 상황이 "그레이스에게는 그렇지 않았다는 말을 듣고 놀라고 걱정되었다"[12]라고 했다. 안사리는 그레이스의 문자에 "그때는 상황을 잘못 읽었다"[13]라고 사과하는 답장을 보냈다.

안사리에 대한 그레이스의 폭로는 뇌관을 건드렸다. 평범해 보이는 상황임에도 '불구하고'가 아니라, 바로 그 평범성 때문에 비난이 일었다. 누군가는 그레이스가 그런 일을 공개한 데 당혹스러워했다. 그들의 만남은 그저 여자들이 흔히 겪는 불쾌한 데이트[14]일 뿐이라고 비난하면서 그레이스와 같은 사례가 웨인스타인의 범죄 행각과 뒤섞여 미투 운동을 희석시킨다고 주장했다. 또 누군가는 그렇게 끔찍해 보이지 않아도 중요한 문제라고 강조하며, 이런 식의 성적 접촉이야말로 일상에서 빈번하게 일어나는 피해 상황이기 때문에 미투 운동이 반드시 다뤄야 할 문제라고 주장했다.[15] 그레이스의 경험이 대대적인 반향을 일으키면서 일상에서 벌어지는 성적 관계의 애매하고 곤란한 측면을 터놓고 이야기할 기회가 생겼다.

안사리 사건이 터지기 불과 몇 달 전 이 사건과 놀랄 만큼 유사한 허구의 이야기가 널리 퍼졌다. 『뉴요커New Yorker』에 소개된 「캣 퍼슨Cat Person」[16]이라는 단편소설에서는 엄밀히 말하면 합의된 것이지만 마고(주인공)에게는 '평생 최악의 결정'이었던 성적 접촉을 다룬다.[17] 이 소설에서 마고는 집에 같이 들어간 남자와 자기로 한 결정에 관해 이렇게 말한다. "그가 그녀의 의지를 꺾고 억지로 뭔가를 시도할까 봐 두려운 건 아니었다." 다만 "여기까지 상황을 끌고 와놓고 이제 와서 그만두자고 하면 왠지 제멋대로고 변덕스러운 여자로 보일 것 같았다. 레스토랑에서 음식을 주문해놓고 음식이 나왔는데 마음이 변했다면서 음식을 돌려보내는 것처럼 말이다."[18]

그레이스의 사례와 이 소설 속 사연에 대한 폭발적인 반응에는 두 가지 공통된 특징이 있다. 첫째, 여자들은 종종 하고 싶지 않은 일(데이트, 심지어 섹스까지)에 동의한다. 둘째, 남자들은 종종 이런 사실을 전혀 의식하지 못한다.

먼저 왜 여자들이 원하지도 않으면서 데이트 신청을 받아들이고 잠자리까지 갖는지 알아보자. 이유는 다양하지만 주된 이유는 사람들이 생각보다 선선히 휴대전화를 빌려주거나, 자선단체에 돈을 기부하거나, 도서관 책 훼손에 동의해주는 이유와 같다. "노"라고 말하기가 불편해서다.

"노"라고 하면 어색하거나 불편해지거나 죄책감이 들어서 그냥 성관계를 갖는다고 하면 과장처럼 들릴 수 있지만, 미건 가버Megan Garber는 『애틀랜틱Atlantic』에 게재한 기사 "어색함의 무기화The Weaponization of Awkwardness"에서 여자들에게 협조적이어야 하고 '남들의 감정을 따라야 한다'라고 요구하는 사회적 압박은 연애 관계에서도 거절을 위험하게 느끼게 할 수 있다고 지적한다.[19] 그래서 때로는 "거절하고 그런 상황에서 빠져나오느니 그냥 빨리 끝내버리는 게 낫다." 이것은 엘라 도슨Ella Dawson이 "'나쁜 섹스' 혹은 원치 않는데도 그냥 해버리는 섹스"라는 글에서 쓴 말이다. 「캣 퍼슨」과 함께 널리 퍼져나간 글이다. 도슨은 게시물에서 많은 여자의 머릿속을 관통하는 질문을 열거한다. "여기서 그만두고 싶은 이유에 대해 어색하게 대화를 나누고 싶니? 저 남자가 기분 나빠 하면 어떡해? 그래서 관계를 망치면? 나쁜 여자로 보이면?"[20]

가버와 도슨은 이런 조건부 항복으로 인한 성관계(연구자들은 '성적 타협'이라고도 부른다[21])가 성폭행은 아니라고 인정하면서도 미투 운동의 맥락에서 논의할 가치가 있다고 말한다. 가버는 이런 성적 접촉이 "범죄의 맥락에서는 나쁜 행위"가 아닐 수 있어도 "정서적 의미에서는 나쁜 행위"라고 지적한다.[22] 그리고 나중에 살펴보겠지만 이런 성적 접촉은 전통적으로 남성 지배적인 영역에서 여자들을 내모는 결과를 낳을 수도 있다.

연구에서도 남자든 여자든 관심 없는 상대가 접근할 때 "노"라고 말하기 어려워 그냥 받아줄 때가 많다는 사실이 입증되었다. 관계 연구자 서맨서 조엘Samantha Joel과 동료들은 독신의 이성애자 참가자들을 대상으로 여러 개의 프로필에서 마음에 드는 데이트 상대를 고르게 했다.[23] 한 집단에는 가상의 프로필이라고 알리고, 다른 집단에는 같은 연구에 참여한 참가자들이라고 알렸다. 그리고 참가자들에게 그들이 선택한 프로필 사진을 보여주면서 상대와 연락처를 교환해서 데이트 약속을 잡을지 물었다. 다만 여기에 반전이 있었다. 프로필 사진은 사실 연구자들이 참가자들 모르게 사전에 구성원 중에서 전혀 매력적이지 않은 사람으로 선정한 이성, 즉 데이트하고 싶지 않을 만한 사람의 사진이었다.

참가자들이 가상의 프로필이라고 생각한 조건에서는 16퍼센트만 데이트를 하겠다고 답했다. 예상대로 다수의 참가자는 매력적이지 않은 사진 속 인물과 데이트하고 싶어 하지 않았다. 그러나 사진 속 인물이 실제로 같은 연구에 참여한 참가자라고 생각한 조건에서는 37퍼센트(두 배 이상)가 매력적이지 않은 상대와 연락처를 교환하는 데 동의했다. 연구자들은 이런 차이가 생기는 이유를 분석하면서 사람들은 가상의 결정이라고 생각할 때보다 실제 인물에 관한 결정이라고 생각할 때 상대에게 줄 상처를 훨씬 더 걱정한다는 결론에 이르렀다. 상대에게 관심이 없어도 상대의 마음을 다치게 할까 봐 데이트 신청을 받아준다는 것이다. 하지만 상대를 걱정하는 마음이 상대방이 당신과의 진지한 교제를 고려하는 일에 얼마나 영향을 끼칠지 모르다가 결국 상대를 거절해야 하는 곤란한 처지에 놓이게 된다.

이제 앞에서 살펴본 성적 압박에 관한 실제 사례와 허구의 사연에서 나타난 두 번째 특징을 이야기해보자. 남자들은 연애에서 진도를 나가려고 할 때 상대 여자가 "노"라고 말하는 것이 얼마나 어려운지 모른다. 연구에서도 입증된 사실이다. 다만 남자들만 모르는 것은 아니다.

우리는 누군가의 요청을 거절할 때 우리 스스로 얼마나 불편해하는지 모르듯이, 남들이 **우리를** 거절하면서 얼마나 힘들지도 모르는 듯하다. 그래서 상대가 불편하지 않게 하는 배려 없이, 의도하지 않은 곤란한 상황을 만들기도 한다. 예를 들어 '일단 도전해보자'라는 자세로 직장 동료에게 데이트를 신청할 때 상대를 얼마나 불편하게 만드는지 알아채지 못한다.

나와 대학원생 로런 드빈센트Lauren DeVincent는 직장 내 짝사랑을 연구하면서 인간관계에 대한 흥미로운 점을 발견했다. 우리는 과학, 기술, 공학, 수학(STEM[+]) 전공 대학원생과 박사 후 과정생 약 1,000명에게 설문 조사를 실시해서 그들에게 관심이 없는 상대를 짝사랑했거나 관심 없는 상대에게 짝사랑을 받아본 경험을 떠올려 보라고 요청했다.[24] 참가자의 약 4분의 1이 한 번 이상 이런 경험을 해봤다고 답변했다. 이어서 우리는 원하지 않는 상대에게 관심을 받아본 참가자에게 "노"라고 답하는 것이 얼마나 어려운지, 거절하면서 얼마나 기분이 좋지 않고 불편한지 물었다. 동시에 동료를 좋아해서 고백했다가 거절당한 경

[+]   'STEM'이란 과학(Science), 기술(Technology), 공학(Engineering), 수학(Mathematics)을 통틀어 일컫는 말이다.

험이 있는 참가자에게는 상대가 어떤 기분이었을지, 즉 상대가 "노"라고 말하는 것이 얼마나 어려웠을지, 상대가 얼마나 마음이 좋지 않고 불편했을지 물었다.

결과적으로 짝사랑 경험이 있는 참가자들은 그들이 좋아하는 마음에 따라 행동하면서 상대를 얼마나 곤란한 입장에 몰아넣었는지 인지하지 못했다. 그리고 짝사랑을 받아본 참가자들이 보고한 정도보다 상대가 더 자유롭고 편안하게 "노"라고 말할 거라고 답했다.

그리고 고백했지만 거절당한 경험을 떠올린 참가자들은 상대가 그들을 거절한 뒤 업무에 집중하거나 그들과 함께 일하는 것이 얼마나 불편했을지 인지하지 못했다. 원하지 않는 접근을 받은 상대는 이런저런 방식으로 회피하고 다른 사람들에게 고민을 털어놓지만, 정작 관심을 보인 사람은 상대의 이런 행동을 알아채지 못하는 듯했다. 예를 들어 자기에게 관심이 없는 상대에게 다가간 기억을 떠올린 참가자의 7퍼센트만 이후에 상대가 자기를 피한 것 같다고 생각한 반면, 관심 없는 사람이 다가온 기억을 떠올린 참가자는 절반 이상(52퍼센트)이 거절 이후에 상대를 피해 다녔다고 답했다. 마찬가지로 먼저 접근한 기억을 떠올린 참가자는 13퍼센트만 당시 상대가 누군가에게 고민을 털어놓으며 사회적 지지를 구했다고 생각했지만, 관심 없는 사람에게 접근을 받아본 기억을 떠올린 참가자는 54퍼센트가 당시 사람들에게 고민을 상담했다고 답했다. 그리고 먼저 접근한 경험이 있는 참가자 중에는 단 한 명도 상대가 직장을 옮길지 고민했을 거라고 생각하지 않았지만, 관심 없는 사람에게 접근을 받은 참가자 176명 중 6명은 불편해서 이직까지 고민했다고 답했다.

앞에서 남자에게만 국한된 현상은 아니라고 말했다. 실제로 우리 연구에서 여자 참가자들도 그들이 짝사랑해서 접근했을 때 상대가 얼마나 불편해했을지 잘 의식하지 못했다. 하지만 이 결과에는 주의할 점이 있다. 짝사랑 상대에게 다가간 참가자가 상대의 입장이 되어봤는지, 그러니까 그들도 원치 않는 상대에게 구애를 받아본 경험이 있는지를 고려해야한다는 점이다. 실제로 원치 않는 사람에게 구애를 받아본 사람은 반대로 **자신이** 먼저 다가간 경험을 떠올릴 때 상대의 감정을 더 잘 이해했다. 남녀의 결과를 해석할 때 이런 특성을 반영해야 하는 이유는 여러 자료가 입증하듯 여자가 남자보다 구애의 대상이 될 가능성이 훨씬 크기 때문이다.[25, 26] 남자는 7명에 1명꼴로 원치 않는 직장 동료에게 관심의 대상이 되지만 여자는 3명에 1명꼴로 이런 불편한 상황에 처한다. 따라서 원치 않는 접근이 상대를 얼마나 불편하게 만드는지는 여자들이 더 잘 안다. 이는 경험 때문이지 성별 때문이 아니다.

『랩 걸*Lab Girl*』의 저자 호프 자런Hope Jahren은 『뉴욕타임스』에서 이런 분위기로 인해 여자들이 STEM 분야를 떠날 수 있다고 지적한다.[27] 예를 들어 자런은 남자 과학자가 심야에 이메일로 그에게 관심이 없는 여자 과학자에게 감정을 고백하면서 시작되는 '예측 가능한' 상황들을 시간순으로 기술했다. 우선 남자 과학자는 머릿속으로 진도를 나가면서 혼자만의 감정에 푹 빠진다. 그는 "잠도 잘 수 없고" "이 일로 해고당해도 좋다"라고 말한다. 한편 여자는 책상에 놓인 쪽지를 무시해야 하고, 퇴근하고 밖에서 만나자는 남자의 제안을 조심스럽게 거절해야 한다. 그러다 어느 날 그냥 과학계를 떠나는 게 낫겠다고 생각한다.

세상은 남자들에게 뜨거운 열정으로 "일단 도전해봐"라고 말한다. 누군가에게 푹 빠져 사랑의 감정으로 힘든 남자는 뭘 해야 할까? "그냥 데이트 신청을 해봐!" 버디 무비에서 들뜬 친구들이 떠들썩하게 부추기면서 하는 흔한 말이다. "잃을 게 뭐 있어?" 내가 다른 데서 주장했듯이[28] 주변 사람들의 이런 조언은 여기서 잃을 게 있는 사람은 사랑에 빠진 사람뿐이라는 전제에서 나왔다는 것이 문제다. 남자 입장에서는 계속 사랑에 빠져 허우적대기보다는 마음을 고백하고 상대가 관심이 없다는 것을 확인하는 편이 속 시원할 수 있다. 그런데 **상대 여자**에게도 그게 나은 방법일까?

그러면 남자들은 여자도 관심을 보일 거라는 확신이 들지 않으면 아예 데이트 신청을 하지 말아야 한다는 뜻일까? 아니다. 불확실성이야말로 연애의 묘미이고 불확실성 덕분에 설레는 것이다. 그래도 남자들은 연애 감정으로 여자에게 접근할 때 불확실성의 임계점을 다시 점검할 필요가 있다. 데이팅앱 틴더

Tinder에서 누군가에게 "데이트를 신청해도 될까요?"라고 메시지를 보내는 것과 같은 메시지를 트위터에서 학문적 주세로 트윗을 자주 올리는 낯선 사람에게 보내는 것은 전혀 다른 얘기다(내가 아는 많은 여자 연구자가 이런 일을 겪었다). 남자든 여자든 시간과 노력을 들여서 상대도 관심을 보이는지(혹은 적어도 완전히 무관심한지) 알아본 뒤에 고백하거나 신체적으로 접근해도 늦지 않다.

미투 운동을 거치면서 남자들이 노력하는 모습(마음에 드는 상대에게 접근할 때 상대가 어떻게 받아들일지 신중히 고민하는 모습)을 보이는 것은 일단 고무적이다. 리처드 드레이퍼스Richard Dreyfuss는 성희롱으로 고소당하며 이렇게 말했다. "합의된 게 아니었다는 사실이 충격적이고 당혹스럽습니다. 저는 몰랐습니다. 즐거운 시간을 함께 보냈다고 생각한 과거의 모든 관계를 다시 생각해보게 되었습니다."[29] 그리고 그레이스의 폭로 이후 1년 뒤 나온 넷플릭스 방송에서 아지즈 안사리는 친구와 나눈 대화를 언급하며 그 친구가 한 말을 소개했다. "안사리의 경험을 보면서 그동안 내가 해온 모든 데이트를 돌아보게 되었다."[30]

누구나 거절당하면 괴롭다. 하지만 거절하는 쪽도 얼마나 힘들지 이해하지 못하는 경향이 있다(휴대전화를 빌려달라는 부탁부터 도서관 책을 훼손해달라는 부탁까지). 요청에 관한 여러 실험에서 보았듯이 상대방이 우리에게 "노"라고 말하는 것은 우리가 생각하는 것보다 어렵다. 우리가 누군가에게 데이트를 신청하거나 잠자리를 제안할 때도 우리에게 관심 없는 상대가 "노"라고 말하는 것이 얼마나 어렵고 불편한지 미처 생각하지 못할 수 있다.

남자들에게는 "일단 도전해봐"라고 부추기고 여자들에게는 "괜한 소란을 피우지 말라"라고 강요하는 세상에서 이는 대인관계에 중요한 결과를 가져올 수 있다. 더 나아가서는 전통적으로 남성이 지배적인 분야에서 이뤄야 할 성 평등을 비롯해 다양한 사회적 목표에도 영향을 미칠 수 있다.

손가락에 그거
반지예요?

나는 면접장에 결혼반지를 끼고 가는 것에 대해 젊은 여자 연구자들과 많은 대화를 나누었다. 다수가 주위 사람들이나 면접에 관한 칼럼에서 "반지든 뭐든 개인적 상황을 드러낼 만한 건 착용하지 말라"라는 조언을 들었다고 말했다.[31] 그리고 대다수는 결국 반지를 끼고 가지 않기로 결정한다. 면접관이 배우자에 관해 묻고 해당 일자리를 진지하게 생각하는지, 이직 가능성이 있지는 않은지 의심하는 것을 원하지 않기 때문이다. 물론 개인적인 상황(결혼이나 출산 여부, 인종, 성적 지향)을 밝힐지에 대한 결정은 지극히 사적인 영역이다.

그러면서도 중대한 결정이다. 연구 결과, 면접에서 이런 정보를 노출하면 고용주가 지원자를 보는 관점에 영향을 미치는 것으로 나타났다. 가령 이 일자리에 얼마나 진지한지, 장기간 일할 생각이 있는지 그리고 궁극적으로는 일자리를 제안할지 판단하는 데 영향을 미친다는 것이다. 노스웨스턴 대학교 켈로그 경영대학원 교수이자 『그들만의 채용 리그Pedigree』의 저자 로런 리베라Lauren Rivera32는 임용 회의를 관찰한 뒤, 학계의 임용 위원회에서 "사람을 선택할 때 여자 지원자의 경우 결혼 여부를 적극적으로 따지다가(남자는 아니다)" 결과적으로 여자들에게 불리한 방식으로 판단한다고 밝혔다.[33] 심리학자 알렉산더 조던Alexander Jordan과 에밀리 지텍Emily Zitek의 연구에서는 참가자들이 가상의 페이스북 구직 페이지를 통해 지원자의 혼인 상태 정보를 알고 나면 결혼한 여자 지원자가 독신 여자 지원자만큼 열심히 일하지 않을 거라고 판단하거나 어려운 자리에 적합하지 않다고 평가하는 것으로 나타났다.[34]

결혼 여부로 취업이 결정돼서는 안 된다는 주장에는 누구나 동의할 것이다. 하지만 명시적이든 암묵적이든 채용 결정에서 결혼 여부가 어느 정도 영향을 미친다. 그래서 각자의 선택에 따라 이런 정보를 밝히지 않게 해주는 법적 보호 장치가 있다. 면접에서 결혼, 임신, 종교, 정신 건강과 같은 사적인 정보를 물으면 안 된다. 질문 자체가 불법이라서가 아니라 이런 질문에 대한 지원자의 답변이 채용 과정에서 지원자에게 불리하게 작용할 가능성이 있기 때문이다.[35] 면접관은 지원자가 임신한 사실을 모르는 편이 낫다. 그래야 채용을 결정하는 데 영향 받을 요소를 미리 제거할 수 있기 때문이다.

모르는 것이 최선이라면 애초에 물어보지 않는 것이 제일 좋다는 뜻이다. 하지만 (나를 포함해) 많은 사람이 자주 실수하는 영역이다. 요청을 거절하거나 질문에 답하지 않는 것이, 특히 그것이 고용주의 질문일 때는 얼마나 어려운지 쉽게 잊는다. 병원 수련의 프로그램 지원자를 대상으로 한 연구에서는 66퍼센트(응답자 약 11,000명 중 7,000명 이상)가 면접에서 위법의 소지가 있는 질문을 받은 적이 있다고 보고했다.[36] 53퍼센트인 5,700명 이상은 면접에서 결혼에 관한 질문을 받았고, 24퍼센트인 2,500명 이상은 자녀가 있는지, 자녀 계획이 있는지 질문을 받았다고 답했다. 당연하게도 이런 질문은 남자보다 여자에게 향할 가능성이 크다. 그리고 면접자들은 나이, 종교, 성적 지향에 관해서도 질문을 받은 적이 있다고 말했다. 모두 법적으로 보호받는 정보이므로 고용주는 이런 정보를 기준으로 채용 결정을 내릴 수 없다. 하지만 앞서 보았듯이 이런 정보를 고용주가 알면 좋은 쪽으로든 나쁜 쪽으로든 지원자를 판단하는 데 영향을 받게 된다.

취업 면접자에게 조언하는 기사에서는 이런 질문을 받으면 "정중하게 답변을 거절하라"라고 조언한다.[37] 좋은 조언이다. 이론상으로는. 하지만 이제 독자 여러분도 짐작하겠지만 연구 결과, 이런 질문에 대한 답변을 거부하는 것은 생각보다 훨씬 어려운 것으로 나타났다. 앞 장에서도 보았듯이 여자들은 면접관에게 부적절한 성적 질문을 받으면 불편하고 두려워서 답변을 거부하지 못했다. 결혼 여부나 자녀 계획 등 민감한 개인적 질문에 '정중하게 답하지 않는' 것도 채용 과정에서 불이익을 얻을 수 있기 때문에 역시나 어렵다.

하지만 불리한 측면을 다루기 전에 사람들이 민감한 개인적 질문에 의외로 많이 답하는 현상이 지닌 긍정적인 측면부터 알아보자. 사실 동료와 이웃, 그 밖에 모든 지인은 우리가 그들의 사생활과 신념에 관해 궁금해하는 질문에 선뜻 답해줄 가능성이 크다. 그리고 이런 걸 묻는다고 우리를 나쁘게 보지는 않는다. 서로 더 가까워질 기회가 될 수도 있다.

에이나브 하트Einav Hart의 연구팀은 일련의 연구에서 참가자들을 대상으로 처음 보는 다른 참가자들에게 민감하지 않은 질문("팝 음악을 어떻게 생각하세요?"와 "몇 시간 일하세요?")을 던질지, 아니면 민감한 질문("낙태를 어떻게 생각하세요?"와 "월급이 얼마예요?")을 던질지 고르게 했다. 참가자들은 민감하지 않은 질문을 훨씬 많이 선택했다. 사람들은 민감한 질문에 답하는 것을 싫어하고 그런 질문을 한 사람을 안 좋게 볼 거라고 생각하기 때문이다. 하지만 실제로 사람들은 의외로 민감한 질문에 답하는 것을 꺼리지 않았고 민감한 질문을 던진 사람을 예상 만큼 나쁘게 보지도 않았다.[38]

누구나 직장 동료와 지인들의 사생활에 관해 궁금해할 테니 좋은 소식이다. 그리고 자기 노출과 관계의 친밀도에 관한 오랜 연구에서도 내가 먼저 사적인 질문을 하면 상대도 사적인 질문을 해서 서로가 서로에게 노출되고, 그러면서 관계도 더 깊고 충만해지는 것으로 나타났다.[39]

이 연구는 사람들에게 사적인 질문을 더 많이 해도 된다고 제안하는 듯하다. 실제로 주변 사람들과 친밀한 관계를 쌓는 것이 중요하다면 올바른 제안일 것이다. 하지만 객관적 판단으로 중요한 결과를 내야 하는 경우라면 얘기가 복잡해진다. 앞에서 거듭 설명했듯 사람들에게서 어떤 반응을 끌어내는 우리의 능력이 과소평가되어 있고, 이런 능력을 더 많이 활용해야 하는 상황도 있지만 자제해야 하는 상황도 있기 때문이다.

다시 취업 면접 상황으로 돌아가보자. 많은 사람이 (특히 정식으로 인사와 관련된 교육을 받지 않고 면접을 진행하는 경우) 어색한 분위기를 풀기 위해 면접자에게 자녀에 관해 묻거나 배우자가 무슨 일을 하는지 묻는 실수를 저지른다. 그리고 면접자도 이런 질문에 솔직하게 답한다. 앞서 보았듯이 사람들은 어느 정도는 서로 사생활에 관해 대화하는 것을 좋아하기 때문이다. 사적인 내용 공개는 친밀한 관계를 형성하는 수단이고, 면접에서도 무시하기 어려운 과정이다. 하지만 연구에 따르면 면접자들은 앞에서 설명한 것과 같은 이유로 개인적 질문에 답하는 것을 불편해하면서도 답한다. 우리는 남들(특히 일자리를 제안할 정도로 중요한 책임을 진 사람)의 기분을 상하게 하고 싶지 않다. 게다가 질문에 답하지 않겠다고 하면 그 질문을 던진 면접관의 무신경한 태도를 지적하는 것처럼 보일 수 있다. 면접자들은 대체로 면접관과 이런 어색한 관계를 만들고 싶어 하지 않는다.

따라서 대다수는 면접에서 개인적 질문에 답하기로 선택한다. 군이 밝히고 싶지 않은 사생활이 공개되더라도 말이다. 조직행동 연구자 캐서린 시어Catherine Shea와 수니타 사흐Sunita Sah, 애슐리 마틴Ashley Martin이 진행한 연구에서 면접자의 83퍼센트가 사적인 질문에 답해야 한다는 부담을 느끼는 것으로 나타났다.[40] 이 연구에 따르면 면접관들은 이런 사적인 질문을 면접자가 어떤 사람인지 알아보기 위한 질문으로 생각한 반면, 면접자는 이를 차별적인 질문으로 받아들이는 경향이 높았다. 이에 시어와 동료들은 사적인 질문이 면접자와 고용주 모두에게 부정적인 결과를 준다고 판단했다. 앞의 연구에서 결혼 여부와 가족관계와 같은 사적인 질문을 받은 면접자는 일자리 제안을 덜 받았다. 그러면 일자리를 제안받은 면접자는 어땠을까? 그 일자리를 받아들일 가능성이 적었다. 앞서 소개한 수련의 프로그램 지원자들과 함께한 설문 조사에서는 면접장에서 사적인 정보에 관해 질문을 받은 지원자의 상당수가 불쾌감을 안겨준 프로그램을 우선 순위에서 떨어뜨리는 것으로 나타났다. 따라서 면접자만 손해를 보는 것이 아니라 면접관도 손해를 본다.

돌리 추그Dolly Chugh는 저서 『상처 줄 생각은 없었어The Person

You Mean to Be』에서 사람들은 대체로 좋은 사람이 되고 싶어 한다고 말한다.[41] 우리는 취업 면접에서 지원자를 차별하고 싶지 않다. 고용 차별로부터 보호해주는 규칙도 준수하려고 노력한다. 또 사람들과 소통하고 싶어 한담을 나누다 오히려 어색해질 수 있다는 것도 알기 때문에, 사적인 질문을 던지며 꼭 답하지 않아도 된다고 덧붙이기도 한다. "아이는 있습니까? 필요한 질문은 아니니 꼭 대답하실 필요는 없습니다." 하지만 면접자는 당연히 질문에 답하지 않아도 된다고 생각할 수 없다. 그래서 대답한다. 불편하게. 이런 질문이 상대에게 압박감을 준다는 사실을 알아채지 못해서 결국 지원자와 고용주 모두에게 안 좋은 영향을 줄 뿐 아니라 넓게는 직장의 다양성과 대표성에도 영향을 미칠 수 있다.

간혹 면접이나 회의에서 서로 가족에 관해 물으며 가벼운 대화를 나눈다. 물론 처음 만난 사이에는 그러면 안 될 때가 있다. 또 때로는 잠시 대화가 끊기고 어색하게 침묵이 흐르는 사이 '실없는 소리'로 채우기도 한다. 알고 보면 우리는 (진실과 무관하게) 머릿속에 떠오르는 대로 말한다. **무슨 말이라도** 해야 할 것 같아서 말하는 것이다. 이런 식의 한담도 상황을 복잡하게 만들 위험이 있으므로 좀 더 주의해야 한다. 다음으로 이 헛소리에 대해 자세히 알아보자.

헛소리

'헛소리하기'는 프린스턴 대학교의 철학자 해리 프랭크퍼트 Harry Frankfurt가 정의한 설명에 따르면 진실성을 따지지 않고 나누는 대화다. 헛소리는 거짓말과 다르다. 거짓말은 적극적으로 신빙성을 떨어뜨리거나 진실에서 벗어나는 말이다. 그러나 헛소리하는 사람은 자기가 하는 말이 진실인지 아닌지 모르고, 관심도 없다. 그냥 입에서 나오는 대로 말한다.

누구나 헛소리를 한다. 프랭크퍼트는 이렇게 말한다. "우리 문화의 중요한 특징은 헛소리가 넘쳐난다는 것이다. 모두가 이걸 안다. 모두가 일조한다. 그리고 당연하게 받아들인다."[42] 프랭크퍼트가 이 말을 한 때는 1986년이었다.

우리가 헛소리하는 이유는 똑똑해 보이고 싶고, 침묵을 메우고 싶고, 모든 사안에 자신의 의견을 내야 한다고 생각하기 때문이다. 사회심리학자 존 페트로셀리 John Petrocelli는 특히 마지막 요소를 입증하기 위해 사람들이 어떤 주제에 의견을 내지 **않아도** 된다는 확신이 들면 어떻게 하는지 연구했다. 연구에서[43] 참가자들은 가상의 인물 짐에 관한 설명을 들었다. 짐은 시의회 선거에 출마해 여론 조사에서 크게 앞섰지만, 선거 한 달 전에 선거전에서 빠져나왔다. 연구자들은 참가자들에게 짐이 왜 중도에 하차했다고 생각하는지 물었다. 참가자들은 진실을 알 수 없으므로 어떤 의견을 내든 거의 헛소리인 셈이었다.

페트로셀리는 한 조건 그룹에는 빠져나갈 길을 터주면서 다음의 설명을 추가했다. "여러분의 의견을 꼭 말해야 하는 것은 아닙니다." 다른 조건의 참가자들에게는 이런 추가 설명을 제공하지 않았다. 그러고 나서 모든 조건의 참가자들에게 짐이 선거전에서 하차한 이유에 대해 말하게 했다.

참가자 누구도 의견을 반드시 말해야 한다는 지시를 받지는 않았다. 그런데도 모두가 의견을 말해야 한다는 의무감을 느꼈다. 실험자가 참가자들에게 짐의 결정에 대한 의견을 말할 때 증거의 진위나 정보의 정확성에 얼마나 관심이 있었는지 묻자, '의견을 꼭 말해야 하는 것은 아니다'라는 추가 설명을 듣지 못한 조건 그룹은 추가 설명을 들은 조건 그룹보다 진실과 무관한 의견을 많이 말했다고 답했다. 추가 설명을 듣지 못한 참가자들은 그들이 한 말의 44퍼센트(거의 절반)가 헛소리라고 답했고, 추가 설명을 들은 참가자들은 진술의 24퍼센트만 헛소리라고 답했다.

이 실험의 결과는 우리가 자신이 하는 말이 사실인지 아닌지 생각하지 않고 무언가를(무엇이든) 말한다는 점에서 중요하다. 어떤 사안에 대해 아는 게 없어서 의견을 말하지 못하겠다고 인정하고 입을 닫기보다는 그냥 아무 말이나 해버리는 것이다. 그런데 2장에서 보았듯이 깊이 생각하지 않고 내뱉는 말이 남들에게는 진실처럼 들릴 수 있다. 남들은 우리가 하는 말을 그렇게 꼼꼼히 분석해서 듣지 않는다. 불신하기보다 그냥 믿고 싶어 한다. 사실 무언가를 '믿지 않으려면' 진짜와 가짜를 판단하기 위한 노력이 필요하다. 그래서 헛소리와 거짓 정보가 쉽게 퍼져나가는 것이다.

SNS에서는 상황이 더 심각하다. 우리는 온라인에서도 '현실'에서 하듯 헛소리를 소비하기도 하고 전파하기도 한다. 두 역할을 모두 수행하면서, 심리학자 고든 페니쿡Gordon Pennycook과 동료들의 지적처럼 이런저런 실수를 저지르며 거짓 정보를 퍼트리는 데 일조한다. 우리는 정보를 소비하면서 헛소리를 보면 바로 알아챌 수 있다고 자신한다.[44] 하지만 기본적으로 우리는 보이고 들리는 대로 믿으려 한다. 못 미더운 상대에게서 나오거나 평소의 신념에 정면으로 도전하는 정보만 아니라면 말이다. 따라서 온라인에서 접하는 정보를 모두 믿지는 않겠지만, 대개 진실한 정보인지 의심하기보다 거짓 정보에 속아 넘어가기 쉽다.[45]

우리는 이렇게 헛소리와 거짓 정보를 퍼트리면서 두 번째로 큰 실수를 저지른다. 온라인에서 진실한 정보와 거짓 정보를 제대로 파악하지 못하면서도 두 정보에 다른 반응을 보이는 것이다. 진실한 정보보다 거짓 정보를 더 공유하고 리트윗하고 '좋아요'를 눌러서 주변에 퍼트린다. 그 결과 SNS에서는 거짓 정보가 더 멀리, 더 빠르게 퍼져나간다. 메사추세츠 공과대학교MIT 연구자 소루시 보수기Soroush Vosoughi와 뎁 로이Deb Roy, 시난 아랄Sinan Aral은 2006년에서 2017년까지 트위터에서 퍼져나간 거짓 소문을 연구하여 일부 거짓 정보는 1,000명에서 100,000명까지 전파되는 데 비해 진실한 정보는 1,000명에게 전달되기도 어렵다는 결과를 얻었다. 그리고 연구자들은 두 유형의 정보가 1,500명에게 얼마나 빨리 전파되는지 추적하여 거짓 정보가 진실한 정보보다 6배 빨리 퍼져나간다는 결과를 확인했다.[46]

가짜 뉴스의 어떤 특성이 이렇게 거짓 정보를 들불처럼 빠르게 번지게 할까? 특히 애초에 진실과 거짓을 구별할 수 없는 정보가 더 잘 퍼져나가는 이유는 무엇일까? 연구자들은 빠른 전파에 어떤 속성이 작용하는지 알아본 후, 가짜 뉴스가 더 새롭고 자극적이라서 진실한 정보보다 놀라움과 두려움, 역겨움의 감정을 더 많이 끌어낸다는 특징을 발견했다. 한마디로 진위를 의심하게 만드는 요인(놀라움이나 충격) 때문에 가짜 뉴스를 공유할 수밖에 없다는 것이다.

거짓 정보와 진실한 정보 사이에 이렇게 뚜렷한 차이가 있다면 역으로 이런 차이를 기준으로 정보의 진실성을 판단할 수 있다. 연구에서는 여유를 갖고 찬찬히 정보를 분석하면 거짓 정보를 제대로 알아챌 수 있는 것으로 나타났다.[47] 하지만 우리가 SNS에서 짧은 시간 동안 접하는 정보의 양을 생각하면 모든 정보를 신중히 검토하는 것이 불가능하다.

그래서 우리는 충격적이거나 자극적인 정보에 '좋아요'를 누르고 리트윗하고 공유한다. 그리고 뭔가에 이끌리듯 공유하게 되는 정보는 거짓 정보일 가능성이 크다. 따라서 잘못된 정보를 퍼트리는 책임은 모두에게 돌아간다. 하지만 이런 의문이 들 것이다. 나는 얼마나 책임져야 하지? 아니, 누가 내 SNS에 관심이나 있을까? 사실 우리가 생각하는 수준보다 많은 사람이 우리의 SNS에 관심을 보인다.

1장에서 우리는 지하철을 타거나 점심을 먹으러 나갈 때 투명 망토를 쓰고 돌아다니는 양 우리에게 눈길을 주는 사람의 수를 매우 적게 생각한다고 말했다. 사실 온라인에도 우리가 인지하지 못하지만 '보이지 않는 청중'이 있다. 스탠퍼드 대학교의 연구자들은 페이스북 연구자들과 함께 페이스북 사용자들이 SNS 청중의 규모를 실제와 어떻게 다르게 지각하는지 알아보았다. 컴퓨터과학 교수 마이클 번스타인Michael Bernstein이 이끄는 이 연구팀은 페이스북에서 활발하게 활동하는 사용자 589명을 대상으로 설문 조사를 실시하여 최근에 페이스북에 올린 게시물을 몇 명이나 보았을 것 같은지 물었다. 다음으로 페이스북 사용자 222,000명을 대상으로 해당 게시물을 본 사람의 수를 확인했다. 결과적으로 페이스북 사용자들은 자신이 올린 게시물을 본 사람의 수를 상당히 과소평가하면서 전체 청중을 실제 규모의 27퍼센트로 추정했다.[48] 페이스북 사용자들은 친구 수와 게시물에 달린 '좋아요' 그리고 댓글 수를 기준으로 청중의 규모를 추정하면서 "이 게시물을 보는 사람의 절반 정도가 '좋아요'를 누르거나 댓글을 단다"라고 생각하거나 "나를 보는 사람의 수는 내 뉴스피드에 나타나는 사람과 같다"라고 가정했다. 하지만 사실 친구 수나 '좋아요' 그리고 댓글과 같은 표시가 우리의 게시물을 보는 사람의 실제 수치를 보여주지는 않는다. 이 연구의 참가자들은 최근에 올린 게시물이 약 20명에게 도달했을 것으로 추정했다. 하지만 실제로 게시물을 보고도 흔적을 남기지 않은 '보이지 않는 청중'은 78명으로 세 배 이상 많았다.

이렇게 우리가 SNS에 정보를 올리거나 공유하거나 리트윗할 때 궁극적으로 그 정보를 접하는 청중은 우리가 생각하는 것보다 훨씬 많다. 따라서 정보가 거짓이라면 우리가 생각하는 것보다 훨씬 많은 사람을 우리가 잘못 인도하는 셈이다.

대다수는 잘못된 정보를 퍼트리고 싶어 하지 않지만 의도치 않게 퍼트릴 수 있다. 무언가(무엇이든) 말해야 한다는 압박감에 이끌려 진위를 따지지 않거나, 입증되었지만 재미 없는 정보보다 충격적이고 혐오감을 주는 정보를 공유하려는 경향이 강하기 때문이다.

다시 3장의 핵심으로 돌아가보자. 어떤 사안에 대해 강한 의견이 있다면 완벽하게 표현할 수 있을지 고민하지 말고 일단 말해야 한다. 사람들은 우리가 생각하는 것보다 우리를 덜 판단하고 더 믿어주려 한다. 그러나 인간관계에서 이런 방식은 당신을 안심시키고 용기나게 할 수는 있지만, 주의하지 않으면 거짓 정보를 퍼트리는 결과를 낳을 수도 있다. 따라서 딱히 할 말이 없으면 말하지 않아도 된다. 모든 일에 의견을 낼 필요는 없다. 헛소리는 의도치 않은 결과를 낳을 수 있다.

자신의 영향력을
과소평가하는 성향의 그늘

이 책은 (좋은 쪽으로든 나쁜 쪽으로든) 자신의 영향력을 과소평가하는 우리의 성향에 중점을 둔다. 이 장에서는 우리가 우리의 영향력을 인지하지 못했을 때 발생하는 '나쁜 측면'들을 제시했다. 앞에서 우리의 무해한 도움 요청에 사람들이 "노"라고 답하는 것을 얼마나 어려워하는지 이야기하면서, 그 심리를 알아채지 못하는 우리의 성향도 알아보았다. 그리고 다른 유형의 요청, 가령 타인의 감정에 무지하고 부적절하며 비윤리적이기까지 한 요청에 "노"라고 답하는 것이 얼마나 어려운지에 대해 우리가 잘 모르고 있다는 점도 알아보았다. 또 우리의 간절한 주장을 경청하고 믿어줄 사람의 수를 우리가 얼마나 과소평가하는지 알아보았듯이, 우리의 헛소리를 듣고 그대로 믿을 사람의 수를 얼마나 과소평가하는지도 알아보았다.

하비 웨인스타인처럼 누가 봐도 악한 사람도 있지만 대다수는 그저 남에게 미치는 자신의 영향력을 인지하지 못할 뿐이다. 남들을 불편하게 만들면서도 그러는 줄 모를 수 있다. 윤리적으로 문제가 될 만한 사안을 타인에게 검토해보라고 (그저 농담으로라도) 제안하거나, 친구에게 퇴근하고 술 마시러 가자고 부담을 주거나, '일단 도전해보기' 식으로 나한테 관심도 없는 동료에게 접근해 데이트를 신청할 수도 있다. 이렇게 할 수 있는 이유는 상대가 불편하다고 느끼면 그냥 무시하거나 반박하거나 "노"라고 편하게 말할 거라고 가정하기 때문이다. 하지만 이제는 그렇지 않다는 것을 알 것이다.

따라서 우리가 남들에게 미치는 영향을 낮게 판단하는 성향에는 그늘이 있다. 아무도 듣지 않는다고 생각하면 나쁜 생각과 부적절한 요청 그리고 헛소리를 세상에 퍼트리면서 남들이 알아서 나쁜 생각을 거부하고, 부적절한 접근을 뿌리치고, 헛소리를 걸러낼 거라고 (잘못) 가정할 수 있다. 우리의 제안이 불편하면 불편하다고 말하고 거부할 수 있다며 그 책임을 상대에게 떠넘기고, 우리의 말과 행동에 대한 책임을 축소하려 한다. 현대사회에서 흔히 나타나는 각종 병폐와 관련된 현상들이다. 잘못된 정보와 성희롱, 인종차별, 조직의 위법 행위, 그 밖에 온갖 문제와 싸우려면 우리 또한 이런 상황이 지속되고 용납되는 데 일조했던 점을 자각하고 각자의 영향력을 스스로 책임져야 한다.

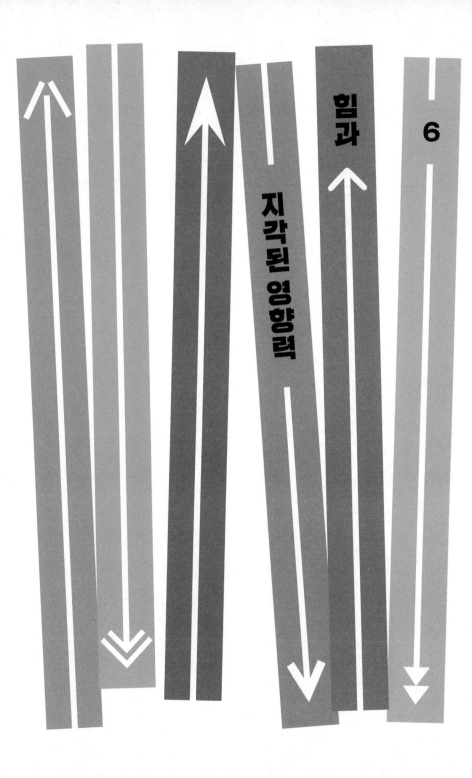

힘과 지각된 영향력

6

나는 브라운 대학교 학부생일 때 특이한 여름 아르바이트에 지원해 수면 연구실에서 실습생으로 일한 적이 있다. 연구실 책임자인 메리 카스카던Mary Carskadon은 생체리듬circadian rhythm, 즉 우리 몸의 생체 시계를 연구했다. 특히 나이가 들수록 생체 시계가 어떻게 변화하는지 연구했다.

카스카던이 이 질문을 연구하기 위해 사용한 방법은 다소 기이해 보인다(피학적으로 보일 수도 있다). 하지만 이 연구는 여러 가지 좋은 성과를 냈다. 예를 들어 청소년 자녀를 건강한 시간에 재우고 아침에 일찍 깨워서 학교에 보내기 어려운 이유는 실제로 사춘기에는 생체 시계가 달라져서 피로를 느끼는 시간이 늦어지기 때문이라고 밝혀졌다. 그런데 이런 생물학적 변화는 청소년의 세계가 돌아가는 방식(오전 7시 30분 등교)과 정반대 방향으로 진행된다. 카스카던의 연구 결과가 발표되자 일부 학교에서는 등교 시간을 늦추는 등 청소년의 건강과 학습에 유익한 방법을 모색했다.[1]

그런데 생체리듬 연구에는 햇빛이나 식사 시간처럼 몸속의 생체 시계에 영향을 미치는 외부의 단서가 많다는 제약이 있다. 가령 시계를 보고 새벽 1시인 것을 확인하기만 해도 갑자기 피곤해질 수 있다. 따라서 **내면의** 생체 시계를 연구하고 싶다면 **외부** 요인을 모두 제거해야 한다. 그래서 나의 여름 아르바이트가 특이해진 것이다.

내가 실습생으로 참여한 실험은 카스카던 수면 연구소의 지하 실험실에서만 진행했다. 몇 시인지(며칠인지) 알려주는 외부의 모든 단서를 제거해야 했기 때문이다. 우리 실습생들은 손목시계를 착용할 수 없었다. 시계를 차더라도 뒤집어 차서 참가자들이 우연히라도 시간을 알지 못하게 했다. 햇빛도 들어오지 않았다. 실내의 빛도 적었다. 조도를 20룩스 정도로 낮게 유지해서 실험실에 들어갈 때는 눈이 어둠에 적응하도록 잠시 기다려야 겨우 보이는 정도였다.[2] 참가자들에게는 두 시간마다 같은 종류로 소량의 식단을 제공해서 아침 식사로 하루의 시간대를 가늠하지 못하게 했다.

이쯤 해서 이런 의문이 들 수 있다. 이런 환경에서 얼마간이라도 지내기로 동의한 참가자들은 대체 어떤 사람들일까? 카스카던의 관심사는 사춘기에 일어나는 생물학적 변화였기 때문에 참가자들은 모두 아이들이었다. 특히 10세에서 15세 사이의 아이들이었다. 그래서 사춘기에 이르지 않은 아동과 사춘기 청소년의 생체 시계를 비교할 수 있었다.

사실 이 아이들은 지하 실험실에서 2주간 지내는 '여름 수면 캠프'에 참여하고 있었다. 다들 최악의 캠프라고 생각하겠지만 사실 아이들은 보통의 캠프에서 하는 활동을 했다. 예술과 공예 활동을 하고, 영화를 보고, 게임을 하고, 책을 읽었다. 다만 모든 활동을 어둠 속에서 했다. 게다가 모두가 머리에 전극을 부착하고, 체온을 측정하고, 반응 시간 검사를 받고, 두 시간에 한 번씩 시험관에 침을 뱉었다.

나는 어린 참가자들(비정상적 조건에서 2주 내내 어두운 지하실에 틀어박혀 있을 사춘기 전후의 아이들)을 감독하기 위해 준비하면서 그들의 혼돈과 반항에 대비해 마음을 단단히 먹었다. 우리(나와 모든 대학생 실습생)는 실험실을 어떻게 통제할지 고민했다. 아이들은 온종일 갖가지 성가신 과제를 반복해서 수행했다. 멜라토닌 생성과 수면 수준과 같은 데이터를 수집하기 위해서였다. 아이들에게 이런 활동을 시키려면 어떻게 해야 할까? 나는 아이들을 어르고 다그쳐야 정해진 시간에 검사를 받고 음식을 먹고 잠을 자게 할 수 있을 줄 알았다.

하지만 실험이 진행되는 동안 카스카던과 함께 아이들의 심리 건강을 책임지기 위해 합류한 아동심리학자가 내 생각을 완전히 바꿔놓았다. 두 연구자는 우리가 실험을 진행하는 동안 이렇게 말했다. 아이들은 여러분이 시키는 대로 할 것이다. 아이들은 스스로 뭘 해야 할시 모르고, 잘못된 행동을 하면 문제가 생길까 봐 걱정하고, 여러분이 뭘 해야 할지 말해주기를 기대할 것이다. 불편한 문제가 생기더라도(머리에 전극을 부착할 때 머리카락이 뽑히거나 일부 절차나 검사가 무섭더라도) 여러분에게 알리거나 불평하지 않고 그냥 시키는 대로 따를 것이다.

사실 카스카던의 연구팀은 우리 실습생들이 어린 참가자들을 통제할 수 있을지에 대해서는 걱정하지 않았다. 그보다 우리가 이미 가진 통제력을 깨닫기를 바랐다. 우리가 할 일은 우리가 이미 가진 힘과 영향력에 책임을 지고 함부로 남용하지 않고, 우리가 시키려는(그리고 아이들이 동의할 수밖에 없는) 온갖 성가신 과제를 아이들이 편안하게 따르도록 이끄는 것이었다.

나는 연구자들의 말을 듣고 얼마 안 가서 무슨 뜻인지 알았다. 긴장하고 불안한 아이들은 무엇을 시키든 다 따를 것 같았다. 그런데 나는 왜 진즉에 알아채지 못했을까? 나는 왜 상대적으로 더 많은 힘을 가지고 이런 상황에 들어가는 것이 어떤 의미인지 모른 채 새로 영향력을 얻고 유지할 방법만 찾으려 했을까? 이 장에서는 권력을 가지면 남에게 미치는 영향에 대한 생각이 어떻게 달라지는지 알아보겠다.

권력은 흔히 남에게 영향을 미치는 능력으로 정의된다. 따라서 권력을 가진 사람(리더의 지위에 있는 사람, 즉 다른 사람들의 결과에 중대한 영향을 미치는 사람)이라면 남에게 미치는 자신의 영향력을 정확히 알 거라고 생각할 수 있다. 하지만 실제로 권력을 가지면 자신의 말과 행동이 남에게 미치는 영향을 **더** 과소평가하게 된다. 다시 말해 남에게 가장 많은 영향을 미치는 사람일수록 자신의 영향력에 더 무지할 수 있다. 이런 편향적 사고는 스포츠 감독이나 감독관, CEO처럼 리더의 자리에 있는 사람이 다른 사람들에게 요구해도 되는 선을 넘을 때 특히 문제가 된다.

옷 벗기
벌칙 게임

조쉬 샌크스Josh Sankes는 4.5킬로그램에 58센티미터로 크게 태어나면서 산소 부족으로 가벼운 뇌성마비를 앓았다.[3] 어릴 때 수술을 받은 후 다리에는 보조기를 차고 손도 계속 떨었지만 다행히 216센티미터에 115킬로그램으로 건장하게 자라서 뉴욕 버팔로 교외의 한 고등학교에서 스타 농구선수가 되었다. 주니어부에 있던 그는 듀크 대학교의 유명 농구 감독 마이크 시셰프스키Mike Krzyzewski에게 입단 제의를 받았다. 이듬해에는 웨이크포레스트 대학교, 펜실베이니아 주립대학교, 럿거스 대학교를 비롯한 여러 대학 농구팀에서 스카우트 제의를 받았다.[4] 존 파인스타인John Feinstein은 『마지막 아마추어*The Last Amateurs: Playing for Glory and Honor in Division I College Basketball*』에서 샌크스에 관해 이렇게 적었다. "그는 밥 웬즐 감독도 좋아하고 빅이스트$^{Big East}$에서 뛰는 것도 좋아 했다." 이는 한동안은 좋은 결정으로 보였다.

하지만 샌크스가 럿거스 대학교에서 첫 시즌을 시작한 후 이틀 만에 웬즐 감독이 경질되고 케빈 배넌 감독으로 교체되었다. 처음에는 샌크스도 새 감독을 맞게 되어 들떴다. 배넌도 그를 마음에 들어 하고 서로 잘 맞을 것 같았다. 하지만 얼마 안 가 상황이 돌변했다.

웬즐이 경질된 건 팀의 성적이 부진해서였다. 그래서 배넌은 상황을 반전시키기로 했다. 고강도 훈련과 체력 단련을 지시하고 선수들에게 크레아틴이라는 근육 강화 보조제까지 먹였다. 그는 선수들을 가차 없이 밀어붙였고, 선수들은 시키는 대로 따르다 쓰러지기까지 했다.[5]

선수들이 겨울 방학을 마치고 돌아온 어느 날, 배넌은 자유투 실력을 기르는 새로운 훈련법(일반적인 기준에서 한참 벗어난 방법)을 시도했다. '자유투 스트립쇼'라고 불리는 그 훈련은 선수들이 자유투를 놓칠 때마다 옷을 하나씩 벗는 시합이었다. 긴장하면 손 떨림이 심해지던 샌크스는 자유투 시합에서 고전했다. 파인스타인은 이렇게 적었다. "자유투 시합이 끝나고 샌크스와 얼 존슨이라는 다른 선수가 다 벗은 채로 매니저 둘과 함께 단거리를 뛰었고, 다른 선수와 코치 들이 이를 구경했다."[6]

샌크스는 "모멸감과 치욕을 느꼈고",[7] 그때를 "인생 최악의 순간"이라고 말했다.[8] 『뉴욕타임스』에서는 "그가 그 럿거스 사

188

건 이후 궤양을 앓았고, 그 일이 세상에 공개될 경우 따라올 조롱을 두려워했다"[9]라고 적었다. 샌크스는 이 사건으로 얼 존슨과 함께 럿거스를 떠났다. 둘 다 다른 디비전 1팀에서 뛰었고, 결국 둘 다 각자의 새 팀을 NCAA(전미대학스포츠협회) 토너먼트에 진출시켰다.[10] 두 선수는 럿거스를 떠난 뒤 배넌 감독과 코치를 성희롱으로 고소했다.[11]

언론에 대대적으로 다뤄진 이 법적 공방에서 양측이 내세운 주장에는 권력 관계가 어떻게 작동하는지 드러났다. 무엇보다 권력을 가진 사람은 그의 힘이 남에게 미치는 영향을 전혀 모른다는 사실이 드러났다.

배넌은 스트립 훈련을 변론하기 위해 "가벼운 재미를 주기 위해 시도한 방법이었다"라고 말하면서 "누구에게도 옷을 벗으라거나 뛰라고 강요하지는 않았다"라고 진술했다.[12] 그리고 그 시합은 전적으로 자발적이었다고 말하면서 그가 선수들에게 미치는 막강한 영향력을 전혀 인지하지 못하는 듯한 태도를 보여주었다. 배넌은 NCAA 디비전 1팀 감독으로서 평생 디비전 1팀에서 뛰는 것을 꿈꿔온 선수들에게 럿거스 대학교의 정식 훈련을 진행하는 자리에 있었다. 게다가 이미 선수들이 그의 명령을 어디까지 따르며 순응하는지도 확인했다. 실제로 샌크스는 이전에도 배넌이 명령한 극한의 체력 훈련을 마치고 나흘간 입원했었다.[13]

그는 배넌이 '옷 벗기 게임' 같은 훈련을 '선택'할 수 있는 문제로 생각했다는 말을 듣고 이렇게 반박했다. "선택이라고요? 그걸 어떻게 선택이라고 말할 수 있죠? 선택이라면 누가 그딴 걸 하고 싶겠어요? 감독이 시키면 선택의 여지가 없는 겁니다."[14]

선수들이 이러한 상황에서 선택권이 없다고 느낀 것은 분명해 보인다. 그런데 배넌은 어떻게 그 문제를 전혀 모를 수 있었을까?

결정은
네 몫

권력을 가진 자리에 오르면 다른 사람들에게 다양한 방식으로 영향을 미친다. 하지만 권력에는 힘 있는 사람이 남에게 미치는 자신의 영향을 자각하지 못하게 만드는 두 가지 특성이 있다. 첫째, 일단 권력을 가지면 타인의 관점에서 생각하려는 노력을 덜 한다. 썩 바람직하지 않은 태도로 보이지만 현실이 그렇다. 권력을 가진 사람에게는 타인의 머릿속에 들어가 보는 노력이 그렇게 절실하지 않기 때문이다. 어차피 힘을 가진 사람이 자기보다 약한 사람에게 의존하는 정도는 그 반대만큼 크지 않다.[15]

이런 권력의 특성을 입증하는 중요한 연구가 있다. 사회심리학자 애덤 갤린스키Adam Galinsky와 동료들은 참가자들을 무작위로 나누어 남에게 권력을 행사한 경험을 적어보게 하거나('힘이 강한' 조건) 누군가가 자신에게 권력을 행사한 경험을 적어보게 했다('힘이 약한' 조건).[16] 이처럼 힘이 강한 입장의 관점이나 힘이 약한 입장의 관점에서 각자의 경험을 떠올리게 한 뒤 모든 참가자에게 두 가지 과제를 '협응력 과제'로 위장해서 수행하게 했다. 우선 손가락을 최대한 빠르게 다섯 번 튕기게 했다. 다음으로 매직펜을 들고 이마에 'E'를 써보라고 했다. 연구자들이 관심을 가진 부분은 참가자들이 'E'를 어떻게 쓰는지였다. 남들이 읽을 수 있도록 'E'를 바깥 방향으로 적을까? 아니면 자기가 읽을 수 있게 'E'를 안쪽 방향으로 적을까?

결과적으로 힘이 강한 조건에서는 'E'를 자기가 볼 수 있게 안쪽으로 향하게 적는 비율이 힘이 약한 조건보다 세 배 가까이 높았다. 말하자면 힘이 센 자리에 있던 경험을 회상하면 다른 사람들이 보는 관점(E가 다른 사람에게 어떻게 보일지)을 덜 생각하는 것이다.

규모가 작은 연구라서 사례의 개별적 효과는 확인할 수 있어도 명확한 결론을 내리기는 어려웠다. 하지만 권력과 관점 수용 사이의 관계를 입증한 연구는 많다.[17] 힘을 가진 자리에서는 남들이 우리의 말과 행동을 어떻게 받아들일지 진지하게 고려하지 않는다는 점을 여러 연구에서 확인할 수 있다. 권력을 가진 자리에 있을수록(남들이 우리의 행동을 어떻게 해석할지 가장 **적게** 고려할 때) 우리의 행동과 말이 타인에게 가장 **크게** 영향을 미친다는 점에서 통찰력 있는 발견이다.

다만 항상 그런 것은 아니라는 점도 짚어둘 필요가 있다. 갤린스키의 연구는 우리가 자신이 지닌 강력한 힘을 자각하면 남들의 관점을 무시하게 된다는 결과를 보여준다. 그러나 그렇지 않을 때도 있다. 연구에 따라 이런 효과가 나타나기도 하고 나타나지 않기도 하는 이유를 살펴본 연구자들은 중재 요인의 가능성을 꼽았다. 무엇보다도 애초에 타인을 생각하는 성향을 가진 사람이 (친사회적이거나 공동체 지향적인 개인적인 요인 때문이든, 효과적인 리더십을 위해서는 다른 사람들의 관점을 알아야 한다고 명확한 지시를 받는 등의 상황적 요인 때문이든) 권력을 가지면 다른 사람들의 관점을 더 알고 싶어 한다.[18] 친사회성의 렌즈로 권력을 보는 사람은 권력이 주는 기회만 보지 않고 권력에 따르는 책임에 주목할 가능성이 더 크다.[19] 우선 여기서는 권력이 타인의 관점을 간과하게 만드는 특성에 주목하겠지만 이 장의 마지막에서는 권력을 책임으로 생각하는 태도에 관해 알아보겠다.

대개 권력의 첫 번째 기능은 남들의 관점을 무시하게 만드는 것이다. 그리고 두 번째 기능은 심리학에서 말하는 '상황의 압박'을 축소하여 우리의 다양한 행동에 영향을 미치는 환경적·사회적 요인을 회피하게 해주는 것이다. 따라서 힘을 가진 사람들은 상황이 요구하거나 남들이 원하는 일이 아니라 **자신이** 원하는 일을 한다. 자유롭게 '개성 강한 사람'이 되어 집단의 의견과 사회적 규준을 무시하고 남들에게 어떻게 보일지 크게 걱정하지 않는다.

갤린스키와 연구자들은 이를 검증하기 위해 일련의 연구에서 앞서 설명한 권력의 작동 방식을 활용했다. 한 연구에서는 참가자들에게 그들이 권력을 행사한 경험이나 남들이 그들에게 권력을 행사한 경험을 떠올리게 한 뒤 창의성 과제를 주었다. 지구와 전혀 다른 행성에 가서 생명체를 발견하는 장면을 상상하는 과제였다. 그리고 생명체를 그려보라고 하면서 다른 참가자가 그렸다는 그림을 보여주었다. 다른 참가자의 그림 속 외계의 생명체는 날개를 달고 있었다. 연구자들은 얼마나 많은 참가자들이 다른 참가자의 그림에 영향을 받아 외계 생명체에 날개를 그려 넣는지 알아보고자 했다.[20]

결과적으로 힘이 약한 입장이었던 경험을 떠올린 참가자는 37퍼센트가 이전 참가자의 그림에서 본 특징을 모방해 외계 생명체에 날개를 그렸다. 하지만 힘이 센 입장이었던 경험을 떠올린 참가자는 11퍼센트만 외계 생명체에 날개를 그렸다. 스스로 힘이 세다는 느낌을 받은 참가자의 경우 타인의 생각에 영향을 적게 받았다는 뜻이다.

다른 연구에서도 같은 효과를 확인했다. 다만 측정 기준이 달랐다. 힘이 센 쪽이던 경험을 떠올린 뒤 길고 지루한 과제를 받은 참가자는 힘이 약한 쪽이던 경험을 떠올리고 같은 과제를 받은 참가자들보다 (다른 참가자들은 연구자에게 과제가 즐거웠다고 말했다는 것을 전해듣고도) 과제가 길고 지루했다고 말할 가능성이 컸다. 스스로 힘이 강하다고 느낀 참가자들은 주어진 과제에 대해 남의 의견을 따라갈 가능성이 적은 것이다.

　이처럼 권력을 가진 사람은 이 책에서 논의한 사회적 압력과 관심에 굴복해야 한다는 부담을 남보다 적게 느낀다. 달리와 라타네의 방관자 개입 연구에서 대기실에 연기가 가득 찼는데도 참가자들을 계속 의자에 붙어 앉아 있게 만든 '창피당할까 두려운 마음'을 예로 들어보자. 권력을 가지면 불확실한 상황에 앞에 나섰다가 당할 창피를 크게 염려하지 않는다. 그래서 바로 행동한다. 다른 유명한 연구에서 권력을 가진 조건에 배정된 실험 참가자는 그에게 직접 바람이 오도록 설정된 선풍기를 다른 쪽으로 옮길 가능성이 컸다.[21] 선풍기가 왜 거기에 놓여 있는지, 옮겨도 되는지는 알 수 없다. 하지만 힘이 세다고 느끼는 참가자는 그런 것까지 알아야 한다고 생각하지 않았다. 평가를 받거나 문제를 일으킬지에 대해 스트레스를 받지 않았다. 아무에게도 상황을 묻지 않고, 그냥 선풍기를 옮겼다.

　권력을 가진 입장일 때 우리는 더 자유롭게 원하는 대로 행동한다. 하지만 그게 다는 아니다. 자기가 하고 싶은 대로 행동할 수 있다고 느끼는 사람은 사실 남들도 원하는 대로 행동할 거라고 가정한다. 이단 인[Yidan Yin]과 크리슈나 사바니[Krishna Savani], 파멜라 스미스[Pamela Smith]가 수행한 연구에서 나타난 결과다. 그래서 권력을 가진 사람들은 남들이 실제보다 더 자유롭게 결정해 행동한다 전제하고, 실제로는 상대가 통제할 수 없는 상황을 떠넘기게 된다.

한 연구에서는 참가자들에게 종이에 적힌 몇 가지 상황을 읽게 했다. 예를 들어 친구가 교통체증으로 저녁 약속에 늦는 상황이나 동료가 위급 상황이 생겨 그룹 프로젝트에서 맡은 부분을 늦게 해오는 상황이었다. 힘이 센 역할이던 경험을 떠올린 뒤 이런 상황을 읽은 참가자는 상대가 불가피한 사정으로 늦어졌다고 분명히 말해도 상대에게 책임을 물을 가능성이 컸다.[22]

이와 같은 권력의 두 측면(관점을 수용하는 태도는 줄어들고, 남들도 각자 원하는 대로 할 거라고 가정하는 경향)으로 인해, 흔히 생각하는 것과 달리 권력을 가진 사람이 남들에게 미치는 자신의 영향력을 과소평가할 가능성이 커진다.

예를 들어 권력을 가진 당신은 직원에게 가볍거나 즉흥적인 제안이라면서 무언가를 제안하고 그 직원이 제안을 받아들이고 싶지 않으면 거부할 거라고 예상한다. 하지만 배넌 감독의 사례에서 보았듯이 권력을 가진 사람의 무심한 제안이 지위가 낮은 사람에게는 명령으로 들릴 수 있다. 혹은 애덤 갤린스키의 표현처럼 힘 있는 사람의 속삭임이 호통으로 들릴 수 있다.[23] 당신의 직원은 당신의 제안이 **사실은** 제안이 아니라고 생각할 수 있다. 하지만 당신은 이런 권력 관계의 특성을 모른 채 직원이 제안을 어떻게 받아들일지 깊이 생각하지 않는다. 당신의 세계관에서는 누구나 자기가 원하는 대로 남의 제안을 받아들이거나 거부할 수 있다. 당신이 그렇게 하기 때문이다. 그래서 당신은 당신의 '온화한' 제안이 사실 얼마나 강압적으로 표현되는지 모를 수 있다.

권력을 가진 사람이 남들에게 미치는 자신의 영향력을 어떻게 생각하는지 잘 보여주는 말이 있다. 영화 〈악마는 프라다를 입는다The Devil Wears Prada〉에 나온 말이다. 패션계의 거물이자 『보그Vogue』 편집장인 안나 윈투어Anna Wintour와 비슷한 인물로 등장하는 주인공인 『런웨이Runway』 패션지의 편집장 미란다 프리스틀리는 새 비서 앤디를 파리 출장에 데려가며 선배 비서의 뒤통수를 치게 만든다. "네가 가지 않으면 『런웨이』나 다른 패션지에서 진지하게 일할 생각이 없는 것으로 알게. 결정은 네 몫이야."[24] 이 대사에서 내가 좋아하는 부분은 마지막 한 마디다. **결정은 네 몫이다.** 결정은 앤디의 몫이 결코 아니다. 다른 방향으로 결정하면 패션계에서 진로가 불투명해질 거라고 하지 않았는가. 그러면서도 앤디에게 거절할 힘이 있다는 식으로 핑계를 댄 것이다.

다시 배넌 감독의 사례로 돌아가보자. 배넌 감독은 악명 높은 스트립 농구 훈련이 불편한 선수는 그냥 참가하지 않겠다고 말하면 된다고 생각했을 수 있다. 그가 가볍게 던진 제안이 선수들에게 어떻게 들릴지(꼭 참여해야 하는 감독의 명령으로 들릴 수 있을지) 생각하지 못했을 수 있다.

남에게 권력을 행사하는 자리에 있을 때는 상대가 우리에게 동의하지 않거나 우리의 제안을 거절하고 싶어도 그들에게 주어진 선택의 폭이 얼마나 좁은지 모를 수 있다. 미란다 프리스틀리 편집장이나 케빈 배넌 감독처럼 우리는 상대가 선택할 수 있는 제안을 한다고 생각하지만 상대는 전혀 그렇게 받아들이지 않을 수 있다. 따라서 권력을 가진 사람은 남에게 요구하는 일에 대해 늘 신중해야 한다. 그리고 권력을 가진 사람은 자신의 권력이 미치는 상대와 잠자리를 가지기 전에 상대방의 관점에서 다시 한번 고민해야 한다.

상사가 부하직원과
잠자리를 갖지 말아야 하는 이유

캘리포니아 하원에서 현직 공화당 의원을 떨어뜨리고 새로 당선된 민주당의 케이티 힐Katie Hill 의원은 채 1년도 안 된 2019년 10월 27일, '직원과의 합의된 관계'로 인해 그토록 갈망하던 의원직에서 내려오며 지지자들에게 큰 실망을 안겼다.[25] 2주 뒤에는 맥도널드의 CEO 스티브 이스터브룩Steve Easterbrook이 이사회에서 쫓겨나면서 맥도널드의 시가총액이 40억 달러나 증발했다.[26] 역시 '부하직원과의 합의된 관계' 때문이었다.*[27]

두 사건이 연이어 터지면서 많은 사람이 (세대와 정치 성향을 막론하고) 이런 식의 극단적인 조치가 과연 정당한지 의문을 제

---

*   이후 이스터브룩은 맥도널드에서 직원 여러 명과 연인 사이로 지낸 사실도 드러났다.

기했다. 이들의 관계에 무슨 문제가 있나? 서로 합의한 두 성인이 스스로 성생활을 결정할 수 있어야 하지 않나?

실제로 상사가 부하직원과 데이트할 수 없다는 개념과 그에 따른 공식 정책은 비교적 새로운 개념이다. 사람들은 오래전부터 상사와 부하직원 사이의 관계를 금하는 규정에 반대하면서도 두 성인이 다른 악의가 없다면 관계 안에서 권력 관계를 스스로 감당할 수 있어야 한다고 믿었다. 사생활 안에서 이루어지는 일과 관련해 선택할 자유를 제한하는 정책은 어떤 것이든 가부장적인 태도의 연장으로 보였다.[28] 이런 논리는 대학 강의실까지 이어졌다. 내가 일하는 대학에서도 2018년 이전에는 교수와 학생의 '합의된' 관계를 금하지 않았다.[29]

하지만 최근 들어 사람들은 직장과 강의실에서 발생하는 권력 관계가 성인들 사이의 '상호 합의된' 연애 관계에 어떤 영향을 미칠 수 있는지 진지하게 고민하기 시작했다. 이런 관계를 '합의된' 관계로 표현하고, 이렇게 '합의된'이라고 따옴표 안에 넣어 강조하는 이유는 어느 한쪽이 상대의 관심을 거절하거나, 관계에 문제를 일으키거나, 관계를 끝낼 때 상대보다 잃을 것이 훨씬 많다면 진정한 의미의 합의된 관계라고 보기 어렵기 때문이다.

STEM 분야에서 일하는 여자들이 어떻게 이런 식의 관계에 놓여 있는지 살펴본 책, 『랩 걸』에서 저자 호프 자런은 상대가 직업적으로 계속 주도권을 행사할 수 있는 위치에 있는 사람일 때 상대의 접근을 거절하는 것이 사실상 얼마나 어려운지 이야기한다. 자런은 STEM 연구실에서 일어나는 상사의 원치 않는 접근에 대해 대학원생들이 전형적으로 보이는 반응을 이렇게 설명한다. "그녀는 걱정한다. 그 사람을 내일 또 봐야 한다. 논문은 아직 완성되지 않았고, 그의 서명이 필요하다. 그가 서명해주지 않으면 어쩌지? 덜컥 겁이 난다. 거절하면 그 사람이 화를 낼까?"[30]

앞서 말했듯이 힘 있는 사람의 속삭임이 상대에게는 호통으로 들릴 수 있다. 결과적으로 힘이 센 쪽은 "자꾸만 당신 생각이 나요…."라고 순수하고 낭만적으로 고백하거나 "저녁 같이 먹을까요…?"라고 가볍게 요청한다고 생각하지만 힘없는 상대에게는 전혀 다르게 들리게 된다. 거절하면 진로에 방해를 받을까 봐 걱정한다. 이런 관계에서 모든 제안과 초대에는 "어디 한번 거절하기만 해봐"라는 뜻이 담겨 있다.

이처럼 "거절하기만 해봐"라는 암묵적 의미가 담겨 있기에 원치 않는 성적 접촉에 동의하거나 심지어 원치 않는 연애를 시작하기도 한다. 최근 세상을 떠들썩하게 만든 미투 운동에서 흔히 보이는 사례다. 가령 NBC 뉴스의 직원이던 브룩 닐스Brooke Nevils는 〈투데이Today〉 쇼의 진행자 매트 라우어Matt Lauer에게 성폭행을 당했다고 주장했다. 로넌 패로우Ronan Farrow의 저서 『캐치 앤 킬Catch and Kill』에서 자세히 다뤄진 이 사건에서 닐스는 라우어가 그녀의 진로에 영향을 미칠까 두려워서 그와 계속 잠자리를 가졌다고 밝혔다.[31] 이탈리아 배우이자 감독인 아시아 아르젠토^{Asia Argento}도 하비 웨인스타인이 자신의 앞길을 막을까봐 그의 성적 접근에 동의해야 한다는 '압박감'을 느꼈다고 밝혔다.[32]

그런데 이런 사례는 권력 남용 하면 금방 떠오르는 전형적인 사건이지만 우리의 경험과는 근본적으로 다르다고 생각하기 쉽다. 우리가 우리의 연애 관계는 이런 유형과 다르다고 자신하는 이유는 우리가 만나는 사람이 나보다 먼저 열정을 보이며 다가와서 관계가 시작되었기(그렇다고 생각하기) 때문이다. 애초에 관계를 시작한 사람이 상대였을 수도 있다.

이렇게 생각하면 관계가 시작될 때만 강압이 발생한다는 뜻 같지만, 실제로는 관계가 유지되는 동안 내내 비슷한 정도의 권력 관계가 작동한다. 더욱이 우리가 힘이 센 쪽이라면 이런 권력 관계에 적응하려고 애쓰지 않아도 된다.

실제로 양쪽 모두가 같은 마음으로 관계를 시작했다 해도 근본적인 힘의 불균형으로 인해 연인으로서나 상사와 부하직원으로서 갖게 되는 일상적인 협의 방식에 변화가 생길 수밖에 없다. 무엇보다 직업적 관계와 사적 관계 사이의 경계선이 모호해진다. 상사와의 잠자리 이후 발생한 부당한 압력을 '폭로'하는 사연에는 직장 업무에 새로 추가된 상사의 요구사항이 자세히 적혀 있다. 커피나 차를 준비해달라 하거나 드라이클리닝 맡긴 옷을 찾아오라는 식으로 업무 범위에서 벗어난 부적절한 일이 잠자리를 갖기 시작한 뒤 계속 생겨나고 점점 거절하기 애매한

상황이 되어버린 것이다.[33]

　양쪽 모두가 원하는 대로 공평하게 관계를 끝낼 수 있다고 느끼지 못할 수 있고, 관계가 끝나거나 공개될 때 어느 한쪽이 지나치게 고통을 받을 수도 있다. 스물두 살의 백악관 인턴으로 미국의 대통령과 역사상 가장 유명한 불균형한 관계를 맺은 모니카 르윈스키Monica Lewinsky는 처음에는 '상호' 관계인 줄 알았다고 말했다.[34] 하지만 그들의 관계가 공개되자 쓴맛은 본 사람은 르윈스키였다. 빌 클린턴Bill Clinton은 대통령직을 계속 유지하고 이후에 업무상으로도 문제를 겪지 않았지만 르윈스키는 런던정치경제대학교에서 학위를 받고도 좋지 않은 소문으로 오랫동안 일자리를 구하지 못했다.

　르윈스키는 2019년에 존 올리버John Oliver가 진행하는 프로그램 〈라스트 위크 투나잇Last Week Tonight〉에 출연해서 권력 관계 때문에 불리한 입장에 처했다고 말했다. 왜 그냥 이름을 바꾸고 살지 않았냐는 질문에 르윈스키는 적절하게도 이렇게 말했다. "그분(빌 클린턴)한테는 아무도 그렇게 묻지 않더군요. 그분이 이름을 바꿀지 고민했을까요?"[35]

　보통의 사내 연애는 타블로이드의 기삿거리가 되지 않는다. 그런데도 르윈스키의 사례는 어디서 많이 본 듯하다. 상사와의 관계가 발각되거나 관계가 실패로 끝날 때 비난의 화살은 주로 힘이 약한 쪽으로 향한다. 경력이 짧고 인맥과 수단이 적은 데다 직업적으로 올린 성과도 '상사와 자고' 얻은 것으로 부정당하기 때문이다.

그래서 최근에 여러 기관에서는 강력한 처벌 규정을 시행했다. 그 결과 스티브 이스터브룩이 쫓겨났고 케이티 힐이 사임했다. 힘이 강한 쪽에게 더 심각한 결과가 빚어지는 구조가 만들어지면 어느 정도 균형이 맞춰지기 때문이다. 비록 이런 장치를 갖추고도 일방적인 관계적 강압은 사라지지 않겠지만, 이런 장치마저 없다면 불균형한 권력 관계로 인한 성적 강압과 권력 남용이 계속 발생할 수 있다. 그리고 더 심각한 결과를 얻는건 언제나 힘이 약한 쪽이다.

만약 양쪽 모두 관계에 진심이라면 어떨까? 실제로 대다수는 자신의 관계가 그렇다고 생각한다. 지적이고 평판도 좋은 상사가 부하직원에게 진심으로 애틋한 감정을 키운다면(혹은 관계를 시작한다면) 스스로 선을 넘었다고 생각하지 못하지 않을까?

하지만 앞서 보았듯이 권력을 가진 사람은 권력을 남용하고도 인지하지 못할 때가 많다. 권력을 가진 사람은 남들도 원하지 않으면 "노"라고 답할 거라고 가정하고, 연애 관계에서 작용하는 권력의 강압적 속성을 알아채지 못한다.[36] 그래서 애정 관계로는 적합하지 않은 상대에게 더 대담하게 접근하고, 사적 관계와 직업적 관계 사이에서 넘지 말아야 할 선을 넘으면서 상대도 자발적으로 동의했다고 믿는다. 농구팀 감독이 어느 정신 나간 선수가 재미를 위해 다른 선수들 앞에서 자발적으로 옷을 벗었다고 진심으로 믿은 것처럼 부하직원과 성관계를 갖는 상사도 직원이 자발적으로 자신과 자는 거라고 믿을 수 있다.

이렇듯 권력이 개입하면 짝사랑하는 상대를 불편하게 만들면서도 알아채지 못하는 현상이 더 심해질 수 있다. 앞 장에서 소개한 연구에서 연애 감정으로 접근하는 동료를 거절한 경험을 떠올린 참가자의 절반이 나중에 상대를 피했다고 보고했지만, 동료에게 거절당한 경험을 떠올린 참가자는 7퍼센트만 고백 이후 상대가 자기를 피했다고 답했다. 양측의 관점 차이가 이보다 더 벌어질 수 있을까 싶지만, 사실 불균형한 권력 관계 아래에서 연애를 해본 적 있는 참가자들의 경우 이런 관점의 차이가 더 벌어진다. 직장 선배의 접근을 거절한 경험을 떠올린 참가자의 67퍼센트가 이후 상대를 피했다고 보고했지만, 후배에게 거절당한 경험을 떠올린 참가자 중에는 단 한 명도 상대가 자기를 피한 것으로 기억하지 않았다.

더욱이 권력을 가진 사람은 자기에게 관심이 없는 상대에게 접근하면서도 상대도 자기를 원한다고 믿을 가능성이 크기 때문에 상황은 더 복잡해진다. 연구에 따르면 사람들(특히 남자들)은 간혹 친절을 관심으로 오해하곤 한다. 이러한 현상을 분석한 대표적인 연구에서는[37] 한쪽에서만 보이는 특수 거울로 남녀 배우가 친근하게 대화를 나누는 장면을 참가자들이 관찰하게 했다. 참가자와 배우 모두 관찰 실험을 마친 뒤 남녀 각자가 상대에게 어느 정도 성적으로 끌리고 데이트하고 싶을 것 같은지 평가했다. 남자 배우와 남자 관찰자는 여자 배우와 여자 관찰자보다 남녀 배우가 성적으로 더 많이 끌리고 데이트에 관심이 있다고 평가했다. 다시 말해 이 연구에 참가한 남자들은 이런 식의 친근한 대화를 연애 감정이 있는 관심으로 생각할 가능성이 여자들보다 컸다. 이런 성향은 권력을 가진 남자에게 특히 문제가 된다. 이들은 힘이 약한 사람들이 권력을 가진 사람들에게 보이는 존경과 친절을 관심으로 착각하고 자기가 관심 있는 부하직원도 자기에게 관심이 있다고 오해하는 경향이 있다.[38]

상사와 부하직원의 관계가 (두 사람 사이에도) 합의된 관계로 보일 수도 있다. 하지만 앞서 보았듯이 권력을 가진 사람은 관계가(혹은 관계의 한쪽이) 합의된 상태가 아니어도 상대의 의사를 굳이 더 알려고 하지 않는다. 따라서 관계 안에서 권력 남용이 발생한다면 부하직원이 알아채고 불편한 감정을 표현해야 한다. 하지만 4장에서 보았듯, 우리는 생각과는 달리 불편한 감정을 잘 표현하지 못하며, 실제로 이런 권력 남용에 부딪혀 목소리를 내기 어렵다.

모니카 르윈스키는 스캔들이 터지고 긴 시간이 흐른 뒤 『배니티 페어*Vanity Fair*』에 기고한 글에서 "마흔네 살이 된 지금에 와서야 대통령과 백악관 인턴 사이에 있는 거대한 힘의 차이가 어떤 의미였는지 알았다. 이제야 그런 관계에서 합의라는 것이 무의미하다는 걸 깨달았다."고 밝혔다.[39] 따라서 이런 권력 관계 안에 있는 두 사람이 힘의 불균형을 조율한다는 것은 쉽지 않고, 상사와 부하직원 사이의 '합의된' 관계라는 개념 자체도 모호할 수밖에 없다.

제도적 권력

2020년 미국의 전몰장병 추모일에 악명 높은 두 사건이 영상에 찍혔다. 하나는 에이미 쿠퍼라는 백인 여자와 크리스티안 쿠퍼라는 조류를 관찰하는 흑인 남자(둘 다 성이 쿠퍼이지만 서로 모르는 사이다)가 다투는 영상이다. 뉴욕 센트럴파크에서 개 목줄을 채워야 하는 구역에 있던 크리스티안이 에이미에게 개 목줄을 채워달라고 요청했다. 그러자 여자는 119에 신고하면서 '흑인 남자'가(에이미는 이 말을 거듭 강조했다) 자신의 생명을 위협한다고 거짓 신고했고, 그 장면이 영상에 고스란히 담겼다.[40] 다른 하나는 흑인 남자 조지 플로이드가 20달러짜리 위조지폐로 담배를 사려 했다는 혐의로 체포된 뒤 백인 경찰 데릭 쇼빈에게 살해당하는 장면이 담긴 영상이다. 쇼빈은 9분 가까이 플로이드의 목을 무릎으로 누르고, 쇼빈의 동료는 플로이드가 숨을 못 쉬겠다고 호소하는데도 구경만 하고 있었다.[41]

　두 사건의 우울한 진실은 어느 하나도 유별난 사건이 아니었다는 점이다. 다만 두 사건을 향한 대중의 뜨거운 관심은 이전의 다른 사건들과 달랐다. 우선 에이미 쿠퍼가 공포 영화에서처럼 새된 소리로 거짓 신고하는 장면[42]이나 플로이드가 무력하게 땅바닥에 엎드린 채 절박하게 엄마를 찾는 장면 같은 강렬한 영상이 있었다. 차별적 상황을 그렇게 가까이서 바라본 영상이 공개되자 미국의 흑인이 일상적으로 당하는 수모와 불평등하게 경험하는 폭력의 연관성을 무시하는 게 불가능해졌다.[43] 또는 세계적인 전염병의 범유행으로 대다수 사람이 집 안에 격리된 상태로 시선을 돌릴 다른 일이 없어서 더 화제가 됐을 수도 있다. 이유가 무엇이든 두 사건은 미국과 해외에서 '인종차별 심판 운동racial reckoning'을 촉발했다. 몇 주 만에 인종 정의 단체와 보석금 펀드로 막대한 기부금이 쏟아져 들어왔고,[44] 흑인 소유 사업체의 매출이 치솟았고,[45] 인종차별과 백인 특권을 다룬 서적이 베스트셀러 목록을 장악했으며,[46] 미국 전역과 전 세계에서 몇 주간 시위가 이어졌다.[47]

　인종차별 심판 운동은 SNS에서도 이어졌다. 미국 흑인들은 직업을 찾거나 직장생활을 할 때 당했던 수모와 불평등을 SNS에 공유했다. 방송기자 솔리다드 오브라이언Soledad O'Brien이 '우리 자신의 #MeToo 운동'[48]이라고 일컬은 이 운동에서 유색인종 저널리스트들은 흑인 사회를 다룬 내용이나 '듣보잡'으로 묵살당하는 흑인 인사 기사를 보도할 때 객관성을 잃었다고 비난받은 일화도 공유했다.[49] 작가들은 L. L. 맥킨니L. L. McKinney가 시작한 #PublishingPaidMe라는 해시태그 운동을 통해 원고료를 밝혔다.[50] 여기서 흑인 작가와 백인 작가가 받는 원고료 차이가 크다는 사실이 드러났다.[51] 내가 몸담고 있는 분야에서는 커뮤니케이션학 교수 샤드 데이비스^{Shardé Davis}와 박사과정의 조이 멜로디 우즈^{Joy Melody Woods}가 #BlackintheIvory 해시태그 운동을 시작해, 진보적이어야 할 학계에서 벌어지는 인종차별에 대한 고발과 이에 대한 담론을 일으켰다.[52] 이를테면 학계에서는 흑인 교수들이 대학 위원회에 불공평하게 적은 비율로 들어가서 부당하게 과중한 업무를 맡기도 하고, 인종 간 사회적 격차를 해소하는 데 주목한 연구가 '기초 연구'보다 중요하지 않다고 평가절하당하기도 했다.[53]

그리고 어느 분야에서든 흑인들이 자주 당하는 수모가 있다. 정장을 차려입고 있으면 건물 관리인^{Custodian}으로 오해받고, 업무시간 이후까지 사무실에 남아 있으면 보안요원에게 추궁당하고, 헤어스타일로 끊임없이 지적받고, 언어를 순화하라는 충고를 듣는 식이다. 이런 일을 그저 단순한 실수로 넘어가거나 칭찬하려다가 말이 잘못 나온 것이지 나쁜 뜻은 없다고 봐줄 수도 있지만, 사실 흑인들이 겪는 무수한 사례를 들어보면 의도가 아무리 좋아도 상처를 주는 말을 매일 듣고 살면 얼마나 진이 빠질지 짐작이 간다. 게다가 직장을 잃을까 봐, 업무적으로 좋은 기회를 놓칠까 봐, 흑인에 대한 부정적 고정관념이 굳어질까 봐 두려워 겉으로는 아무렇지 않은 듯 웃으며 속으로는 상처와 분노를 삭이는 게 얼마나 지치는 일인지도 알 수 있다.

미국의 백인들은 이때 벌어진 사건들을 보며 수면 아래 엄청난 이야기들이 있었다는 것을 깨닫고 정신이 번쩍 들었을 것이다. 이런 일들은 흑인 인권 운동에 많은 영향을 끼친다. 그런데 한편으로는 중요한 질문 하나가 떠오른다. 왜 다수의 백인 미국인이 하필 이 사건들에 그렇게 정신이 번쩍 들었을까? 이 시기에 흑인들이 공유한 여러 사연의 범위만 봐도 무슨 일이 일어나는지 어떻게 이제껏 아무도 몰랐는지 의아해진다. 또 몰랐다면 문제에 일조했다는 뜻이지 않을까? 그러다 많은 백인 미국인이 어느 지점에서 이런 의문을 품었다. 내가 얽힌 사연도 있을까? 만약 있다면 내가 알고 있을까?

앞에서 현실적 의미에서 권력을 가진 사람은 타인의 입장에 서보려는 노력을 덜 한다고 언급했다. 상식적으로 내가 당신의 힘을 빌리지 않고 어떤 중요한 자원에 접근할 수 있다면 굳이 당신이 무슨 생각을 하고, 어떤 감정이며, 무엇을 좋아하고, 무엇을 싫어하는지 알아내려고 노력할 필요가 없다. 여기까지 보면 지금까지 살펴본 권력 관계가 떠오를 것이다. 이를테면 상사와 부하직원, 감독과 선수의 관계처럼 둘 사이에 존재하는 권력 관계 말이다. 하지만 다른 형태의 권력도 존재하는데 그중 하나가 제도적 권력이다. 미국 사회에서 가장 견고한 제도적 권력이 바로 인종차별이다.

제도적 인종차별은 미국의 사회 구조와 제도 안에 공고히 자리 잡은 인종 간 격차를 의미한다. 인종차별은 또한 수백 년 전부터 노예제를 정당화하고 그 과정에서 백인을 최상위 계급에 올려놓으면서 계층구조를 확립하기 위한 수단이었다. 인종 개념이 정립된 이래로 서구의, 특히 미국의 사회 구조와 제도는 이런 계층구조를 유지하는 데 중요한 역할을 해왔다.[54, 55] 오랜 제도적 인종차별이 사회에 미친 영향은 여러 지표에서 흑인 사회와 백인 사회에 다른 결과를 낳았다. 임금과 고용률[56]의 격차부터 건강 상태와[57] 투옥률,[58] 경찰의 공권력 사용률[59] 그리고 인종에 따라 분리된 학교 제도에 이르기까지, 그 차이의 범위는 아주 넓다.[60]

이런 인종 간의 위계질서가 백인에게 주는 몇 가지 의미가 있다. 첫째, 백인은 중요한 자원을 지키는 문지기로서 지도자와 관리자의 자리를 차지하고, 대학[61]과 직장[62] 그리고 그 안에 있는 모든 자리(예. 수상, 수습직, 승진)에 지원하는 흑인의 운명을 결정한다. 둘째, 백인의 삶이 표준이자 기본이 되므로 백인은 특정 인종으로 분류되지 않는다. 뉴욕시립 대학교 브루클린 칼리지의 사회학자 그레고리 스미스사이먼[Gregory Smithsimon]은 디지털 저널 〈이온[Aeon]〉에 기고한 글에서 이렇게 적었다. "가장 강력한 인종은 보이지 않는 인종, 바로 백인이다. 백인은 권력을 가진 존재로서 자신들이 기준이고 남들에게만 인종이 있다고 생각한다."[63] 그래서 『백인의 역사[The History of White People]』의 저자인 역사가 넬 페인터[Nell Painter] 같은 일부 흑인 학자들은 백인도 대문자 W로 쓰고(White) 백인을 인종의 범주에 넣어 '인종이 드러나지 않는 안전한 지위'를 박탈해야 한다고 제안했다.*[64] 셋째, 백인은 타인을 인종으로 바라보지 않는다고 공언함으로써 인종이라는 불편한 주제를 피하려고 한다. 유색인종은 누리지 못하는 특권이다. 스탠퍼드 대학교의 심리학자 제니퍼 에버하트Jennifer Eberhardt는 『편견: 무의식, 혐오, 인종 불평등에 관한 사회심리학 보고서Biased: Uncovering the Hidden Prejudice That Shapes What We See, Think, and Do』에서 "미국 사회에서는 색깔을 보지 않는다는 메시지를 중시해서 우리 집 아이들조차 피부색을 의식하는 것은 무례하다고 생각한다."[65] 하지만 "피부색을 보지 않는" 것은 현실적이지 않을 뿐 아니라 뿌리 깊은 인종 간의 격차를 가볍게 여겨서 오히려 다수의 지배를 강화하는 데 일조할 수 있다.[66]

그리하여 흑인이 이력서를 '표백하고'[67] 직장에서 '코드를 바꾸어' '전문가답게(즉 백인답게)' 보이려고 노력하고[68] '백인의 공간을 인생의 불가피한 조건으로 여기고 고군분투하는' 사이[69] 백인은 마치 인종이 존재하지 않는 척 '흑인의 공간을 회피할' 수 있다.[70] 이런 과정을 통해 백인은 굳이 흑인의 일상적 경험을 이해하거나 고정관념을 없애려고 노력할 필요가 없게 된다.[71]

앞의 질문에 답하자면 바로 이런 이유로 다수의 백인 전문

---

* 하지만 대다수 논문 작성법에서는 여전히 소문자 w(white)로 표기하는 방식을 선호한다. 소문자 w를 선호하는 이유는 전통적으로 백인을 'White'로 표기한 백인우월주의 집단을 정당화하게 될까 우려해서다.

가들이 SNS를 비롯한 여러 곳에서 흑인 동료들의 경험을 접하고 눈이 번쩍 뜨인 것이다. 백인은 인종 관점에서 세상을 보지 않는 호사를 누린다. 하지만 노스캐롤라이나 대학교의 철학 교수이자 『선량한 백인*Good White People*』의 저자 섀넌 설리번Shannon Sullivan은 팟캐스트 〈신 온 라디오Scene on Radio〉에서 연재한 시리즈 〈시잉 화이트Seeing White〉에 출연해 "인종도 못보는데 대체 인종차별을 어떻게 볼 수 있을까요?"라고 물었다.[72] 백인들이 흑인들에게 그들의 헤어스타일을 물을 때 질문을 말 그대로만 이해해서 그 질문에 담긴 인종차별적 의미는 보지 못한다는 뜻이다. 하지만 이런 질문은 이를 일상적으로 듣는 사람에게는 '너는 다르다' '너는 여기에 속하지 않는다'라고 일깨워주는 또 하나의 장치가 된다. 직장에서 벌어지는 제도적 인종차별인 셈이다. 미국 사회가 얼마나 인종에 따라 분열되었는지 보여주는 지표는 같은 미국인임에도 흑인의 헤어스타일을 백인은 매우 '이국적'으로 바라본다는 점이다. 백인은 이런 식의 기이할 정도로 비슷한 사건을 무수히 접하고 나서야 겨우 단순히 개인적인 '실수'나 '오해'로 여기지 않고 어떤 양상으로 인식한다.

　이 책의 주제로 돌아가자면 백인은 자신의 언어와 행동이 흑인 친구나 동료 들에게 어떤 영향을 미치는지 간과함으로써 결국 인종차별을 지속하는 데 일조한다. 조지 플로이드 사망 사건이 일어난 이후 널리 퍼져나간 "토큰 흑인[+] 친구에 대한 생각"이라는 글에서 미국 해군사관학교 출신 라메시 나가라자Ramesh Nagarajah는 이렇게 적었다. "내가 아는 백인들은 이런 상황이 유지되는 현실에 그들이 소극적으로든 적극적으로든 어떤 역할을 했다는 생각을 전혀 하지 않았다." 이어서 나가라자는 '백인들이 다들 알 만한 사례'를 소개하며 "백인들은 그들의 언어가 얼마나 상처를 주는지 몰랐을 것이다"라고 적었다. 예를 들어 흑인 친구를 '내가 아는 흑인 중 제일 하얀 애'라고 부르거나, 흑인 친구가 백인의 언어와 흑인의 언어를 자유자재로 바꿔 사용하는 방식과 흑인 친구들과 있으면 흑인 은어를 사용하는 행위에 대해 핀잔을 주는 식이다.[73]

〈선량한 백인 부모Nice White Parents〉라는 팟캐스트의 프로듀서 챠나 조프 월트Chana Joffe-Walt도 백인들이 공교육의 영역에서도 자신들의 행동이 유색인종에게 미치는 영향을 자각하지 못한다고 지적한다. 조프 월트는 팟캐스트의 첫 에피소드를 정리하면서 그들의 행동을 미스터 마구의 이미지에 비유한다. "이런 일은 반복해서 일어납니다. 백인 부모들은 자기도 모른 채 권력을 휘두릅니다. 커다란 배낭을 메고 혼잡한 매장을 돌아다니다가 부주의하게 휙휙 돌면서 주변 물건을 넘어뜨리는 미스터 마구처럼요."[74]

+   구색 맞추기용으로 끼워 넣는 흑인

다시 '나도 누군가에게 피해를 준 일이 있었을까? 만약 그렇다면 내가 알고 있을까?'라는 질문으로 돌아가자면, 대다수 백인에게 정답은 '그렇다 그리고 아마 모를 것이다'이다. 워싱턴 대학교 의과대학의 MD/MPH 학생 나오미 트웨요 은킨시 Naomi Tweyo Nkinsi가 학계에 대해 올린 트윗은 사실 어느 직업에나 해당되는 내용이다. "학계의 백인, 즉 BIPOC(흑인, 원주민, 유색인종)가 아닌 여러분이 #BlackintheIvory(상아탑의 흑인들) 해시태그 운동에서 논의하는 인종차별 문제에 일조한 적이 있을지 궁금하다면 단언컨대 답은 '예스'입니다. 기억하지 못할 정도로 사소한 일일 수 있습니다. (…) 여러분에게는 사소한 실수 하나일지 몰라도 평생 남의 실수에 부딪히며 살아온 누군가에게는 또 하나의 고통스러운 상처가 될 수 있습니다. 사실 저를 향한 부정적인 말들이 여전히 제 머릿속에 맴돕니다."[75]

결국 부주의하고 인종적으로 둔감한 발언(간혹 미묘하게 행하는 차별[76])은 권력을 가진 사람이 자신의 말과 행동이 남에게 미치는 영향에 얼마나 무지한지 보여준다. 이러한 권력은 단지 누군가의 상사나 감독으로서 생기는 권력이 아니라 사회의 견고한 위계질서에서 나오는 것이다. 의도가 아무리 좋아도 이런 지위에 있는 백인의 '순수한 실수'가 쌓여 흑인에게 전달되고 직장과[77] 학교에서[78] 스트레스와 불안을 유발하는 것이다. 그리고 지속적인 스트레스는 '웨더링weathering'+ 현상에서 세포 차원으로 관찰되고, 결과적으로 미국 흑인의 세포에서 조기 노화의 징

후로 나타난다.[79] 당신이 직장의 다양성을 확보하기 위해 노력하더라도 이런 식의 실수가 쌓이면 조직 문화가 편협해지고, '다양성' 측면을 고려해 고용한 사람들을 내쫓아서 다변화를 이루려는 노력을 무너뜨릴 수 있다.[80]

따라서 여러 유형의 권력과 연결된 사람은 자신의 말과 행동이 남에게 어떤 영향을 미치는지 이해해야 하고, 제대로 인지하지 못하는 지금의 현실을 자각해야 한다. SNS에 올라온 흑인들의 발언에 주목하고 흑인들의 회고록과 역사서, 문학을 읽고 현재 분출하는 흑인들의 목소리를 들으면서 새로운 관점을 형성해야 한다. 그런데 다른 인종과 범주에 속한 사람들의 관점을 수용하려고 노력하는 사이 고정관념이 더 굳어질 수도 있다. 애초에 우리는 남들의 생각이나 감정을 우리의 선입견을 거쳐 판단하기 때문이다.[81] 반면에 타인의 이야기를 그들의 언어로 듣고 관점을 형성하면 우리의 말과 행동이 남들에게 어떤 인상을 주는지 폭넓게 이해할 수 있다.[82] 다음 장에서는 관점을 수용하는 것보다 '형성'하려는 노력이 우리 자신의 영향력을 제대로 인식하지 못하는 현실을 극복하는 데 효과적인 이유를 알아보겠다.

\+　　　인종차별 관련 스트레스에 대한 노출이 개인의 건강에 장기적으로 미치는 영향

책임으로서의
권력

이제 권력을 가지면 남에게 미치는 자신의 영향력을 더욱 과소평가하게 되는 이유를 명확히 이해했을 것이다. 당신에게 권력을 행사하는 사람에게 "노"라고 말하기는 어려워도, 당신이 권력을 가지면 "노"라고 말하는 것이 쉬워진다. 그래서 권력을 가지면 자신의 권력이 어디까지 영향을 미치는지 모를 수 있다.

하지만 앞서 언급했듯이 권력을 갖는다고 해서 반드시 그렇게 되는 것은 아니다. 실제로 이런 성향을 보이지 않는 지도자를 쉽게 떠올릴 수 있다. 권력의 자리에 있으면서도 자신의 말과 행동과 결정이 남에게 어떤 영향을 미치는지 잘 아는 듯 행동하는 사람들이다. 어떤 지도자는 아랫사람들이 자신의 의견에 동조해야 할 것처럼 부담을 느끼는 것까지 알아서 항상 맨 마지막에 발언하려 한다. 오바마 대통령이 그랬다고 알려졌다.[83] 또 어떤 지도자는 서로 도와주는 문화를 조성해서 최고 경영진에게 프로젝트를 지원해달라고 따로 요청할 필요가 없게 만들었다. IDEO의 데이비드 켈리David Kelley가 만든 기업 문화가 그렇다.[84] 또 어떤 지도자는 주위를 둘러보면서 좋은 쪽이든 아니든 그들의 존재가 미치는 영향을 예리하게 감지한다. 예를 들어 소셜 뉴스 웹사이트 레딧Reddit의 공동 창립자 알렉시스 오해니언Alexis Ohanian은 스스로 이사회에서 빠지기로 결정했다. 백인인 그가 그 자리를 차지하고 있으면 회사의 다양성을 키우는 데 걸림돌이 된다고 판단한 것이다.[85] 이상의 내용은 존 F. 케네디John F. Kennedy가 대통령으로 당선된 뒤 연설에서 그에게 새로 주어진 '국가에 대한 책임'을 표현한 다음의 한 줄로 정리할 수 있다. "많이 받은 자에게 많은 것이 요구되리라"(누가복음 12:48)[86]

왜 어떤 사람은 권력을 얻으면 남에게 미치는 영향을 가볍게 보는 데 반해 어떤 사람은 더 크게 인식하고 때로는 자신의 영향력에 많은 책임감을 느낄까? 남에게 미치는 영향을 해석하는 방식이 달라서 그렇다. 내가 다른 사람들의 성과를 통제하는 사람이라고 생각하는가, 아니면 남들의 성과를 책임져야 하는 사람이라고 생각하는가?

모든 권력에는 기회와 책임이 따른다. 고객의 투자를 맡은 펀드 매니저는 부유해질 기회를 누리는 동시에 고객의 은퇴를 보장할 책임을 진다. CEO는 회사를 위해 자신의 비전을 제시할 기회를 누리는 동시에 직원과 주주에 대한 책임을 지고 비전을 실현하도록 애써야 한다.

권력에는 근본적으로 두 가지 속성이 모두 있지만, 특히 서구 문화에서 대다수는 권력에 따르는 책임보다 권력이 주는 기회에 더 익숙하다.[87] 팀의 리더가 되려는 이유는 자신의 앞길에 기회를 열어주기 때문이다. 그래서 리더로서 팀의 성과를 책임져야 한다는 부분은 진지하게 생각하지 않는다.

권력에 따르는 책임을 강조하면 권력이 갖는 매력이 크게 떨어진다는 연구 결과도 있다. 심리학자 애니카 스콜Annika Scholl이 참가자들에게 팀의 리더를 맡기고 팀원들에게 보너스를 어떻게 배분할지 결정하는 책임을 주자 참가자들에게 심혈관계 스트레스 반응이 나타났다.[88] 심리학자 카이 사센버그Kai Sassenberg와 동료들이 참가자들에게 권력을 소유할 때 따르는 책임에 대해 생각해보게 했을 때는 강력한 권력 집단에 들어가는 일에 대한 관심이 줄어들었다.[89]

하지만 권력에 따르는 책임에 잘 주목하지 않고 심지어 이를 스트레스로 생각하는 대신, 이를 당연하게 여기는 권력자들도 있다. 이들은 권력에서 나오는 영향력을 알아채고 자신이 그 영향력을 어떻게 사용하는지 주시한다.

권력을 책임의 관점에서 해석하는 사람들은 자기보다 남에게 더 주목하는 성향을 보인다. 나에게 의존하는 사람에 대한 책임을 생각할 줄 안다면 나만 생각하는 것이 아니라 남들이 얻게 될 결과와 그들의 생각, 그리고 감정에까지 집중한다. 즉, 어떤 일을 하고 싶거나 결정해야 할 때 자신의 충동이나 결정이 남들에게 어떤 영향을 미칠지 신중히 고려한다. 가령 부하직원에게 데이트를 신청하면 상대가 얼마나 불편해할지 또는 훈련 중에 선수들을 가혹하게 밀어붙이면 선수들이 얼마나 힘들어할지 생각할 가능성이 크다.

결과적으로 권력을 책임의 관점으로 보는 사람들은 업무를 더 공정하게 배분하고[90] 사람들을 더 세심하게 배려한다는 연구 결과가 있다.[91] 이들은 또한 부적절하고 선을 넘는 요청에는 덜 관대하게 행동한다.

앞에서 농구선수 조쉬 샌크스는 다행히 이런 관점으로 생각하는 감독을 만나 선수 생활을 잘 마무리했다. 럿거스 대학교에서 일어난 스트립 농구 사건 이후로 샌크스는 랠프 윌라드 Ralph Willard 감독이 있는 홀리크로스로 옮겼다. 존경받는 윌라드 감독은 '선수들의 감정을 면밀히 살펴야' 감독으로 성공할 수 있다고 보았다.[92]

윌라드는 럿거스 사건을 그저 장난이나 게임으로 치부하지 않고 그 사건이 샌크스에게 미쳤을 치명적인 영향과 샌크스가 선수로서 성공하는 데 필요한 '자신감과 용기'마저 앗아간 사실을 알아챘다. 샌크스가 힘든 첫해를 보내며 자신이 농구를 계속하고 싶은 건지 의문을 품자 윌라드 감독은 샌크스가 자신감을 회복할 수 있도록 도와주었고, 샌크스는 결국 홀리크로스를 NCAA 토너먼트에 진출시켰다. 윌라드는 이렇게 말했다. "무엇보다도 샌크스가 저를 믿을 수 있도록 도와주고 그에게 한 인간으로서 관심이 있다는 제 진심을 전달해야 했습니다."[93]

윌라드 같은 지도자는 권력을 갖는다고 해서 무조건 남에게 미치는 영향을 망각하는 것은 아니라는 것을 보여준다. 권력을 소유하고도 상대방을 생각할 수 있다. 그러려면 권력을 다루는 사람들이 익숙하지 않은 영역, 즉 권력에 따르는 책임의 영역에 중점을 두어야 하고, 나아가 우리가 남에게 미치는 영향에 주목해야 한다.

　권력을 가진 사람은 엄청난 영향력을 지니고 있다. 그러나 동시에 권력을 지닌 상태의 심리적 특성은 자신이 지닌 영향력을 알기 어렵게 만들기도 한다. 따라서 권력을 가진 사람들은 자신의 말과 행동이 남들에게 어떤 영향을 미치는지 더 열심히 주의를 기울이고 더 많이 책임지도록 노력해야 한다. 그러려면 구체적으로 어떻게 해야 할까? 어떻게 해야 모든 사람이 자신의 영향력을 효과적으로 활용할 수 있을까? 이제 마지막 장에서 이 질문을 다루겠다.

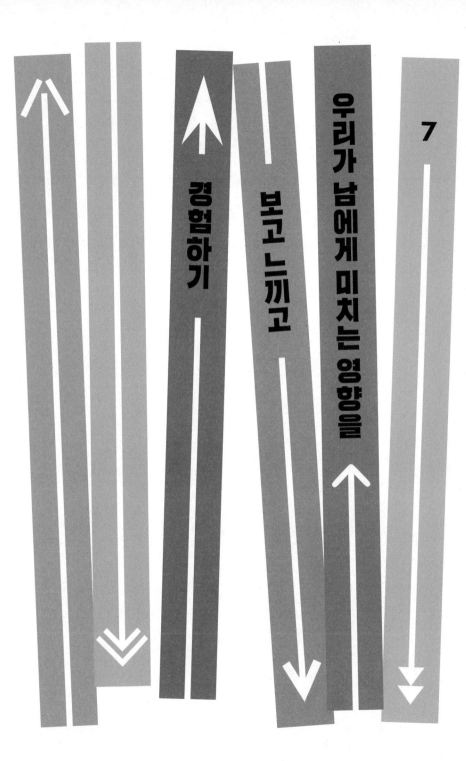

경험하기

보고 느끼고

우리가 남에게 미치는 영향을

7

이 책을 쓰는 동안 코로나19의 범유행으로 뉴욕주에서 시행한 재택명령에 따라 나는 남편과 두 아이와 함께 거의 집에 머물렀다. 내가 글을 쓰는 동안 두 살짜리 아이는 낮잠을 자고 여섯 살짜리 아이는 아이패드를 지나치게 많이 가지고 놀았다. 그나마 우리는 운이 좋은 편이었다. 원격으로 일하면서도 일자리를 지킬 수 있어서 건강하게 지낼 수 있었다. 하지만 일자리를 잃고, 가족도 잃고, 병들고, 안전하지 않은 환경에서 지내야 하고, 이전에는 상상하지 못한 방식으로 남에게 의존해야 하는 사람들도 있었다.

이번 코로나19 위기 초반에 남에게 미치는 자신의 영향력을 과소평가하는 사람들이 자주 눈에 띄었다. 화가 나는 일화도 있고 마음이 훈훈해지는 일화도 있었지만 모두 같은 결론으로 이어졌다. 나 한 사람의 행동이 남에게 어떤 영향을 미치는지 제대로 인식하지 못하는 태도가 이렇게 여러 방면에서 부각된 적은 없었다. 또 우리가 가진 영향력을 제대로 이해하는 것이 이처럼 시급했던 적도 없었다.

정말 화가 나는 지점은 당장 사회적 거리두기가 절실하다는 경고가 나왔는데도 사람들이 별로 중요하지도 않은 이유로 밖에 나가 집단으로 모였고, 이에 대한 보도가 끊이지 않았다는 것이다. 봄철 휴가객들이 플로리다의 해변으로 몰려갔고,[1] 성 패트릭의 날에는 시카고의 야외 술집에 사람들이 줄까지 섰으며,[2] 맨해튼의 부유층 사람들은 여행 금지 규정까지 어겨가면서 꼭 필요하지도 않은 여행을 다녀와 인스타그램에 사진을 올렸다.[3] 단순히 이기심에서 나온 행태로 치부하기 쉽지만 사실 나는 이 책에서 지금껏 소개한 모든 현상을 보여주는 행동이라고 생각한다. 내가 『더 힐*The Hill*』에 기고한 글에서도 이야기했듯이, 이기심은 자신의 결과에만 관심이 있고 남의 결과는 무시하는 태도다. 이기적인 사람은 이렇게 사고한다. "나는 나의 건강에만 관심이 있고 나는 건강 위험도가 낮은 집단에 속한다. 나는 남에게 관심이 없으므로 남의 건강을 보호하기 위한 사회적 거리두기에도 관심이 없다."[4] 그러나 대다수는 이렇게 생각하지 않는다. 대다수는 남에게 마음을 쓴다. 자신이 생각하는 것보다 타인에게 관심이 있다.[5] 그런데도 그 많은 사람이 저런 행동을 하는 이유는 자신의 행동이 남에게 어떤 영향을 주는지 모르기 때문이다.

누구도 남에게 상처를 주고 싶지는 않다. (사실 사람들이 성 패트릭의 날에 마시는 초록색 맥주를 타인의 목숨보다 중시하지는 않을 것이다.) 그저 자신의 행위가 남에게 어떤 영향을 미칠지 제대로 이해하지 못했을 뿐이다. 이런 사건이 터질 때마다 나오는 진심 어린 듯 보이는 사과와 '내 탓이로소이다'의 태도가 이런 설명을 뒷받침해준다.[6, 7]

한편 자신의 영향력을 낮게 평가했던 사람들이 자신의 영향력을 의미 있고 유쾌한 방식으로 훈훈하게 보여준 일화도 있다. 리베커 메흐라는 슈퍼마켓 주차장에서 매장에 들어갔다가 바이러스에 전염될까 봐 걱정하는 노부부에게 식료품을 사다 달라는 부탁을 받았고, 이 일을 SNS에 올렸다. 메흐라가 트위터에 "그때는 그렇게 해드리는 게 당연할 정도로 쉬운 결정이었다"라고 올리자 뜨거운 반응이 돌아왔다. 많은 사람이 메흐라의 사연에 감동해 각자의 지역에서 위험에 처한 사람들을 도와줄 방법을 찾아보게 되었다고 알렸다. 메흐라는 "그 일로 많은 사람이 이웃을 돌아보고 조부모와 부모를 살피게 된 것 같다"라고 트위터에 글을 올렸다.[8]

코로나19로 격리하는 동안 음식이나 마스크 같은 생필품에 대한 누군가의 요청뿐 아니라 함께 축하하면서 즐거움을 나누자는 요청에도 주변 이웃들이 얼마나 적극적으로 동참하는지를 보고 많은 사람이 놀랐다. 노스캐롤라이나에 사는 한 엄마는 지프Jeep 공개게시판에서 이웃들에게 지프에 빠져 사는 여덟 살짜리 아이의 생일에 집 앞을 지나가 달라고 부탁하는 글을 올렸다. "지프 한 대만 지나가준다면 이 엄마는 상상하지 못할 만큼 고마울 겁니다!" 결국 100대가 넘는 지프 차량이 그 집 앞을 지나갔다.[9]

에식스 대학교의 심리학자인 나의 동료 연구자 질리언 샌드스트롬Gillian Sandstrom도 코로나19 격리 기간에 생일을 어떻게 보낼지 생각하다가 비슷한 경험을 했다. 온라인 라이브 콘서트를 보고 평소 좋아하는 재즈 가수 새러 다울링Sara Dowling에게 생일을 위한 원격 콘서트를 열어달라고 부탁하면 얼마나 근사할지 생각했다. 그런 게 가능한지도 몰랐고 다울링이 관심을 보일지도 알 수 없었다. 질리언은 내게 이렇게 말했다. "다울링이 승낙해줄지 전혀 알 수 없었어요. 엄청 긴장하면서 이메일을 보냈죠. 답장이 오기 전에는 남편한테도 말하지 않았어요." 어쨌든 질리언은 부탁했고 좋아하는 가수가 그렇게 해주겠다고 답을 주자 떨 듯이 기뻤다. 평생 기억에 남을 생일 선물을 받았고, 친구들을 초대해서 다울링을 위해 모금도 했다. 다울링도 다른 때라면 공연 일정이 빽빽하게 잡혀 있었을 테지만 코로나19로 마침 일정이 비어 있었다.

사실 이 책에서 지금까지 살펴본 바를 고려하면, 이 사례들을 듣고 놀라면 안 된다. 앞에서 이미 우리가 SNS에 올리는 게시물을 얼마나 많은 사람이 보는지, 얼마나 많은 사람이 우리의 요청을 들어주는지, 우리의 행동을 보고 따라 하는 사람이 얼마나 많은지, 그리고 이런 측면을 우리가 얼마나 과소평가하는지 살펴보았다. 이처럼 남의 반응을 잘못 예상하는 태도의 역설이 코로나19 동안에 더욱 현저히 드러나긴 했지만 알고 보면 이런 역설적 상황은 우리 주변에 언제나 존재했다.

이 책의 결말로 향하는 지금 계속 떠오르는 질문은 이런 역설에 어떻게 대처할 것인가이다. 우리가 인지하지 못한 채로 남에게 어떤 영향을 끼칠 때, 이를 잘 파악하기 위한 최선의 방법은 무엇일까? 우리에게 필요할 뿐 아니라 우리 삶을 더 수월하게 만들고 우리에게 즐거움을 가져다줄 일을 어떻게 하면 사람들에게 더 잘 부탁할 수 있을까? 또 남에게 폐를 끼치거나 곤란하게 만들어서 의도치 않게 나쁜 영향을 미치는 상황을 어떻게 하면 더 잘 알아챌 수 있을까?

심리학자들은 오래전부터 이런 편향적 사고를 더 효과적으로 알아챌 방법을 모색해왔다. 알아채면 편향은 사라질 수 있으므로 이 책을 읽은 후 그 문제가 저절로 해결될 거라고 장담할 수 있으면 참 좋겠지만, 그렇게 단순한 문제가 아니다.[10] 물론 알아채는 단계부터 시작하는 것은 맞다. 하지만 우리가 남에게 미치는 영향을 제대로 이해하려면 좀 더 나아가야 한다.

이 장에서는 우리가 남에게 미치는 영향을 더 잘 이해하는 데 도움이 될 만한 연구를 토대로 전략을 제시하겠다. 이 책의 목표는 당신이 자신의 영향력을 더 잘 알아채고 자신과 남들에게 도움이 될 만한 상황에서는 영향력을 발휘하고, 아무에게도 도움이 되지 않을 때는 뒤로 물러날 수 있도록 도와주는 것이다. 그러기 위해 세 가지 목표를 중심으로 각 목표를 이루기 위한 전략을 제시하겠다. 세 가지 목표는 당신이 남에게 미치는 영향을 더 잘 보고 느끼고 경험하게 해주는 데 중점을 둔다.

1. 첫 번째 목표는 우리의 행위가 남에게 미치는 영향을 **바라보는** 것이다. 그러려면 자신의 머릿속에서 빠져나와야 한다. 우리의 눈으로 세상을 보면 우리는 자신을 제대로 보지 못하고, 우리가 처한 상황을 만들기까지 스스로 어떻게 행동했는지도 보지 못한다. 따라서 이 장에서는 우리가 주변 세계와 사람들에게 미치는 영향을 이해하기 위해 자기 머릿속에서 빠져나올 방법을 알아볼 것이다.

2. 두 번째 목표는 우리의 행위가 남에게 미치는 영향을 제대로 **느껴보는** 것이다. 일단 머릿속에서 빠져나오면 우리의 행위가 남에게 미치는 영향을 볼 수 있겠지만 그 영향을 온전히 이해할 수 있는 것은 아니다. 그러려면 타인의 머릿속으로 들어가야 한다. 우리의 말과 행동으로 사람들이 어떻게 느낄지 더 잘 생각하고 이해해야 한다.

3. 세 번째 목표는 우리의 영향력을 실제로 **경험하는** 것이다. 이는 내 연구의 참가자들이 낯선 이에게 무언가를 부탁하고 자신

의 영향력을 직접 경험한 후 보여준 놀라운 변화와, 다른 사람들이 이 실험과 비슷한 경험을 했다는 이야기를 접하고 생각해 낸 목표다. 하지만 직접 경험으로 자신의 영향력을 깨닫는 것은 생각만큼 그렇게 간단하지 않다.

이 전략들이 마법의 해결책은 아니다. 앞으로 살펴볼 연구에서도 알 수 있듯이 이 방법들이 모든 사람에게 반드시 효과가 있는 것은 아니다. 도중에 주의해야 할 점도 나타날 것이다. 때로 역효과가 나타날 수도 있다. 한편으로는 가장 단순하고 손쉬운 전략, 이를테면 7분간 글쓰기 연습이나 상대에게 무슨 생각을 하는지 물어보는 전략이 가장 효과적일 수도 있다. 이런 단순한 방법으로 자신의 영향력을 훨씬 쉽게 깨달을 수도 있다.

남에게 미치는 영향 알아채기:
자신의 머릿속에서 빠져나오기

친구나 연인과 유독 심하게 다투었던 기억을 잠시 떠올려보자. 그때로 돌아가 세세한 부분까지 모두 떠올려보자. 어디에 있었고, 무슨 말이 오갔으며, 어떻게 말했는지 기억해보자.

당시 상황을 재구성하는 동안 우리는 시간여행을 하듯이 과거 자신의 머릿속으로 들어가 자신의 눈으로 상황을 볼 것이다. 연구자들은 우리가 사적인 기억을 떠올릴 때 어떤 관점으로 보는지를 조사하면서, 특히 다투고 싸웠던 대화를 떠올릴 때 일인칭 관점에서 기억할 가능성이 크다고 밝혔다. 참가자들에게 최근에 화가 났거나 당혹스러운 일을 겪으며 나눈 대화를 떠올려보라고 하자 다른 관점보다 일인칭 관점으로 사건을 떠올릴 가능성이 두 배 이상 높았다(구경꾼의 관점이나 상대의 관점으로 보는 경우는 훨씬 적었다).[11]

이런 사건을 일인칭 관점으로 떠올리는 것은 어찌 보면 당연하다. 어쨌든 우리는 삶에서 일어나는 많은 상황을 일인칭의 관점으로 경험하기 때문이다. '자신의 몸을 떠나서' 사건을 경험하는 경우가 전혀 없는 건 아니지만, 매우 드물다. 하지만 우리가 남에게 미치는 영향을 더 잘 자각하고 싶다면 일인칭 관점으로만 세상을 보고 기억하고 해석하는 태도에는 근본적으로 문제가 있음을 알아야 한다. 우리의 머릿속에서 세상을 내다보면 정작 우리 자신의 행동은 보지 못하기 때문이다.

가령 친구와 다투던 때를 떠올리고 내 머릿속에 당시의 격앙된 순간을 불러와 짜증스러운 말과 행동을 모두 떠올리고 재현할 수 있다. 하지만 내게 유리한 시점으로 재현하면 내가 친구에게 한 짜증스러운 말과 행동(그리고 그때 친구의 반응)을 모두 떠올리고 재현하는 것은 여전히 훨씬 어렵다. 말하자면 평소에 세상을 일인칭으로 바라보는 관점이 우리가 타인의 어떤 행동에 끼친 역할을 제대로 보지 못하게 하는 것이다. 그래서 우리는 말다툼하다가 격분한 이유를 상대를 화나게 한 자신의 말이 아니라 상대의 고약한 성격에서 찾게 된다. 또는 우리가 비난할 때 상대가 연신 고개를 끄덕인 이유는 그 순간 우리 말에 동의하지 않으면 어색해질 상황을 신경 쓰는 것인데도 진심으로 우리 말에 동의해서라고 생각할 수도 있다.

심리학자 대니얼 길버트Daniel Gilbert와 네드 존스Ned Jones의 연구는 다른 사람의 행동에 끼치는 우리의 영향력에 대해 우리 자신이 얼마나 모르는지 보여준다.[12] 이 연구에서 참가자들('유발자')은 상대 참가자('반응자')에게 정치적으로 진보적, 혹은 보수적으로 답할 수 있는 질문(예. "낙태를 합법화해야 할까요, 불법화해야 할까요?")을 던졌다. 중요한 건 모든 유발자는 반응자가 질문에 개인적인 의견으로 답하지 않을 거라는 설명을 들었다는 점이다. 반응자는 유발자가 말하도록 지시한 내용, 즉 실험자가 사전에 준비한 내용을 그대로 대답할 것이다.

유발자는 각 질문에 두 가지 반응(진보적인 반응과 보수적인 반응)이 적힌 종이 한 장을 받고 반응자도 같은 종이를 받았다는 말을 들었다. 다음으로 유발자는 반응자에게 질문한 다음 종이에 적힌 두 가지 답변 중 어느 부분을 읽어야 하는지 표시해주는 버튼을 눌렀다.

연구자들이 알아보고 싶은 것은 유발자가 반응자의 대답을 정해주고도 반응자의 답변에 그들의 정치적 신념이 담겨 있다고 생각하는지였다. 그래서 유발자 절반에게는 반응자에게 주로 진보적으로 답하도록 지시하라고 했고, 나머지 절반에게는 반응자에게 보수적으로 답하도록 지시하라고 했다. 다음으로 유발자에게 반응자의 실제 정치 성향이 어떻다고 생각하는지 물었다.

결과적으로 반응자에게 진보적 답변을 읽으라고 지시한 유발자들은 이후에 반응자가 실제로 진보 성향이라고 생각한 반면에, 반응자에게 보수적 답변을 읽도록 지시한 유발자들은 상대가 실제로도 보수 성향일 거라고 추정했다. 유발자는 상대의 반응을 완벽하게 통제하고도 상대의 반응이 상대에 관해 무언가를 말해준다고 착각했다.

우리의 관점으로 세상을 내다보면 주변 사람들의 행동만 보고 그들이 그렇게 하도록 유도했을지 모를 우리의 행동은 보지 못한다. 이 연구의 유발자들은 반응자에게 들은 답변을 곧이곧 대로 받아들이고 그런 답변이 나오게 한 자신의 역할은 인지하지 못했다.

그렇다면 이 장면을 다른 관점(가령 제3의 관찰자)에서 시각화하면 유발자가 반응자에게 미치는 자신의 영향력을 더 잘 알아챌 수 있는지에 대한 질문으로 자연스럽게 이어진다. 길버트와 존스는 이 질문을 입증하지 못했지만, 수십 년이 흐른 뒤 다수의 연구에서 그럴 가능성이 있다는 결과가 나왔다. 최근의 연구에서는 대화를 제3자의 관점에서 시각화하면 자신의 머릿속에서 빠져나와 사건이 벌어지는 맥락을 폭넓게 보는 데 도움이 되는 것으로 나타났다. 이렇게 상황을 상대방 관점에서 바라보면 우리가 남들에게 미치는 영향력을 더 잘 인식하는 데 도움이 되는 것이다.

제3의 관점을 간혹 '벽에 붙은 파리'나 '신의 시각'이라고 표현한다. 시각적 관점이라는 걸 잘 강조한 표현이다. 누구 한 사람의 관점을 취하는 것이 아니다. 자신을 특정 누군가로 생각할 필요도 없다. 어떤 장면을 시각적으로 그려서 우리 자신과 우리가 소통하는 상대를 모두 보는 것이다.

제3자의 관점에서 장면을 시각화하면 우리가 상상하거나 경험하는 사건을 다른 방식으로 해석하게 된다는 사실이 여러 연구에서 밝혀졌다.[13] 일인칭 관점에서 사건을 생각하면 구체적인 사실, 말하자면 그 순간에 일어났다고 자신이 상상하거나 기억하는 구체적인 행위와 감각에 주목하는 경향이 있다. 하지만 제3자의 관점에서 사건을 그려보면 우리가 하는 행위의 추상적인 의미, 즉 행위가 일어나는 폭넓은 맥락에 더욱 주목하게 된다.

예를 들어 선거일에 당신이 투표하는 모습을 일인칭 관점에서 그려보라고 하면 당신은 아마 차를 몰고 투표장으로 가거나, 투표장에서 줄지어 기다리거나, 투표용지에서 선택한 후보의 이름에 표기하는 모습 등 투표와 연관된 세세하고 구체적인 행위를 떠올릴 것이다. 하지만 선거일에 당신이 투표하는 모습을 제3자의 관점에서 그려보라고 하면 당신이 선거에 어떤 영향을 미치는지, 당신의 의견을 어떻게 표현해야 하는지, 시민의 의무를

어떻게 이행하는지와 같은 문제를 더 많이 생각한다.[14]

　다시 말해 자신의 모습을 제3자의 관점에서 그려보면 자신의 행동이 넓은 맥락에서 어떻게 어우러지는지 보게 되고, 자연히 그 행동이 주변 사람들과 전체 시스템에 어떤 영향을 미치는지까지 생각한다. 당신의 한 표가 미치는 영향과 투표장까지 차를 몰고 가서 줄을 서서 기다리는 행위의 가치를 알아챌 가능성이 커지므로, 결국 직접 투표해서 당신이 가진 영향력을 행사할 가능성도 커진다. 실제로 심리학자 리자 리비^{Lisa Libby}와 동료들의 연구에 따르면 2004년 미국 대통령 선거일 전날 밤에 제3자의 관점에서 자기가 투표하는 모습을 그려본 참가자는 일인칭 관점에서 자신을 그려본 참가자보다 다음날 선거일에 투표할 가능성이 높았다.[15]

　우리가 누군가와 소통할 때 취하는 시각적 관점에도 같은 논리가 적용된다. 친구나 연인과 심하게 다투는 장면을 다시 떠올려보자. 보통은 이런 다툼을 일인칭 관점으로 떠올리지만 제3자의 관점에서 바라보도록 연습하면 관계가 크게 개선되는 것으로 나타났다. 심리학자이자 『괜찮은 결혼^{The All-or-Nothing Marriage}』의 저자 엘리 핀켈^{Eli Finkel}이 동료들과 진행한 연구에 따르면, 연구가 진행된 2년 동안 배우자와 소통할 때(특히 의견이 충돌할 때) 상황을 제3자의 중립적 관점으로 보려고 노력하라는 말을 들은 부부가 이런 조언을 듣지 못한 부부에 비해 결혼생활의 만족감이 높게 유지되었다.[16]

연구자들은 중립적인 관점으로 보자 격앙된 말다툼에서 자주 나타나는 부정적인 연쇄반응을 끊는 데 도움이 되었다고 강조한다. 제3자의 관점으로 보면 비난이나 걱정이 오가는 상황을 넓은 시야로 보게 되어 서로 가시 돋친 말만 주고받는 대신 배우자가 걱정하는 마음에도 귀를 기울일 수 있다. 상처 주는 말에 담긴 진심을 이해하고 나의 반응이 상대에게 어떤 영향을 미칠지 생각할 수 있다. 결과적으로 벌컥 화를 낼 가능성이 줄고 상대가 하고 싶은 말이 무엇인지 경청하며 나의 반응이 우리의 관계에 어떤 영향을 미칠지 고려하게 된다.[17, 18]

핀켈과 동료들의 개입은 놀랍도록 단순했다. 7분이면 완성하는 글쓰기 과제였다. 참가자들은 1년에 3번, 모두 21분간 이 과제를 수행했다. 이렇게 짧고 단순한 개입만으로도 무작위 연구에서 결혼생활의 질이 유의미하게 향상되었다.

이런 개입으로 또 어떤 부분이 개선될까? 자주 몇 분씩 짬을 내서 그날의 경험을 제3자의 관점에서 돌아보면 우리가 남들에게 미치는 영향을 더 잘 알아챌 수 있을까? 매일 출퇴근하는 내 모습을 제3자의 관점에서 그려보면 하루 동안 나를 알아보는 사람의 수를 정확히 추정할 수 있을까? 나의 행위(예. 투표, 집단 모임)가 폭넓은 사회적 맥락(예. 제도적 사회 문제, 치명적인 바이러스의 확산)에서 어떻게 작용하는지 더 진지하게 고민하게 될까? SNS에 게시물을 올릴 때 더 신중해질까?

우리는 주로 우리 자신의 머릿속에서 세상을 내다보며 살아간다. 그래서 기본적으로 다른 사람들이 우리에게 어떤 영향을 미치는지(가령 도로 위의 고약한 운전자들, 옆 테이블에서 시끄럽게 떠드는 짜증스러운 사람들, 남의 손이 닿은 문에 남아 있을 세균)에만 신경을 쓴다. 핀켄과 동료들이 말하는 시선의 개입을 통해 우리의 행위가 남들의 행위와 어떻게 연결되고 우리가 어떤 상황에서 어떤 역할을 하는지 볼 수 있다.

머릿속에서 빠져나오는 것은 우리의 영향력을 더 잘 알아채기 위한 첫걸음이다. 그런데 제3자의 관점에서 상황을 보려고 노력하면 우리의 영향력을 더 쉽게 볼 수는 있지만 제대로 느낄 수 있는 것은 아니다. 그래서 추가 단계가 필요하다. 제3자의 관점에서 상대의 관점으로 넘어가고, 상대의 머릿속으로 들어가서, 상대가 어떻게 느끼는지 직접 느껴야 한다.

우리가 남에게 미치는 영향 느껴보기: 관점 취하기 대신 관점 형성하기

우리가 남에게 미치는 영향을 제대로 인지하려면 우리 행위가 남에게 어떤 영향력을 미치는지 보기만 해서는 안 된다. 실제로 남들이 어떻게 **느끼는지** 알아야 한다. 한 걸음 물러나 우리의 행위를 제3자의 관점에서 시각화하면 부하직원에게 데이트를 신청할 때 권력 관계가 어떻게 작용하는지 알 수 있다. 그러나 부하직원이 거절하면서 얼마나 어색하고 불편해할지 진심으로 느끼지 못하면 우리가 상대에게 어느 정도의 압박을 주는지 알 수 없다. 권력 관계가 존재한다는 것을 알아채고 인정하거나 직면하려고 할 수도 있지만, 이런 방법이 결과적으로는 안 좋을 수도 있다. 예를 들어 '부담 갖지는 마세요. 다만…'이라고 말하는 순간, 상대에게 압박을 줄 수도 있다는 염려는 거짓말처럼 사라질 수도 있다.

일단 자신의 머릿속에서 빠져나왔다면 다음에 해야 할 일은 타인의 머릿속으로 들어가는 것이다. 남들이 우리의 존재와 말과 행위를 어떻게 경험하는지 이해할 방법을 찾아야 한다. 그런데 안타깝게도 이는 생각보다 어렵다.

흔히 타인의 생각과 감정을 이해하려면 그들의 관점에서 보려고 더 열심히 노력해야 한다고 생각한다. 타인의 입장에서 최선을 다해 생각해야 한다는 것이다. 이런 방법을 주장한 인물이 바로 1936년에 나온 훌륭한 책, 『카네기 인간관계론*How to Win Friends and Influence People*』을 쓴 데일 카네기*Dale Carnegie*다. 카네기는 이 책에서 "다른 사람의 관점에서 상황을 있는 그대로 보려고 노력해야" 한다고 강조했다.[19, 20]

실제로 이 방법이 효과적이라고 생각하는 사람이 많다. 한 연구에서는 상대의 입장에 서보라는 지시를 받은 사람이 이런 지시를 받지 않은 사람보다 상대의 감정과 기호를 더 잘 판단할 것 같은지 설문 조사를 했다. 응답자의 대다수(68퍼센트)가 상대

의 관점을 취하기만 해도 그 사람의 감정을 더 잘 이해할 거라고 보았다.[21]

하지만 상대를 이해하려고 노력한다고 실제로 상대를 더 잘 이해하는 것은 아니다. 앞에서 언급한 설문 조사를 수행한 심리학자 탈 에얄Tal Eyal과 메리 스테펠Mary Steffel, 니콜러스 에플리 Nicholas Epley는 일련의 연구에서 상대의 입장에서 생각해보라는 지시를 받은 참가자가 아무런 지시를 받지 않은 참가자보다 상대의 생각과 감정을 더 정확히 판단하는지 알아보았다. 그리고 25편의 연구에서 참가자 2,600명 이상이 작성한 설문 결과를 비교한 뒤, 다른 사람의 관점을 적극적으로 참조하려고 노력한다고 그 사람의 감정과 태도, 기호를 더 잘 이해하는 것은 아니라는 결과를 얻었다.

이들 연구에서는 참가자들이 상대방을 여러 측면에서 판단하게 했다(가령 진심으로 우러나서 미소를 짓는지, 거짓말을 하는지 진실을 말하는지, 어떤 영화나 농담을 좋아하는지, 그 외 상대의 머릿속으로 들어간다면 상대를 이해하는 데 크게 도움이 될 만한 여러 판단들). 일부 참가자는 낯선 사람을 판단했고, 다른 참가자는 아는 사람을 판단했다. 일부 참가자는 사진을 보면서 판단했고, 다른 참가자는 실제로 상대와 소통하면서 판단했다. 하지만 이런 구체적 설정은 유의미한 차이로 이어지지 않았다. 전반적으로 상대의 입장에서 상대가 무슨 생각을 하고 어떤 감정인지 생각해보라고 지시받은 참가자가 이런 지시를 받지 않은 참가자보다 같은 과제에서 더 좋은 결과를 얻지는 않았다.

달리 말하면 타인의 관점을 취하려는 노력이 타인이 보는 세상에 대한 더 정확한 이해로 이어지지는 않는다는 뜻이다. 나아가 남들이 **우리를** 어떻게 보고 그들의 세계에서 우리의 역할을 어떻게 인식하는지 더 정확히 이해할 수 있는 것도 아니다.

그렇다고 상대의 관점에서 상황을 보려는 노력이 헛된 수고는 아니다. 이런 노력은 우리가 그들의 상황을 공감하고[22] 협력하는[23] 데 도움이 되며, 나아가 편견도 줄일 수 있다.[24] 중요한 장점이다. 하지만 우리의 목표가 정확성에 있다면(다른 사람이 어떻게 생각하는지, 특히 우리를 어떻게 생각하는지 정확히 아는 것이 중요하다면) 단순히 상대의 관점을 취하기만 해서는 안 된다.

왜일까? 우리가 다른 사람의 관점을 취하고 그 사람의 관점으로 세상을 보려고 노력해도 사실 우리는 결코 우리의 머릿속에서 빠져나오지 못하기 때문이다. 따라서 이때의 '관점'은 상대가 어떻게 생각하고 느낄 것 같다고 판단하는 우리의 생각일 뿐이다. 예를 들어 내가 당신에게 누군가에게 다가가 그 사람을 칭찬할 경우 그 사람이 당신을 어떻게 느낄지 상상해보라고 한다면, 당신은 그런 경험이 어떨지 당신의 생각을 통해 상대의 느낌을 상상할 것이다. 그리고 이 책의 서두에서 살펴보았듯이 아마 당신의 생각은 틀릴 것이다. 상대의 관점을 취하려고 아무리 애써도 결국에는 상대가 당신을 얼마나 귀찮고 성가시게 여길지 판단하는 **당신의** 가정이 그 관점의 토대이기 때문이다.

타인의 관점을 취하는 방법이 그 사람의 머릿속으로 들어가 그 사람이 실제로 어떻게 생각하고 느끼는지(특히 그 사람이 우리를 어떻게 생각하고 느끼는지) 이해하는 데 도움이 되지 않는다면 도움이 될 만한 다른 방법은 무엇일까? 앞의 연구에서 타인의 관점을 **취하는** 방식은 그 사람의 내면세계를 이해하는 데 조금도 가까이 다가가지 못하지만, 우리가 관점을 **형성**하면 도움이 되는 것으로 나타났다. 연구자들의 설명에 따르면 타인의 관점을 취하는 것과 관점을 형성하는 것의 차이는 새로운 정보의 유무에 달려 있다. 타인의 관점을 취하는 것은 알고 보면 그 사람이 실제로 어떻게 느끼는지보다 그 사람이 어떻게 느낄 거라고 생각하는지에 더 가깝다. 따라서 관점을 형성하려면 상대의 실제 생각과 감정에 관한 추가 정보가 필요하다.

관점을 형성하기 위한 가장 직접적이고 효과적인 방법은 그냥 그 사람에게 무슨 생각을 하는지, 어떤 느낌인지 물어보는 것이다. 사람들이 우리에게 정확히 무슨 생각을 하는지 말해주지 않는다고 해도, 그들 자신도 어떤 상황에서 어떻게 느끼는지 모른다고 해도, 일단 상대와 대화를 나눠보면 우리 자신의 머릿속에서 **빠져나올** 수 있다. 그러면 상대의 마음을 읽으면서 상대에 대한 당신의 가정에만 근거를 두지 않을 수 있다. 게다가 5장에서 보았듯이 사람들은 우리가 생각하는 것보다 사적인 정보를 더 많이 나누고 싶어 한다.

이 전략의 효과를 알아보기 위해 에얄과 연구자들은 25편의 연구 프로젝트 중 마지막 연구에서 새로운 조건을 추가하여 연인들을 참가시켰다. 연인 사이인 참가자들에게 "나의 취향과 습관은 좀 구식이다"와 "나는 집에 있는 것을 좋아한다" 같은 진술에 상대가 어떻게 답할지 예상해서 1점(전혀 그렇지 않다)부터 7점(매우 그렇다) 척도로 답하게 했다. 무엇보다도 참가자들에게 상대가 어떻게 답할지 예상하기 전에 세상을 상대의 눈으로 보거나(관점을 취하는 조건) 연인에게 직접 의견을 묻도록(관점을 형성하는 조건) 지시했다. 그리고 모든 참가자가 상대가 각 진술에 어떻게 답할지 예상해서 7점 척도로 표시했다.

당연하게도 실제로 연인에게 의견을 물은 참가자가 그냥 연인의 관점으로 세상을 보려고 시도한 참가자보다 연인이 표시한 점수를 훨씬 정확히 예측했다. 하지만 여기서 놀라운 점은 연인의 관점을 취하려는 노력만 하고 연인에게 직접 물어보지 않은 참가자들이, 답변의 정확도가 떨어지면서도 연인에게 직접 물어본 참가자만큼 연인의 점수를 가깝게 예측할 수 있다고 자신한다는 것이다.

말하자면 이론적으로는 당연해 보여도 실제로는 그렇게 생각하지 못한다는 것이다. 상대가 어떻게 생각하는지 직접 말해주면 당연히 상대 생각을 더 정확히 판단할 수 있다. 그런데도 우리는 직접 물어보는 방법이 훨씬 바람직하다는 점을 알아채지 못한다. 우리의 마음을 들여다보는 방법이 상대의 마음을 직접 알아보는 방법만큼 상대의 생각과 감정을 이해하는 데 효과적이라고 생각하는 것이다.

우리가 남에게 미치는 우리의 영향력을 과소평가하는 가장 큰 이유는 우리가 타인의 머릿속으로 들어갈 수 없기 때문이며, 두 번째는 단순히 타인의 관점을 취하는 방법으로는 타인을 이해하는 데 한계가 있다는 사실을 우리가 모르기 때문이다. 남들이 우리의 설득과 간청에 어떻게 반응할지 예상할 때 우리 판단의 근거는 그들의 의지와 감정에 대한 우리의 가정뿐이다. 당연히 정확하지 않을 때가 많지만 우리는 정확하다고 확신한다. 우리는 남들이 우리의 요청에 "노"라고 답하고 우리가 건네는 칭찬을 불편해할 거라고 확신하지만 앞서 보았듯이 실제로는 두 사례처럼 상대의 반응을 잘못 예상할 때가 많다.

우리가 남에게 미치는 영향을 제대로 이해하려면 짐작만으로는 안 된다. 외부 정보를 적극 수집해야 한다. 에얄과 연구자들은 이렇게 밝힌다. "인간관계에서 상대방에 대한 이해는 관습적인 관점을 취하려는 노력이 아니라 숙련된 저널리스트나 설문 조사의 면담자처럼 적절한 질문을 던지고 경청하는 태도에서 나온다."[25]

때로는 질문하고 경청하는 과정이 불필요하다고 느껴질 수 있다. 남들이 무슨 생각을 하고 어떻게 느끼는지 다 안다고 판단할 수도 있다. 우리가 비슷한 상황에 있을 때 특히 그렇다. 같은 경험을 공유하면 특히 더 상대의 머릿속으로 들어가 그 사람의 속마음을 잘 안다고 확신한다.

실제로 같은 경험을 하면 나름의 통찰을 얻는다. 예를 들어 5장에서 소개한 것처럼 로런 드빈센트와 내가 원치 않는 이성이 접근하는 상황에 관해 연구한 결과 관심이 없는 동료의 접근을 거절한 경험이 있는 참가자들은 반대로 자신이 동료에게 접근했을 때 동료가 거절하면서 얼마나 불편했을지 더 잘 이해했다.[26] 같은 입장이었던 경험을 떠올려 자기가 접근한 상대의 생각과 감정을 미루어 짐작하여 결과적으로 자신의 행동이 상대에게 어떤 영향을 미칠지 더 잘 이해한 것이다.

그런데 경험을 토대로 상대방을 이해하는 방법이 관점을 형성하는 데 효과적일 수도 있지만, 연구에서는 꼭 그렇지만은 않은 것으로 나타났다. 실제로 비슷한 사건이라도 사람마다 전혀 다르게 경험할 수 있으므로 자신의 경험으로 상대의 경험을 유추하면 오히려 역효과가 나타날 수도 있다.

예를 들어 원치 않는 이성이 접근하는 상황에 대한 우리의 연구 결과를 들려주면 주로 상사나 동료의 접근을 거절해야 해서 난처한 적이 있는 사람(주로 여자)은 내 연구 결과에 공감하고 상사와 부하직원 사이의 사내 연애 금지와 같은 직장의 개혁을 희망한다고 말할 것이다. 하지만 다른 유형의 반응도 자주 나타난다. 실제로 상사나 동료에게 접근을 받아 그 상대와 결혼해서 아이도 낳고 행복하게 잘 사는 사람도 있다. 이들은 상사와 부하직원의 사내 연애를 금지한다면 직장의 낭만이 사라질 거라고 안타까워한다. 두 유형 모두 비슷한 일을 겪었지만 각자의 경험이 전혀 달랐고, 각자의 경험에 따라 상사가 연애 감정으로 접근할 때 상대가 어떻게 생각하거나 느끼는지 다르게 판단했다.

따라서 공통의 경험을 통해 타인의 생각과 감정에 공감할 수도 있지만 그렇지 않을 때도 있다는 것을 알 수 있다. 레이철 루탄Rachel Ruttan과 메리 헌터 맥도널Mary-Hunter McDonnell, 로런 노드그렌Loran Nordgren의 연구에서도 이와 비슷한 결과가 나왔다. 연구자들은 과거에 유사한 경험이 있을 때 타인이 겪는 상황을 오히려 더 이해하지 못하는 경우를 연구했다.[27]

한 연구에서는 참가자들에게 학생식당에서 괴롭힘을 당하는 고등학생에 관한 글을 읽게 했다. 학생은 괴롭힘을 당하면서도 꾹 참는 것으로 묘사되거나 괴롭히는 학생들과 주변의 다른 학생들에게 화를 내는 것으로 묘사되었다. 참가자들은 둘 중 한 가지 설명을 읽은 뒤 그 학생에게 얼마나 연민을 느끼고 그 학생을 얼마나 좋아하고 긍정적으로 생각하는지 답변했다.

또한 연구자들은 참가자들의 왕따 경험에 관해 조사하여, 과거에 괴롭힘을 당한 사람이 괴롭힘을 당하는 학생에게 연민을 더 많이 느끼는지도 확인할 수 있었다. 결과적으로 고등학교 시절에 괴롭힘을 당하며 견뎌본 경험이 있는 참가자는 그런 경험이 없는 참가자보다 괴롭힘을 당하는 학생에게 더 많이 연민을 느끼고 그 학생을 더 좋게 평가하는 것으로 나타났다. 다만 이 결과는 학생이 괴롭힘을 **견디는** 상황을 읽은 참가자에게만 나타났다. 학생이 화를 내는 것으로 묘사된 상황을 읽은 참가자에게서는 반대의 결과가 나왔다. 과거에 괴롭힘을 견딘 참가자는 괴롭힘을 당한 경험이 없는 참가자보다 화를 내는 학생에게 연민을 덜 느끼고, 부정적으로 평가한 것이다.

자신의 경험에 비추어 타인의 상황을 판단하면 그들을 더 잘 이해할 수도 있다. 다만 다른 사람이 그 경험에 반응하는 방식이 과거 우리의 반응과 같을 때만 그렇다. 남들도 우리가 과거에 반응한 것처럼 반응할 거라고 가정하지만 이런 가정이 틀릴 때도 많다.[28] 그래서 역시나 직접 물어보는 방법이 중요하다. 다른 사람이 어떻게 느낄지를 자신의 과거 경험에 비추어 이해하려는 태도는 사실상 자신의 마음을 들여다보면서 타인의 마음을 짐작하는 것과 같다. 다른 사람이 어떻게 생각하고 느끼는지 아는 것이 아니라 다른 사람이 어떻게 생각하고 느끼는지 안다고 **추정**하는 것이다. 게다가 비슷한 상황을 직접 겪어 봤다는 이유로 정확하지도 않은 자신의 짐작을 더 확신한다. 우리가 정확히 아는지 판단하기 위한 유일한 방법은 우리의 머릿속에서 벗어나 정보를 수집하는 것이다. 한마디로 그냥 물어보면 된다.

그러면 이렇게 직접 물어보는 방법은 우리가 남에게 미치는 영향을 이해하는 데 어떤 의미가 있을까? 우리가 남에게 미치는 영향을 진실로 알고 싶다면 남들의 말을 들어야 한다. 우리의 경험을 바탕으로 남들에 대해 생각하는 것이 아니라 당사자의 이야기를 들어야 한다. 물론 우리가 영향을 미쳤거나 영향을 미치고 싶은 사람들에게 직접 물어보는 것이 최선이지만 항상 물어볼 수 있는 것은 아니다. 아지즈 안사리처럼 어느 날 아침에 일어나 보니 자신의 행동이 자기도 모르게 남에게 어떻게 영향을 미쳤는지 소상히 폭로하는 글을 접할 수도 있지만 사실 모르고 지나가는 경우가 더 많다. 게다가 남이 먼저 다가와 우리가 그에게 어떤 영향을 미쳤는지 말해주기를 기다리면서 **상대에게** 부담을 떠넘기는 것은 앞서 보았듯이 비현실적일 뿐 아니라 부당하다. 따라서 사람들의 감정을 이해하고 경험을 경청하기 위한 방법을 찾아야 한다. 우선 미투 운동 사례와 BIPOC(흑인, 원주민, 유색인종)가 공유하는 참담한 인종차별 사례 그리고 코로나19 유행의 한복판에서 싸우는 보건인력의 사연을 읽어봐야 한다. 그리고 이런 사연이 아무리 슬프거나 불편해도(그럴수록 더더욱) 경청해야 한다. 아니면 우리의 말과 행동이 남들에게 어떤 영향을 미치는지 끝내 이해하지 못할 것이다. 오직 경청을 통해서만 관점을 형성할 수 있다.

우리가 남에게 미치는 영향 경험하기:
거절 치료법

제이슨 컴리Jason Comely가 프리랜서 IT 기술자로 일할 때 그의 아내는 '키가 더 크고' '돈도 더 많은' 남자를 찾아 떠났다.[29] 그는 아내로부터 거절을 당한 뒤 고통스러운 마음에 몇 달간 밖에도 나가지 않고 아무도 만나지 않았다. 고립되고 우울한 채로 몇 달을 울면서 보냈다. 돌이켜 생각해보면 그때가 그의 인생에서 전환점이었다. 어느 날 그는 그렇게 또 거절당할까봐 두려워하면서 살다가는 정상적인 사회생활로 영영 돌아가지 못할 것 같아 결단을 내려야 한다고 생각했다.

마침 컬리는 혹독한 훈련으로 악명 높은 러시아 특수부대 스페츠나츠^{Spetsnaz}에 관한 글을 읽다가 거절 공포를 다스리려면 군사 훈련 수준의 노력이 필요하다고 판단했다. 그는 거절 공포가 사라질 때까지 매일 거절당해보기로 했다. 우선 모르는 사람에게 돈을 달라고 부탁하는 식으로 가볍게 시작했다. 여기까지 읽은 독자라면 그리 어려운 부탁이 아닌 걸 알 것이다. 컬리도 이내 하루에 거절당해야 하는 횟수를 채우려면 낯선 사람에게 부탁할 금액을 높여야 한다는 것을 알았다. 그래서 점점 더황당한 부탁을 생각해냈다. 모르는 사람에게 다가가 칭찬해달라고 하거나, 아무에게나 달리기 시합을 하자 제안하거나, 식당에서 웨이트리스에게 같이 춤을 추자고 제안했다.

공포증을 유발하는 대상과 직접 대면하는 노출치료[30] 방식의 이 '치료법'을 이어가며 컬리는 이게 '거절 예방 접종'이라고 생각했다. 그는 더 행복해졌고 자신감도 붙었다. 그리고 다른 사람들도 그의 치료법으로 효과를 볼 수 있겠다고 생각해, '치료' 과정에서 쌓아온 수많은 거절 경험을 모아서 거절 사례 카드를 만들었다. 그렇게 '거절 치료법'이 카드 게임으로 만들어졌다.

사업가를 꿈꾸던 지아 장Jia Jiang은 인터넷에서 거절 공포를 다스릴 방법을 찾아보다가 우연히 이 카드 게임을 발견했다. 장은 이 게임을 하면서 〈거절 치료법 100일〉이라는 제목의 블로그에 총 100가지 거절 사례를 담은 영상을 올려 진행 상황을 기록했다. 장의 블로그에 가보면 그가 코스트코 관리자에게 인터컴을 사용하게 해달라고 부탁하다가 거절당하고, 페덱스 직원에게 택배를 산타클로스한테 보내달라고 부탁하다가 거절당하고, 애견미용실에서 미용사에게 자신의 머리를 다듬어달라고 부탁하다가 거절당하는 장면이 올라와 있다.

　누군가 거절당하는 영상을 보면서 남의 불행에 기쁨을 느끼는 '샤덴프로이데Schadenfreude', 즉 쌤통의 심리로 장의 블로그를 찾는 사람도 있겠지만, 그의 블로그가 크게 인기를 끈 이유는 무엇보다도 그가 만난 사람들이 알고 보면 마음이 따뜻한 사람들이라는 게 밝혀지기 때문이다. 영상 속에서 사람들이 거절하는 모습은 정중하고 유쾌하기까지 하다. 코스트코 관리자는 장에게 인터컴을 쓰지 못하게 하는 이유를 차근히 설명하고는 코스트코 측에서 부담할 테니 매장 푸드코트에서 원하는 메뉴를 주문하라고 제안하기까지 한다.[31] 페덱스 직원은 장의 산타클로스 택배 문제를 해결하기 위해 최대한 진지하게 방법을 찾아본다.[32] 또 애견미용실의 직원은 장의 부탁을 듣고 황당해하면서도 규정상 사람의 머리는 다듬어줄 수 없다면서 진심으로 미안해한다.[33]

248

그리고 장의 블로그에는 사람들이 "예스"라고 답하는 수많은 영상이 있었다. 어떤 경찰은 그의 부탁에 그를 경찰차 운전석에 태워준다.[34] 또 칭찬해달라는 부탁에 다들 그에게 키가 크고, 잘생겼고, 헤어스타일이 멋지다고 말해준다.[35] 크리스피 크림의 직원은 도넛 다섯 개를 연결해 올림픽 오륜기처럼 만들어달라는 부탁을 받고 결과물을 기대 이상으로 만들어준다.[36]

나는 장의 블로그를 둘러보면서 내 연구의 참가자들이 깨달은 사실을 장도 깨달았다는 것을 알 수 있었다. 사람들이 (아무리 이상하고 시간이 드는 부탁이라도) 우리의 부탁을 들어줄 가능성이 생각보다 크다는 점 말이다. 장은 몇 년 뒤 TEDx 강연에서 오륜기 도넛 사례를 소개하며 "사실 이런 부탁에 '예스'라고 답할 리가 없잖아요"라고 감탄하면서 말했다. 그리고 그때 그 직원이 그의 부탁을 들어주기 위해 얼마나 성심을 다했는지 이야기하면서 "도무지 믿기지 않았죠"라고 말했다. "이 영상은 유튜브에서 500만 회의 조회수를 기록했습니다. 전 세계가 놀라워했어요."[37]

장은 완전히 달라졌다. '거절 치료법'이라는 이름으로 상표권도 등록하고, 〈지아 장의 거절 치료법〉이라는 블로그에 게시물도 올렸다. '거절 치료법' 세미나를 열고, 『거절당하기 연습 Rejection Proof』이라는 책도 냈다. 장은 이 과정을 통해 자신의 영향력을 더 많이 깨달았다. TEDx 강연에서 장은 "그냥 물어보기만 해도 평생의 꿈을 이룰 수 있다"는 사실을 깨달았다고 말한다. 그리고 누구나 그렇게 해야 한다고 말한다.

장의 말이 맞을까? 우리의 영향력을 이해하려면 일단 시도 먼저 해봐야 할까? 사실 거절 치료법이라는 개념 자체가 상당히 매력적으로 보인다. 컴리와 장의 경험 그리고 다른 많은 사람의 경험을 보면 (반복적인 학습으로 시간에 따른) 학습 곡선이 가파르게 올라가면서 그들에게도 획기적인 변화가 일어난다. 게다가 내 연구에서 나온 결과와도 일치한다. 사실 내가 거절 치료법을 처음 알게 된 것도 우리 연구의 참가자를 통해서였다. 낯선 사람에게 가서 도서관 책을 훼손해달라고 부탁하는 연구였다. 그 참가자가 나중에 연구에 관해 대화를 나누고 싶다며 만나자고 연락했다. 나는 그가 사람들에게 도서관 책을 훼손해달라고 부탁하는 실험의 연구 윤리를 따지려는 줄 알고 지레 겁을 먹었지만, 그는 내 연구가 거절 치료법과 연관이 있는지 물었고 나는 아니라면서 그런 치료법은 들어본 적이 없다고 답했다.

당시 나는 거절 치료법에 관해 들어본 적이 없었지만 내 연구에 참가하면서 자신의 영향력을 바라보고 경험하는 방식이 변했다고 말해준 참가자는 그가 처음(혹은 마지막)이 아니었다. 여기에 어떤 진실이 있는 것 같았다. 참가자들은 밖에 나가 무언가를 부탁하라는 지시를 받고 어려운 과제라고 생각하며 나갔다가 예상보다 많은 사람에게 "예스"를 듣고 일종의 '아하'하는 순간을 경험했다. 그래서 우리가 남에게 미치는 영향을 알아채는 가장 좋은 방법은 직접 나가서 우리가 가진 영향력을 시험해

보는 방법이라고 결론짓고 싶다. 그러나 사실 이 방법이 최선이자 전부일지는 의구심이 든다.

　우선 이런 방법으로 얻을 수 있는 통찰이 얼마나 보편적일지 의문이다. 과연 모두에게 효과적인 방법일까? 제이슨 컴리와 지아 장 그리고 내게 거절 치료법을 알려준 그 참가자는 모두 백인이거나 아시아인 남성이었다. 이들의 경험을 얼마나 일반화할 수 있을까? 다수의 유색인종처럼 근본적으로 제도적 거절을 경험한 집단의 구성원에게도 효과적일까? 미국의 흑인들처럼 역사적으로 자신의 힘과 영향력을 행사하는 것을 두려워하고 또 그로 인해 처벌받은 집단의 구성원에게는 어떨까? 사실 심리학자들은 주로 대학생 표본에 의존해서 연구한다. 그리고 이런 표본에는 백인이 압도적으로 많기 대문에 이 질문에 대한 답은 알 수 없다. 한마디로 인종에 따라 이 결과가 어떻게 달라질지 알아보기 위한 데이터가 충분히 쌓이지 않았다. 사실 이 책에서 소개한 다수의 연구에도 적용되는 얘기다. 백인 참가자에게 과도하게 의존하는 현실은 심리학 연구의 오래된 한계이자 중요한 문제점이다.[38]

　게다가 거절 치료법에 대한 경험은 성별에 따라 달라진다는 문제도 있다. 여자들은 인정받지 못하거나 반감을 살까 봐 요청을 꺼리는 경향이 있다. 린다 뱁콕Linda Babcock과 새러 래시버Sara Laschever가 쓴 『여자는 어떻게 원하는 것을 얻는가Women Don't Ask』에서 자세히 다루는 주제다.[39] 여자들은 거절 치료법과 같은 방법에서 다른 식으로 부탁할까? 그리고 이런 방법에서 다른 점을 깨달을까?

얼마 전에 나는 BBC의 〈내 이름은…My Name Is…〉이라는 프로그램에 초대받아 이 질문에 대해 생각할 기회를 얻었다. 매회 '청취자의 사연을 소개하고 오늘의 영국에서 답을 찾아보는' 취지의 프로그램이었다. 내가 출연한 '헤일리: 거절을 요청하기'라는 에피소드에서는 '거절에 잘 대처하고 거절 공포 없이 원하는 것을 요청하고 싶은 젊은 여자'의 사연을 소개했다.[40] 헤일리가 하루 동안 거절 치료법을 시도하는 에피소드였다.

헤일리의 첫 번째 거절 연습은 장의 연습과 상당히 유사했다. 시장에 가서 상인에게 배 하나를 달라면서 "죄송한데요… 이 배를 가져가도 될까요?"라고 부탁했다. "네." 상인이 선뜻 답했다. 헤일리가 "정말 감사합니다"라고 답하는 동안 이를 지켜보던 이 프로그램의 프로듀서 메라가 놀라고 기뻐하면서 "세상에, 저분이 말했어요. '네'라고 했어요!"라고 뒤에서 속삭이는 소리가 들렸다. 다음으로 헤일리는 다른 상인 두 명에게 가서 파스닙과 허브 데오도란트를 달라고 했지만 이번에는 잘 되지 않아 처음으로 "노"라는 대답을 들었다. 하지만 허브 상인은 연신 미안해하면서 "저도 공짜로 드릴 수 있으면 좋겠지만…"이라고 말하면서 "이게 제 가게가 아니라서…"라고 덧붙였다.

이어서 어떤 사람에게 그의 배에 들어가도 되는지 요청했지만 손님을 맞을 만큼 깨끗하지 않다는 이유로 거절당했다. 헤일리와 프로듀서는 "배 주인이 쉽게 거절한 게 아니었다"라고 말했다. 장도 거절 연습에서 비슷한 경험을 소개하며 그가 사람들에게 칭찬해달라고 부탁하자 "다들 칭찬해주는 것보다 거절하는 것을 더 어려워했다"[41]라고 말했다. 하지만 흥미롭게도 여기서 헤일리와 장의 경험이 뚜렷이 갈라진다.

장은 사람들이 "노"라고 말하기 어려워하는 것을 본 뒤 "누구나 이 방법을 시도해야 한다"라고 강조했다. 장이 경험을 통해 배운 것은 그냥 물어보면 된다는 것이었다.

반면에 헤일리가 같은 경험에서 배운 것은 조금 달랐다. 헤일리는 배 주인이 얼마나 어렵게 "노"라고 답하는지 알고난 뒤 "저런 마음을 뻔히 알면서도 강요하면 안 될 것 같다"라고 말했다. 헤일리는 나중에 친구에게 그 일을 이야기했다. 두 사람의 대화는 상대방에게 마음 편히 거절할 여유를 주어야 한다는 쪽으로 흘렀다. 헤일리의 친구는 "실제로든 비유로든 여자와 문 사이를 막아서서는 안 된다"라고 말했다. 장은 부탁을 들어줄지 말지 머뭇거리던 사람들을 떠올리며 "예스"를 더 쉽게 받아내려면 어떻게 접근해야 하는지 고민했지만, 헤일리는 같은 순간을 떠올리며 사람들이 "노"를 말하기 쉽게 해주려면 어떻게 해야 할지 고민했다.

영향력을 대하는 둘의 태도는 극명하게 달랐다. 둘 다 이런 경험을 통해 자신의 영향력이 얼마나 강한지 깨달았지만 한 사람은 그 영향력을 더 발휘할 방법을 찾으려 했고, 다른 한 사람은 한발 물러나 사람들에게 거절할 여유를 더 주고자 했다. 그러니까 영향력을 덜 발휘할 이유를 찾았다. 앞서 보았듯이 두 가지 결론 모두 타당하다. 한 사람이 두 가지를 다 깨닫는 것이 가장 바람직하다. 하지만 이 두 사람의 사례에서는 이런 경험을 통해 깨달은 내용이 한쪽으로 치우치는 듯하고, 그 방향은 성별에 따라 갈라지는 듯하다.

그렇다고 개인적인 두 사례를 확대해석할 생각은 없다. 실제로 거절 치료법을 통해 장과 비슷한 경험을 한 여자들도 있다. 『하퍼스 바자*Harper's Bazaar*』에 칼럼으로 거절 치료법 시도 경험을 쓴 한 여성 저자는 (〈섹스 앤 더 시티〉의 캐리 브래드쇼가 썼을 법한 문장으로) 거절 치료법을 진행하면서 "핑계는 접고 두려운 무언가를 시도하자 삶이 변화했다"라고 적었다.[42] 거절 치료법 방식과 유사한 내 연구에서도 성별에 따른 차이는 나타나지 않았다. 내 연구에서 낯선 사람에게 다가가 부탁한 참가자들은 여자든 남자든 사람들이 부탁을 들어줄 가능성을 비슷한 정도로 낮게 예상했다.[43]

다만 거절 치료법에서 장의 깨달음과 헤일리의 깨달음 사이의 차이는 원치 않는 상대가 연애 감정으로 접근하는 상황(남자와 여자가 전혀 다른 경험을 하는 영역)에 관한 연구에서 나타난 성별 차이와 일치했다. 이 연구의 여자 참가자들은 비슷한 상황을 많이 겪어봐서 그들도 누군가에게 연애 감정으로 다가갈 때 상대가 얼마나 부담스러워할지 남자들보다 잘 이해했다. 원치 않는 사람에게 관심을 받아본 경험이 있어서 그들도 자신에게 관심 없는 상대에게 다가가면 상대가 어떻게 생각하고 느낄지 잘 아는 것이다.

결과적으로 거절 치료법과 같은 연습을 성별이나 인종마다 다르게 경험하는지는 알 수 없다. 다만 분명한 건 이런 연습에서 얻은 결과가 보편적이라고 가정해서는 안 된다는 점이다. 이런 경험의 결과는 두 사람의 거절 치료법 사례로 유추할 수 있는 것보다 훨씬 복잡하다. 단순 경험에 의지해서 남에게 미치는 영향을 이해하려는 자세의 문제는 이것만이 아니다.

이 책을 읽다 보면 어느 순간 이런 의문이 들었을 것이다. 사람들이 우리의 요청을 기꺼이 들어주려 한다면 왜 여태 몰랐을까? 남에게 부탁하지 않고 살 수 있는 사람은 없다. 누구든 길을 묻거나, 조언을 구하거나, 볼펜을 빌리거나, 문을 잡아달라고 부탁했다. 그리고 대체로 "예스"라는 답을 들었을 것이다. 이런 경험을 많이 해보고도 왜 컴리와 장처럼 남에게 부탁하는 것을 두려워할까?

문제는 이런 경험을 우리가 매번 정확하고 객관적으로 기억하지 않는다는 것이다. 삶의 다른 일들처럼 부정적인 면이 긍정적인 면보다 두드러져 보인다. 부정적인 사건이 긍정적인 사건보다 강렬하고 오래 남는다. 바로 '부정성 편향'이라는 현상 때문이다.[44] 일상에서 남들이 우리의 온갖 요청을 들어준 기억은 잊어버리지만, 사소하게 거절당한 기억은 고통스럽게 오래 남는다.

헤일리는 이런 편향에 사로잡혔다. 헤일리와 프로듀서는 거절 치료법과 유사한 실험을 잠시 중단하고 가까운 펍에 들어가 맥주를 마셨다. 프로듀서가 헤일리에게 거절의 두려움이 조금 줄었는지 물었다. 헤일리는 그보다는 인간에 대한 낙관이 줄었다고 답했다. 그러자 프로듀서가 곧바로 진실을 일깨워주었다. "그런데요, 오늘 '예스'를 많이 받으셨잖아요. '예스' 받은 일을 생각해봐요. 배도 공짜로 얻고 감자튀김도 얻었고…." 헤일리는 이 말에 수긍하면서도 이렇게 말했다. "이건 제 문제인 것 같아요. 부정적인 것만 보거든요."

헤일리만의 문제는 아니다. '나쁜 것이 좋은 것보다 강렬하게' 기억되는 현상은 사회심리학에서 가장 명확히 입증된 효과이다.[45] 누구나 공감하는 문제이고 우리가 남에게 미치는 영향력을 과소평가하는 중요한 이유이기도 하다. 우리는 남에게 영향을 미치려 하다가 실패한 기억은 반복해서 떠올리지만, 성공한 기억은 금방 잊어버린다.

거절 치료법과 같은 경험적 방법의 또 다른 문제는 어느 한 경험에 비추어 우리가 남에게 영향을 주는 다양한 영역을 모두 이해할 수 없다는 점이다. 하지만 연구에서는 우리가 복잡한 현상의 단편적 부분만 보고 전부를 아는 양 생각하는 것으로 나타났다. 심리학자 아리엘 실버먼Arielle Silverman과 제이슨 그윈Jason Gwinn, 리프 판 보벤Leaf Van Boven이 연구를 통해 입증한 현상이다. 그들은 참가자들이 눈가리개를 하고 과제를 수행하게 했다. 앞이 보이지 않는 경험을 해보게 한 것이다. 참가자들은 이런 단순한 실험에 참가한 뒤 시각장애인에게 더 호의적인 태도를 보였다. 이런 식의 개입이 의도하는 전형적인 목표다. 그런데 다른 한편으로는 앞을 못 보면 어떨지 상상하기만 한 참가자들에 비해 시각장애인의 능력을 낮게 평가하기도 했다.[46] 눈가리개를 한 참가자들은 앞을 보지 못하는 상황을 잠깐 체험해봤을 뿐인데도, 이런 짧은 경험만으로 실제 시각장애인이 오랜 세월 적응하고 살아온 과정을 이해하려고 했다. 그 결과 시각장애인의 능력을 더 부정적으로 바라보는 것이다.

잠깐 눈가리개를 해본다고 해서 앞 못 보는 사람의 복잡한 경험을 다 알 수 없듯이 잠시 밖에 나가서 사람들에게 엉뚱한 요청을 해본다고 해서 '우리가 남들에게 미치는 영향'을 모두 이해한다고 할 수 없다. 많이 부탁해보면 부탁의 힘을 배울 수는 있다. 하지만 남에게 영향을 미치며 살아가는 삶의 복잡다단한 측면을 다 알 수는 없다. 게다가 직접 부탁하는 것이 아니라 누군가의 행동을 모방하거나, 누군가를 설득하거나, 그저 같은 공간에 머물러 영향을 미치는 경우라면 더욱 그렇다.

마지막으로 누군가에게 연애 감정으로 접근하거나 부적절한 행동을 요청하는 상황에서는 직접 경험하지 **않고도** 우리의 영향력을 알아챌 방법을 찾아야 한다. 이런 영역에서 영향력을 검증하기 위해 참가자들을 밖으로 내보내 무모하게 부탁하게 만들고 싶지도 않을 뿐더러, 그렇게 해서 얻을 게 있을지도 확실치 않다. 앞서 보았듯이 우리가 부탁하는 상대가 웃으며 응해줄 수는 있지만 "노"라고 말하고 싶어도 어색하고 불편해질까 봐 못하는 것일 수도 있다. 이럴 때는 서로가 같은 상황을 전혀 다르게 해석할 수 있다.

앞에서 도서관 책을 훼손하는 연구의 참가자들은 실험을 마친 후 사람들이 얼마나 비윤리적인지 알고 충격을 받았다고 말했다. 주로 이렇게 말했다. "많은 사람이 그런 부탁을 들어주려 한다는 게 믿기지 않아요!" 물론 실험 참가자들의 요청을 받은 다수는 진심으로 부탁을 들어주고 싶은 것이 아니라 싫은 내색을 하지 못했을 뿐이다. 하지만 참가자들은 이런 사정은 잊어버렸다. 그러고는 그들의 예상보다 많은 사람이 비윤리적인 부탁을 들어주자 오늘날 윤리의식의 현실을 엿보았다고 생각했다. 하지만 그들은 가장 중요하게 깨달아야 할 부분(사람들은 그들이 생각하는 것보다 "노"라고 말하기 어려워한다)을 놓쳤다. 사람들의 윤리적 행동에 그들의 영향력이 생각보다 크게 작용했다는 부분이다.

물론 우리는 참가자들이 실험을 마치고 나서 계속 이렇게 생각하게 놔두지 않았다. 마무리 단계에서 모든 참가자에게 정리하는 시간을 주어 연구의 요점을 알려주었다. 다만 여기서도 우리가 남에게 미치는 영향을 경험을 통해서만 이해할 때 마주하게 되는 한계가 거듭 입증된다.

그렇다고 경험의 역할을 완전히 부정하고 싶지는 않다. (앞에서 나는 우리가 남들에게 미치는 영향을 이해하는 세 가지 방법 중 하나로 경험을 꼽았다.) 때로 경험은 (거부 치료법을 통해 변화한 사람들의 사례처럼) 우리가 남들에게 미치는 영향을 이해하는 데 효과적인 도구가 되어준다. 그래서 대체로 개인적인 경험을 전부로 생각하기도 한다. 그러나 사실 우리의 경험에는 결함이 있을 수 있다. 우리는 우리의 경험을 잘못 기억하고 잘못 해석할 수 있다. 따라서 경험으로 아는 것이 반드시 진실은 아니다.

오히려 단순하고 직접적인 실험('밖에 나가서 사람들에게 무언가를 부탁해보라!' '오늘 누군가를 칭찬하라!')을 통해 단순하고 직접적인 우리의 영향력을 이해할 수 있다. 다만 자신의 영향력을 현명하게 활용하기 위해 부탁을 자제하거나 잘 알지 못하는 일에 동의하지 않는 것은 또 다른 문제다. 어떤 행위를 멈추고 아무것도 하지 않으면 경험을 통해 이해하기가 더 어렵다. 따라서 우리가 미치는 영향의 다층적 속성을 이해하려면 경험 이상의 뭔가가 필요하다. 이 장의 앞에서 언급했듯이 우리는 우리의 영향력을 보고 느낄 수도 있어야 한다.

그래서 나는 당신이 당장 밖에 나가서 누군가에게 무언가를 부탁하거나 칭찬해야 한다고 생각한다. 나아가 당신의 머릿속에서 벗어나 관점을 '형성'하고 자신의 경험을 돌아봐야 한다고 생각한다.

지아 장도 부탁하는 방법에는 '초능력'이 있다는 사실을 오직 경험만으로 깨달은 것은 아니다. 그는 TEDx 강연에서 거절 치료법을 처음 시도했던 날을 이야기했다. 사람들에게 100달러를 빌려보기로 하고 그가 일하던 건물 로비로 가서 안내데스크의 경비원에게 물었다. "저기요, 100달러를 빌릴 수 있을까요?" "아뇨"라는 대답이 돌아왔다. 장은 창피하고 부끄러워서 경비원이 이어서 "왜요?"라고 묻는 것도 듣지 못할 뻔했다. 그리고 당황해서 그 물음에는 답하지 않고 그냥 "안 되나요?"라고 되묻고 "죄송합니다"라고 말한 뒤 서둘러 자리를 떠났다.

장의 첫 번째 거절 실험은 괴롭고 창피한 경험이었다. 하지만 그는 방금 일어난 상황을 경험으로만 해석하지 않았다. 그는 경비원과 나눈 대화를 녹화해서 그날 밤 영상을 확인했다. 그는 TEDx 강연에서 이렇게 말했다. "제가 거절당하는 장면을 보는데 얼마나 겁을 먹었는지 알겠더군요." 그는 영상을 계속 보다 보니 경비원과 나눈 대화가 눈에 들어오기 시작했다고 말했다. "그러다 그 사람을 봤어요. 그렇게 위협적으로 보이지 않더군요… 그 사람은 제게 '왜요?'라고 묻기까지 했어요. 사실 제게 설명할 기회를 준 거죠. 그리고 저는 많은 이야기를 할 수도 있었어요. 설명할 수도 있었고, 협상할 수도 있었어요. 그런데 아무것도 하지 못했어요. 그냥 도망쳤죠."[47]

장은 자신의 눈으로만 상황을 바라보면서 거절을 수치스럽고 무섭게 받아들이고 거절하는 상대를 위협적으로 느꼈다. 하지만 한발 물러나 제3자의 관점으로 다시 보니, 즉 상대와 나눈 대화를 마치 벽에 붙은 파리처럼 보자 다른 양상이 선명하게 드러났다. 상대에게서 장의 말을 들어주고 싶어 하는 진심을 본 것이다. 이어지는 질문("왜요?")에 담긴 영향력의 기회를 보았고, 그가 가진(그 순간에는 놓쳐버린) 영향력도 보았다.

장의 거절 치료법은 이런 경험 중심의 실험이 상황을 얼마나 잘 통찰할 수 있는지 보여주는 좋은 사례다. 하지만 자신의 경험에만 의존하면 얼마나 잘못된 방향으로 흘러갈 수 있는지 일깨워주는 사례이기도 하다. 경험만으로는 좋은 쪽으로든 나쁜 쪽으로든 우리가 사람들에게 영향을 주는 복잡다단한 모든 측면을 온전히 이해할 수 없다. 제대로 이해하려면 우리가 가진 영향력을 스스로 보고, 느끼고, 경험해야 한다.

나가며

할로윈은 내가 좋아하는 명절이다. 우리 집 아이들이 어서 자라서 사탕을 얻으러 돌아다니는 날이 오면 좋겠다. 하지만 남편은 초등학교 5학년 때 운명의 할로윈을 보내고는 다시는 사탕을 받으러 돌아다니지 않기로 맹세했다고 한다. 또래보다 키가 컸던 남편은 아버지의 트렌치코트를 입고 무서운 가면을 쓰고서 이웃집 문을 두드리며 "사탕 안 주면 괴롭힐 거예요"라고 말했다. 이웃집 주인은 남편을 알아보지 못하고 "사탕은 애들한테만 줍니다"라며 야단쳤다. 상심한 남편은 곧장 집으로 돌아갔다. 요즘도 남편은 매년 10월이면 그날의 슬픈 기억을 들려주며 왜 그가 집에 앉아 사탕을 나눠주는 특혜를 누려야 하는지 설명한다.

누구에게나 자신의 생각과 존재에 영향을 미치며 계속 머릿속에서 맴도는 타인의 말과 행동이 있다. 이웃집 주인의 사소한 한마디가 해마다 할로윈이면 되살아나 남편을 괴롭혔다. 내 연구 인생에서 발견한 유의미한 결과와 내 세계관을 이루는 중요한 부분 그리고 커피를 마시는 방식 들도 어느 정도 가까운 동료들이나 우연히 마주친 모르는 사람들이 무심코 한 말에 영향을 받았을 것이다. 오래전에 존경받는 선배 학자가 내 연구를 칭찬해준 기억을 떠올리면 지금도 자신감이 차오르고, 초기의 논문 한 편이 혹평을 받았을 때를 떠올리면 여전히 불쾌한 기분이 든다.

특히 이 책에서는 우리의 말과 행동이 결국 다른 사람 머릿속에 울림을 주는 생각과 기억으로 남을 수 있다는 사실에 주목했다. 앞에서 우리가 영향력을 얻기 위해 해야 한다고 **생각하는** 것과 실제로 우리에게 영향력을 부여하는 것 사이의 차이를 보았다. 그리고 우리의 존재만으로도 우리가 생각하는 것보다 남에게 큰 영향을 미치기 때문에 완벽하게 의사를 표현하려고 과도하게 신경 쓸 필요가 없다고 이야기했다. 또한 사람들이 (우리가 용기를 내서 직접 부탁하기만 한다면) 우리의 부탁을 들어줄 가능성이 생각보다 크다는 것도 보았다. 반면에 사람들이 우리의 말과 행동을 생각보다 더 많이 주목하고 듣고 처리하고 반응하므로 권력을 가진 자리에서는 특히 자신의 말과 행동을 책임지려고 노력해야 한다는 것도 설명했다.

이 책에서 소개한 방법으로 여러분도 자신의 영향력을 알아가길 바란다. 다시 강조하지만 어느 한 가지 방법도 마법의 해결

책이 아니다. 현실적으로 누군가가 당신에게 주목하거나, 당신이 한 말을 몇 주 뒤 다시 떠올리거나, 당신의 행동에 감동해서 자신의 행동을 바꿀 때마다 당신이 알 수 있는 것은 아니다. 그래서 당신은 계속 당신의 주장이 지닌 전달력을 과소평가할 수도 있다. 또 누군가에게 부탁하면서 상대가 얼마나 불편할지 모를 수 있다. 그래도 이 책을 읽고 난 지금은 적어도 이런 상황이 생각보다 많다는 것을 이해했을 것이다. 당신에게는 (남들에게 영향을 미치려고 적극적으로 노력하든 아니든) 생각보다 큰 영향력이 있다는 것도 알게 됐을 것이다. 다만 보이지 않는 영향력에는 보이지 않는 책임이 따른다.

서두에서 말했듯이 영향력과 설득을 이야기하는 서적은 대체로 한 가지 목표를 향한다. 더 당당하고 유능하게 영향을 미치는 사람으로 만들어주는 것이다. 나도 이 목표에 공감한다. 어느 정도는. 다만 나는 우리가 특이하지 않아도 생각보다 쉽게 남에게 영향을 미친다는 점이 제대로 전달되었기를 바란다. 누군가에게 영향을 주려다 실패한 기억이 크게 남을 수는 있지만, 별다른 노력 없이 누군가에게 영향을 미친(그럼에도 자신의 영향을 깨닫지 못하는) 사례가 훨씬 많다. 나는 당신이 이 책에서 얻은 지식으로 실제로도 더 당당하고 유능하게 영향력을 미치는 사람이 되기를 바란다. 당신의 요구와 당신의 신념을 더 당당히 밝히면 사람들이 당신의 목소리를 듣고 반응한다는 사실을 믿기를 바란다.

물론 내가 이 책에서 바라는 목표는 그 이상이다. 나는 당신이 남에게 미치는 영향을 더 섬세하게 이해하도록 도와주고 싶다. 그래서 당신이 이미 가진 영향력을 더 정확히 파악하고 그 영향력을 더 자신 있게 발휘함과 동시에 더 자신 있게 그 영향력을 쓰지 않기를 바란다. 더 많이 부탁해야 할 수도 있다. 더 적게 부탁해야 할 수도 있다. 당신이 당신의 머릿속에서 빠져나와 타인을 중심으로 관점을 형성하고 자신의 경험을 돌아보면서 보이지 않는 영향력의 현명한 활용법을 배우기를 바란다. 남들의 말과 행동이 우리에게 울림을 주듯이 우리의 말과 행동도 누군가에게 울림을 줄 수 있다. 그래서 우리는 더 의미 있게 말하고 더 올바르게 행동하려고 노력해야 한다.

주

들어가며

1   Erica J. Boothby and Vanessa K. Bohns, "Why a simple act of kindness is not as simple as it seems: Underestimating the positive impact of our compliments on others," *Personality and Social Psychology Bulletin* 47, no. 5 (2021): 826-840, https://doi.org/10.1177/0146167220949003.

2   친구들에게 칭찬하는 상황에 관한 유사한 연구 결과는 다음을 참조하라. Xuan Zhao and Nicholas Epley, "Kind words do not become tired words: Undervaluing the positive impact of frequent compliments," *Self and Identity*, 2020, https://doi.org/10.10 80/15298868.2020.1761438, Xuan Zhao and Nicholas Epley, "Insufficiently complimentary? Underestimating the positive impact of compliments creates a barrier to expressing them," *Journal of Personality and Social Psychology*, 2021.

3   Amit Kumar and Nicholas Epley, "Undervaluing gratitude: Expressers misunderstand the consequences of showing appreciation," *Psychological Science* 29, no. 9 (2018): 1423-1435,

https://doi.org/10.1177/0956797618772506.

1 보이지 않는 영향력

1 Kenneth P. Vogel, "Isn't that the Trump Lawyer?," *New York Times*, September 19, 2017, https://www.nytimes.com/2017/09/19/us/politics/isnt-that-the-trump-lawyer-a-reporters-accidental-scoop.html.

2 Fred Barbash, "Trump lawyers spill beans, thanks to terrible choice of restaurant," *Washington Post*, September 18, 2017, https://www.washingtonpost.com/news/morning-mix/wp/2017/09/18/trump-lawyers-spill-beans-after-terrible-restaurant-choice-next-to-nyt/?utm_term=.e8c581fa106c.

3 Dana Milbank, "A Trump lawyer caught gabbing about Russia at lunch racks up career errors," *Washington Post*, September 18, 2017, https://www.washingtonpost.com/opinions/a-trump-lawyer-caught-gabbing-about-russia-at-lunch-racks-up-career-errors/2017/09/18/34eea27a-9cbc-11e7-9083-fbfddf6804c2_story.html?utm_term=.df8c81d8df5c.

4 Erica J. Boothby, Margaret S. Clark, and John A. Bargh, "The invisibility cloak illusion: People (incorrectly) believe they observe others more than others observe them," *Journal of Personality and Social Psychology* 112, no. 4 (2017): 589, https://doi.org/10.1037/pspi0000082.

5 첸보 종(Chenbo Zhong)과 프란체스카 지노(Francesca Gino)와 나는 우리가 선글라스를 쓸 때 느끼는 투명인간이 된 느낌을 '익명성 착각'이라고 일컬었다. 그리고 익명성이 보장된다는 이런 착각이 사람들을 더 이기적이고 정직하지 못하게 행동하게 한다는 사실을 발견했다. Chen-Bo Zhong, Vanessa K. Bohns, and Francesca Gino, "Good lamps are the best police: Darkness increases dishonesty and selfinterested behavior," *Psychological Science* 21, no. 3 (2010): 311–314, https://doi.org/10.1177/0956797609360754.

6   Clara Colombatto, Yi-Chia Chen, and Brian J. Scholl, "Gaze deflection reveals how gaze cueing is tuned to extract the mind behind the eyes," *Proceedings of the National Academy of Sciences* (2020), https://doi.org/10.1073/pnas.2010841117.

7   Thomas Gilovich, Victoria Husted Medvec, and Kenneth Savitsky, "The spotlight effect in social judgment: An egocentric bias in estimates of the salience of one's own actions and appearance," *Journal of Personality and Social Psychology* 78, no. 2 (2000): 211, https://doi.org/10.1037/0022-3514.78.2.211.

8   Boothby, Clark, and Bargh, "Invisibility cloak illusion," 589.

9   Erica J. Boothby, Margaret S. Clark, and John A. Bargh, "Shared experiences are amplified," *Psychological Science* 25, no. 12 (2014): 2209–2216, https://doi.org/10.1177/0956797614551162.

10 Garriy Shteynberg, Jacob B. Hirsh, Adam D. Galinsky, and Andrew P. Knight, "Shared attention increases mood infusion," *Journal of Experimental Psychology: General* 143, no.1 (2014):123, https://doi.org/10.1037/a0031549

11 Todd Leopold, "Broadway legend grabs phone from texter, laments future," CNN, July 9, 2015, https://www.cnn.com/2015/07/09/entertainment/feat-patti-lupone-cell-phone/index.html.

12 Eric Sullivan, "Hannah Gadsby explains why Jerry Seinfeld is wrong about PC culture," *Esquire*, September 12, 2019, https://www.esquire.com/entertainment/tv/a28989896/hannah-gadsby-interview-jerry-seinfeld-pc-culture/.

13 Elizabeth Blair, "Comedy clubs are closed, so to reach audiences, comics have to improvise," NPR, May 7, 2020, https://www.npr.org/2020/05/07/848109182/comedy-clubs-are-closed-so-to-reach-audiences-comics-have-to-improvise.

14 *Comedian*, directed by Christian Charles (Miramax, 2002).

15 Katie Reilly, "Read Hillary Clinton's 'basket of deplorables'

remarks about Donald Trump supporters," *Time,* September 10, 2016, https://time.com/4486502/hillary-clinton-basket-of-deplorables-transcript/.

16   Chris Cillizza, "Why Mitt Romney's "47 percent" comment was so bad," *Washington Post,* March 4, 2013, https://www.washingtonpost.com/news/the-fix/wp/2013/03/04/why-mitt-romneys-47-percent-comment-was-so-bad/?utm_term=.42fe4de07d11.

17   Gerald E. Echterhoff, E. Tory Higgins, and Stephan Groll, "Audience-tuning effects on memory: The role of shared reality," *Journal of Personality and Social Psychology* 89, no. 3 (2005): 257, https://doi.org/10.1037/0022-3514.89.3.257.

18   Douglas Kingsbury, "Manipulating the amount of information obtained from a person giving directions" (PhD dissertation, Harvard University, 1968).

19   Robert M. Krauss and Susan R. Fussell, "Perspective-taking in communication: Representations of others' knowledge in reference," *Social Cognition* 9, no. 1 (1991): 2-24, https://doi.org/10.1521/soco.1991.9.1.2.

20   Donn Byrne, *The Attraction Paradigm* (Academic Press, 1971).

21   Manis, Melvin, S. Douglas Cornell, and Jeffrey C. Moore, "Transmission of attitude relevant information through a communication chain," *Journal of Personality and Social Psychology* 30, no. 1 (1974): 81, https://doi.org/10.1037/h0036639.

22   Seth Meyers, "Trevor Noah was a victim of fake news," *Late Night with Seth Meyers,* September 7, 2017, https://www.youtube.com/watch?v=OLxDnnTpgA0.

23   E. Tory Higgins and William S. Rholes, " 'Saying is believing': Effects of message modification on memory and liking for the person described," *Journal of Experimental Social Psychology* 14 (1978), 363-378, https://doi.org/10.1016/0022-1031(78)90032-X.

24 Tamara Keith, "Wikileaks claims to release Hillary Clinton's Goldman Sachs Transcripts," NPR, October 15, 2016, https://www.npr.org/2016/10/15/498085611/wikileaks-claims-to-release-hillary-clintons-goldman-sachs-transcripts.

25 Peter Brown, *The Curious Garden* (Little, Brown Books for Young Readers, 2013).

26 Damon Centola, *How Behavior Spreads: The Science of Complex Contagions*, vol. 3. (Princeton University Press, 2018).

27 Robert H. Frank, "Thy neighbor's solar panels," *The Atlantic*, March 2020, https://www.theatlantic.com/magazine/archive/2020/03/climate-change-peer-pressure/605515/.

28 Bryan Bollinger and Kenneth Gillingham, "Peer effects in the diffusion of solar photovoltaic panels," *Marketing Science* 31, no. 6 (2012): 900–912, http://dx.doi.org/10.1287/mksc.1120.0727.

2 설득의 힘

1 Sebastian Deri, Shai Davidai, and Thomas Gilovich, "Home alone: Why people believe others' social lives are richer than their own," *Journal of Personality and Social Psychology* 113, no. 6 (2017): 858, https://doi.org/10.1037/pspa0000105.

2 Mark D. Alicke and Olesya Govorun, "The better-than-average effect," in *The Self in Social Judgment*, ed. M. D. Alicke, D. A. Dunning, and J. I. Krueger, 85–106 (Psychology Press, 2005).

3 Nicholas Epley and David Dunning, "Feeling 'holier than thou': Are self-serving assessments produced by errors in self- or social prediction?," *Journal of Personality and Social Psychology* 79, no. 6 (2000): 861, https://doi.org/10.1037/0022-3514.79.6.861.

4 Elanor F. Williams and Thomas Gilovich, "Do people really believe they are above average?," *Journal of Experimental Social Psychology* 44 (2008): 1121–1128, https://doi.org/10.1016/j.jesp.2008.01.002.

5 Ola Svenson, "Are we all less risky and more skillful than our fellow drivers?," *Acta Psychologica* 47, no. 2 (1981): 143-148, https://doi.org/10.1016/0001-6918(81)90005-6.

6 Robinson Meyer, "It's a lonely world: The median Twitter user has 1 measly follower," *The Atlantic*, December 19, 2013, https://www.theatlantic.com/technology/archive/2013/12/its-a-lonely-world-the-median-twitter-user-has-1-measly-follower/282513/.

7 Erica J. Boothby, Gus Cooney, Gillian M. Sandstrom, and Margaret S. Clark, "The liking gap in conversations: Do people like us more than we think?," *Psychological Science* 29, no. 11 (2018): 1742-1756, https://doi.org/10.1177/0956797618783714.

8 Robert B. Cialdini, *Influence: The Psychology of Persuasion*, rev. ed. (Harper Business, 2006).

9 Molly J. Crockett, "Moral outrage in the digital age," *Nature Human Behaviour* 1, no. 11 (2017): 769, https://doi.org/10.1038/s41562-017-0213-3.

10 Laura Stafford, Cynthia S. Burggraf, and William F. Sharkey, "Conversational memory: The effects of time, recall, mode, and memory expectancies on remembrances of natural conversations," *Human Communication Research* 14, no. 2 (1987): 203-229, https://doi.org/10.1111/j.1468-2958.1987.tb00127.x.

11 Thomas Holtgraves, "Conversation, speech acts, and memory," *Memory Cognition* 36, no. 2 (2008): 361-374, https://link.springer.com/article/10.3758/MC.36.2.361.

12 Ellen J. Langer, Arthur Blank, and Benzion Chanowitz, "The mindlessness of ostensibly thoughtful action: The role of 'placebic' information in interpersonal interaction." *Journal of Personality and Social Psychology* 36, no. 6 (1978): 635, https://doi.org/10.1037/0022-3514.36.6.635.

13 같은 책.

14 Cialdini, *Influence*.

15 M. Anne Britt, C. A. Kurby, S. Dandotkar, and C. R. Wolfe, "I agreed with what? Memory for simple argument claims," *Discourse Processes* 45, no. 1 (2007): 52–84, https://doi.org/10.1080/01638530701739207.

16 M. Anne Britt and Aaron A. Larson, "Constructing representations of arguments," *Journal of Memory and Language* 48, no. 4 (2003): 794–810, https://doi.org/10.1016/S0749-596X(03)00002-0.

17 Valerie F. Reyna and Charles J. Brainerd, "Fuzzy-trace theory: An interim synthesis," *Learning and Individual Differences*, 7, no. 1 (1995): 1–75, https://doi.org/10.1016/1041-6080(95)90031-4.

18 H. Paul Grice, "Logic and conversation," in *Syntax and Semantics 3: Speech Arts*, ed. Peter Cole and Jerry L. Morgan, 41–58 (Academic Press, 1975).

19 Benedictus de (Baruch) Spinoza, *The Ethics and Selected Letters*, trans. Seymour Feldman, ed. Samuel Shirley (Hackett, 1982). (Original work published in 1677.)

20 David D. Clare and Timothy R. Levine, "Documenting the truthdefault: The low frequency of spontaneous unprompted veracity assessments in deception detection," *Human Communication Research* 45, no. 3 (2019): 286–308, https://doi.org/10.1093/hcr/hqz001.

21 Daniel T. Gilbert, Douglas S. Krull, and Patrick S. Malone, "Unbelieving the unbelievable: Some problems in the rejection of false information," *Journal of Personality and Social Psychology* 59, no. 4 (1990): 601–613, https://doi.org/10.1037/0022-3514.59.4.601.

22 Daniel T. Gilbert, Romin W. Tafarodi, and Patrick S. Malone, "You can't not believe everything you read," *Journal of Personality and Social Psychology* 65, no. 2 (1993): 221, https://doi.org/10.1037/0022-3514.65.2.221.

23 Katherine Bischoping, "Gender differences in conversation topics, 1922–1990," *Sex Roles* 28, no. 1–2 (1993): 1–18, http://dx.doi.org/10.1007/BF00289744.

24 Ann Kronrod, Amir Grinstein, and Luc Wathieu, "Mind the gap between needs and wants: Misused assertiveness in well-being communication" (working paper, 2020).

25 Ann Kronrod, Amir Grinstein, and Luc Wathieu, "Go green! Should environmental messages be so assertive?," *Journal of Marketing* 76, no. 1 (2012): 95–102, https://doi.org/10.1509/jm.10.0416.

26 Ijeoma Oluo, *So You Want to Talk about Race* (Seal Press, 2019).

27 Don A. Moore and Paul J. Healy, "The trouble with overconfidence," *Psychological Review* 115, no. 2 (2008): 502, https://doi.org/10.1037/0033-295X.115.2.502.

28 Scott Plous, *The Psychology of Judgment and Decision Making* (McGraw-Hill Book Company, 1993).

3 당신이 부탁했으니까

1 Heidi Grant, *Reinforcements: How to Get People to Help You* (Harvard Business Review, 2018).

2 Vanessa K. Bohns, "(Mis)Understanding our influence over others: A review of the underestimation-of-compliance effect," *Current Directions in Psychological Science* 25, no. 2 (2016): 119–123, https://doi.org/10.1177/0963721415628011.

3 Francis J. Flynn and Vanessa K. B. Lake (Bohns), "If you need help, just ask: Underestimating compliance with direct requests for help," *Journal of Personality and Social Psychology* 95, no. 1 (2008): 128, https://doi.org/10.1037/0022-3514.95.1.128.

4 같은 책.

5 Sebastian Deri, Daniel H. Stein, and Vanessa K. Bohns, "With a little help from my friends (and strangers): Closeness

as a moderator of the underestimation-of-compliance effect,"
Journal of Experimental Social Psychology 82 (2019): 6–15,
https://doi.org/10.1016/j.jesp.2018.11.002.

6   Daniel A. Newark, Francis J. Flynn, and Vanessa K. Bohns,
"Once bitten, twice shy: The effect of a past refusal on
expectations of future compliance," *Social Psychological
and Personality Science* 5, no. 2 (2014): 218–225, https://doi.
org/10.1177/1948550613490967.

7   M. Mahdi Roghanizad and Vanessa K. Bohns, "Ask in person:
You're less persuasive than you think over email," *Journal of
Experimental Social Psychology* 69 (2017): 223–226, https://doi.
org/10.1016/j.jesp.2016.10.002.

8   Vanessa K. Bohns, Daniel A. Newark, and Amy Z. Xu, "For a
dollar, would you...? How (we think) money affects compliance
with our requests," *Organizational Behavior and Human
Decision Processes* 134 (2016): 45–62, https://doi.org/10.1016/
j.obhdp.2016.04.004.

9   Hillie Aaldering, "If you need help, just ask: Underestimating
helping behavior across cultures" (master's thesis, University of
Amsterdam, 2009).

10 Vanessa K. Bohns, Michel J. J. Handgraaf, Jianmin Sun, Hillie
Aaldering, Changguo Mao, and Jennifer Logg, "Are social
prediction errors universal? Predicting compliance with a
direct request across cultures," *Journal of Experimental Social
Psychology* 47, no. 3 (2011): 676–680, https://doi.org/10.1016/
j.jesp.2011.01.001.

11 Bohns, Newark, and Xu, "For a dollar, would you...?"

12 Francis J. Flynn, "How much is it worth to you? Subjective
evaluations of help in organizations," *Research in Organizational
Behavior* 27 (2006): 133–174, https://doi.org/10.1016/S0191-
3085(06)27004-7.

13 Francis J. Flynn, "What have you done for me lately? Temporal adjustments to favor evaluations," *Organizational Behavior and Human Decision Processes* 91, no. 1 (2003): 38–50, https://doi. org/10.1016/S0749-5978(02)00523-X.

14 *Dumbo*, directed by Ben Sharpsteen (Walt Disney Studios, 1941).

15 Flynn and Lake (Bohns), "If you need help, just ask."

16 Bohns, "(Mis)Understanding our influence over others."

17 Robert B. Cialdini, Betty Lee Darby, and Joyce E. Vincent, "Transgression and altruism: A case for hedonism," *Journal of Experimental Social Psychology* 9, no. 6 (1973): 502–516, https:// doi.org/10.1016/0022-1031(73)90031-0.

18 C. Daniel Batson, Judy G. Batson, Cari A. Griffitt, Sergio Barrientos, J. Randall Brandt, Peter Sprengelmeyer, and Michael J. Bayly, "Negative-state relief and the empathy—altruism hypothesis," *Journal of Personality and Social Psychology* 56, no. 6 (1989): 922, https://doi.org/10.1037/0022-3514.56.6.922.

19 Dale T. Miller, "The norm of self-interest," *American Psychologist* 54, no. 12 (1999): 1053, https://doi.org/10.1037/0003-066X.54.12.1053.

20 Chip Heath, "On the social psychology of agency relationships: Lay theories of motivation overemphasize extrinsic incentives," *Organizational Behavior and Human Decision Processes* 78, no. 1 (1999): 25–62, https://doi.org/10.1006/obhd.1999.2826.

21 Daniel A. Newark, Vanessa K. Bohns, and Francis J. Flynn, "A helping hand is hard at work: Help-seekers' underestimation of helpers' effort," *Organizational Behavior and Human Decision Processes* 139 (2017): 18–29, https://doi.org/10.1016/ j.obhdp.2017.01.001.

22 Flynn and Lake (Bohns), "If you need help, just ask."

23 Sharon Driscoll, "Paul Brest," *Stanford Lawyer* (2014). https://law. stanford.edu/stanford-lawyer/articles/paul-brest/.

24 같은 책.

25 같은 책.

26 Susan Bell, "Reflections upon a leader: Paul Brest, mentor and friend," *Stanford Law Review* (2000): 257–260, https://www.jstor.org/stable/1229479.

27 Paul Brest, "Fundraising, football and other lessons learned as dean," *Stanford Report* (1999). https://news.stanford.edu/news/1999/august25/brestvantage-825.html.

28 July 20, 2019, personal email correspondence.

4 "노"라고 말하지 못하는 이유

1 Erving Goffman, *The Presentation of Self in Everyday Life* (Anchor, 1959).

2 Sunita Sah, George Loewenstein, and Daylian Cain, "Insinuation anxiety: Concern that advice rejection will signal distrust after conflict of interest disclosures," *Personality and Social Psychology Bulletin* 45, no. 7 (2019): 1099–1112, https://doi.org/10.1177/0146167218805991.

3 "Choking prevention and rescue tips," *National Safety Council*, https://www.nsc.org/home-safety/safety-topics/choking-suffocation.

4 Emma Hammett, "Have YOU ever choked on your food? The DIY guide to saving your own life..." *Daily Mail*, January 27, 2017, https://www.dailymail.co.uk/health/article-4163960/Revealed-DIY-guide-not-dying-choking.html.

5 John Sabini, Michael Siepmann, and Julia Stein, "The really fundamental attribution error in social psychological research," *Psychological Inquiry* 12, no. 1 (2001): 1–15, https://doi.org/10.1207/S15327965PLI1201_01.

6 John M. Darley and Bibb Latané, "Bystander intervention in emergencies: Diffusion of responsibility," *Journal of Personality*

and Social Psychology 8, no. 4, p. 1 (1968): 377, https://doi.org/10.1037/h0025589.

7   Bibb Latané and John M. Darley, "Group inhibition of bystander intervention in emergencies," *Journal of Personality and Social Psychology* 10, no. 3 (1968): 215, https://doi.org/10.1037/h0026570.

8   같은 책.

9   Deborah A. Prentice and Dale T. Miller, "Pluralistic ignorance and the perpetuation of social norms by unwitting actors," in *Advances in Experimental Social Psychology*, vol. 28, 161–209 (Academic Press: 1996).

10   Bibb Latané and Judith Rodin, "A lady in distress: Inhibiting effects of friends and strangers on bystander intervention," *Journal of Experimental Social Psychology* 5, no. 2 (1969): 189–202, https://doi.org/10.1016/0022-1031(69)90046-8.

11   Sabini, Siepmann, and Stein, "The really fundamental attribution error."

12   Stanley Milgram, *Obedience to Authority: An Experimental View* (Harper Row, 1974).

13   Thomas Blass, *Obedience to Authority: Current Perspectives on the Milgram Paradigm* (Lawrence Erlbaum Associates Publishers, 1999).

14   M. Mahdi Roghanizad and Vanessa K. Bohns, "Ask in person: You're less persuasive than you think over email," *Journal of Experimental Social Psychology*, 69 (2017): 223–226, https://doi.org/10.1016/j.jesp.2016.10.002.

15   Sabini, Siepmann, and Stein, "The really fundamental attribution error."

16   Leaf Van Boven, George Loewenstein, and David Dunning, "The illusion of courage in social predictions: Underestimating the impact of fear of embarrassment on other people," *Organizational Behavior and Human Decision Processes* 96, no. 2

(2005): 130–141, https://doi.org/10.1016/j.obhdp.2004.12.001.

17 Francis J. Flynn and Vanessa K. B. Lake (Bohns), "If you need help, just ask: Underestimating compliance with direct requests for help," *Journal of Personality and Social Psychology* 95, no. 1 (2008): 128, https://doi.org/10.1037/0022-3514.95.1.128.

18 Julie A. Woodzicka and Marianne LaFrance, "Real versus imagined gender harassment," *Journal of Social Issues* 57, no. 1 (2001): 15–30, https://doi.org/10.1111/0022-4537.00199.

19 Jennifer Randall Crosby and Johannes Wilson, "Let's not, and say we would: Imagined and actual responses to witnessing homophobia," *Journal of Homosexuality* 62, no. 7 (2015): 957–970, https://doi.org/10.1080/00918369.2015.1008284.

20 Kerry Kawakami, Elizabeth Dunn, Francine Karmali, and John F. Dovidio, "Mispredicting affective and behavioral responses to racism," *Science* 323, no. 5911 (2009): 276–278, https://doi.org/10.1126/science.1164951.

21 Kevin Mitnick, *Ghost in the Wires: My Adventures as the World's Most Wanted Hacker* (Little, Brown and Company, 2011).

22 Brad J. Sagarin and Kevin D. Mitnick, "The path of least resistance," in Douglas Kenrick, Noah Goldstein, and Sanford Braver, eds., *Six Degrees of Social Influence: Science, Application, and the Psychology of Robert Cialdini* (Oxford University Press: 2012).

23 〈네트워크 속의 유령(Ghost in the Wires)〉에 나오는 '앨리사'와 '스티브'는 사가린과 미트닉의 2012년 논문에 나오는 '앨리스'와 '존'이다.

24 Daryl J. Bem, "Self-perception theory," in *Advances in Experimental Social Psychology*, vol. 6, 1–62 (Academic Press, 1972), https://doi.org/10.1016/S0065-2601(08)60024-6.

5 잘못된 정보, 부적절한 요청, 그리고 미투 운동

1 Gretchen Morgenson, "Debt watchdogs: Tamed or caught napping?," *New York Times*, December 6, 2008, https://www.

nytimes.com/2008/12/07/business/07rating.html.

2 Vanessa K. Bohns, M. Mahdi Roghanizad, and Amy Z. Xu, "Underestimating our influence over others' unethical behavior and decisions," *Personality and Social Psychology Bulletin* 40, no. 3 (2014): 348–362, https://doi.org/10.1177/0146167213511825.

3 Vanessa K. Bohns, "(Mis)Understanding our influence over others: A review of the underestimation-of-compliance effect," *Current Directions in Psychological Science* 25, no. 2 (2016): 119–123, https://doi.org/10.1177/0963721415628011.

4 Bohns, Roghanizad, and Xu, "Underestimating our influence over others' unethical behavior."

5 Bohns, "(Mis)Understanding our influence over others."

6 Emma Brockes, "Me Too founder Tarana Burke: You have to use your privilege to serve other people," *The Guardian*, January 15, 2018, https://www.theguardian.com/world/2018/jan/15/me-too-founder-tarana-burke-women-sexual-assault.

7 Jodi Kantor and Megan Twohey, "Harvey Weinstein Paid Off Sexual Harassment Accusers for Decades," *New York Times*, October 5, 2017, https://www.nytimes.com/2017/10/05/us/harvey-weinstein-harassment-allegations.html.

8 Paul Farhi, "So, you had questions about that button on Matt Lauer's desk?," *Washington Post*, December 1, 2017, https://www.washingtonpost.com/lifestyle/style/so-you-had-questions-about-that-button-on-matt-lauers-desk/2017/12/01/48b1f7c2-d6bd-11e7-a986-d0a9770d9a3e_story.html.

9 Louis C. K., "Louis C.K. responds to accusations: These stories are true," *New York Times*, November 10, 2017, https://www.nytimes.com/2017/11/10/arts/television/louis-ck-statement.html.

10 Anna North, "The Aziz Ansari story is ordinary, and that's why we have to talk about it," Vox, January 16, 2018, https://www.vox.

com/identities/2018/1/16/16894722/aziz-ansari-grace-babe-me-too.

11   Katie Way, "I went on a date with Aziz Ansari. It turned into the worst night of my life," Babe, https://babe.net/2018/01/13/aziz-ansari-28355.

12   Emily Stewart, "Aziz Ansari responds to sexual allegations against him," Vox, January 15, 2018, https://www.vox.com/identities/2018/1/15/16893468/aziz-ansari-allegations.

13   Way, "I went on a date with Aziz Ansari."

14   Kelly McEvers and Caitlin Flanagan, "The fine line between a bad date and sexual assault: 2 views on Aziz Ansari," interviewed by Ari Shapiro, *All Things Considered*, NPR, January 16, 2018, https://www.npr.org/2018/01/16/578422491/the-fine-line-between-a-bad-date-and-sexual-assault-two-views-on-aziz-ansari.

15   North, "The Aziz Ansari story is ordinary."

16   Kristen Roupenian, "Cat Person," *New Yorker*, December 4, 2017, https://www.newyorker.com/magazine/2017/12/11/cat-person.

17   Olga Khazan, "A viral short story for the #MeToo movement," *The Atlantic*, December 11, 2017, https://www.theatlantic.com/technology/archive/2017/12/a-viral-short-story-for-the-metoo-moment/548009/.

18   Roupenian, "Cat Person."

19   Megan Garber, "The weaponization of awkwardness," *The Atlantic*, December 15, 2017, https://www.theatlantic.com/entertainment/archive/2017/12/the-weaponization-of-awkwardness/548291/

20   Ella Dawson, " 'Bad sex,' or the sex we don't want but have anyway," *Elle*, December 12, 2017, https://www.elle.com/life-love/sex-relationships/a14414938/bad-sex-or-the-sex-we-dont-want-but-have-anyway/.

21 Emily A. Impett and Letitia A. Peplau, "Sexual compliance: Gender, motivational, and relationship perspectives," *Journal of Sex Research* 40, no. 1 (2003): 87–100, https://doi.org/10.1080/00224490309552169.

22 Garber, "The Weaponization of Awkwardness."

23 Samantha Joel, Rimma Teper, and Geoff MacDonald, "People overestimate their willingness to reject potential romantic partners by overlooking their concern for other people," *Psychological Science* 25, no. 12 (2014): 2233–2240, https://doi.org/10.1177/0956797614552828.

24 Vanessa K. Bohns and Lauren A. DeVincent, "Rejecting unwanted romantic advances is more difficult than suitors realize," *Social Psychological and Personality Science* 10, no. 8 (2019): 1102–1110, https://doi.org/10.1177/1948550618769880.

25 Louise F. Fitzgerald, Sandra L. Shullman, Nancy Bailey, Margaret Richards, Janice Swecker, Yael Gold, Mimi Omerod, and Lauren Weitzman, "The incidence and dimensions of sexual harassment in academia and the workplace," *Journal of Vocational Behavior* 32 (1988): 152–175, https://doi.org/10.1016/0001-8791(88)90012-7.

26 Reshma Jagsi, Kent A. Griffith, Rochelle Jones, Chithra R. Perumalswami, Peter Ubel, and Abigail Stewart, "Sexual harassment and discrimination experiences of academic medical faculty," *JAMA* 315, (2016): 2120–2121, https://doi.org/10.1001/jama.2016.2188.

27 Hope Jahren, "She wanted to do her research. He wanted to talk feelings," *New York Times*, March 4, 2016, https://www.nytimes.com/2016/03/06/opinion/sunday/she-wanted-to-do-her-research-he-wanted-to-talk-feelings.html.

28 Vanessa K. Bohns, "Why 'just go for it' is bad dating advice," *Character Context*, February 20, 2020, http://www.spsp.org/

news-center/blog/bohns-unwanted-romantic-advances#gsc.
tab=0.

29 Jada Yuan, "L.A. writer says Richard Dreyfuss sexually harassed
and exposed himself to her in the 1980's," Vulture, November
10, 2017, https://www.vulture.com/2017/11/richard-dreyfuss-
accused-of-exposing-himself-to-woman.html.

30 *Aziz Ansari: Right Now*, directed by Spike Jonze (Netflix, 2019).

31 Alain-Phillipe Durand, "Prepping for the campus visit," *Inside
Higher Ed*, April 11, 2011, https://www.insidehighered.com/
advice/2011/04/11/prepping-campus-visit.

32 Lauren A. Rivera, *Pedigree: How Elite Students Get Elite
Jobs* (Princeton University Press, 2016).

33 Lauren A. Rivera, "When two bodies are (not) a problem: Gender
and relationship status discrimination in academic hiring,"
American Sociological Review 82, no. 6 (2017): 1111–1138, https://
doi.org/10.1177/0003122417739294.

34 Alexander H. Jordan and Emily M. Zitek, "Marital status bias in
perceptions of employees," *Basic and Applied Social Psychology*
34, no. 5 (2012): 474–481, https://doi.org/10.1080/01973533.2012.
711687.

35 Laura Davis, "You can't ask that! Unmasking the myths about
'illegal' pre-employment interview questions," *ALSB Journal
of Employment and Labor Law* 12, 39–57, Spring 2011, https://
castle.eiu.edu/~alsb/Spring2011.html.

36 H. Gene Hern Jr., Tarak Trivedi, Harrison J. Alter, and Charlotte
P. Wills, "How prevalent are potentially illegal questions
during residency interviews? A follow-up study of applicants
to all specialties in the National Resident Matching Program,"
Academic Medicine 91, no. 11 (2016): 1546–1553, https://doi.
org/10.1097/ACM.0000000000001181.

37 Vivian Giang, "11 common interview questions that are

actually illegal," *Business Insider*, July 5, 2013, https://www.businessinsider.com/11-illegal-interview-questions-2013-7.

38 Einav Hart, Eric VanEpps, and Maurice Schweitzer, "I didn't want to offend you: The cost of avoiding sensitive questions"(working paper), Einav Hart, Eric M. VanEpps, and Maurice E. Schweitzer, "The (better than expected) consequences of asking sensitive questions," *Organizational Behavior and Human Decision Processes*, 162 (2021): 136–154, https://doi.org/10.1016/j.obhdp.2020.10.014.

39 Kathryn Greene, Valerian J. Derlega, and Alicia Mathews, "Self-disclosure in personal relationships," in A. L. Vangelisti and D. Perlman, eds., *The Cambridge Handbook of Personal Relationships*(Cambridge University Press, 2006): 409–427, https://doi.org/10.1017/CBO9780511606632.023.

40 Catherine Shea, Sunita Sah, and Ashley Martin, "Just don't ask: Raising protected class issues in job interviews increases insinuation anxiety and negatively influences outcomes for employers and employees" (working paper).

41 Dolly Chugh, *The Person You Mean to Be: How Good People Fight Bias* (HarperCollins, 2018).

42 Harry G. Frankfurt, *On Bullshit* (Princeton University Press, 2005).

43 John V. Petrocelli, "Antecedents of bullshitting," *Journal of Experimental Social Psychology* 76 (2018): 249–258, https://doi.org/10.1016/j.jesp.2018.03.004.

44 Gordon Pennycook and David G. Rand, "Who falls for fake news? The roles of bullshit receptivity, overclaiming, familiarity, and analytic thinking," *Journal of Personality* 88, no. 2 (2018): 185–200, https://doi.org/10.1111/jopy.12476.

45 Gordon Pennycook, James Allan Cheyne, Nathaniel Barr, Derek J. Koehler, and Jonathan A. Fugelsang, "On the reception and detection of pseudo-profound bullshit," *Judgment and*

Decision Making 10, no. 6 (2015): 549–563, http://journal.sjdm. org/15/15923a/jdm15923a.html.

46 Soroush Vosoughi, Deb Roy, and Sinan Aral, "The spread of true and false news online," *Science* 359, no. 6380 (2018): 1146–1151, https://doi.org/10.1126/science.aap9559.

47 Gordan Pennycook and David G. Rand, "Lazy, not biased: Susceptibility to partisan fake news is better explained by lack of reasoning than by motivated reasoning," *Cognition* 188 (2019), 39–50, https://doi.org/10.1016/j.cognition.2018.06.011.

48 Michael S. Bernstein, Eytan Bakshy, Moira Burke, and Brian Karrer, "Quantifying the invisible audience in social networks," *Proceedings of the SIGCHI Conference on Human Factors in Computing Systems*(2013): 21–30, https://doi. org/10.1145/2470654.2470658.

6 힘과 지각된 영향력

1 Amy R. Wolfson and Mary A. Carskadon, "A survey of factors influencing high school start-times," *NASSP Bulletin* 89, no. 642 (2005): 47–66, https://doi.org/10.1177/019263650508964205.

2 Mary A. Carskadon, Susan E. Labyak, Christine Acebo, and Ronald Seifer, "Intrinsic circadian period of adolescent humans measured in conditions of forced desynchrony," *Neuroscience Letters* 260, no. 2 (1999): 129–132, https://doi.org/10.1016/ S0304-3940(98)00971-9.

3 Jere Longman, "College Basketball East: Once lowly, Sankes and Holy Cross bounce back," March 15, 2001, *New York Times*, https://www.nytimes.com/2001/03/15/sports/college-basketball-east-once-lowly-sankes-and-holy-cross-bounce-back.html.

4 John Feinstein, *The Last Amateurs: Playing for Glory and Honor in Division I College Basketball* (Back Bay Books, 2008).

5   같은 책.

6   같은 책.

7   Longman, "College Basketball East."

8   "Jocks can sue over nude drill as court strips earlier decision," July 1, 2001, *New Brunswick Daily Herald*, https://www. heraldextra.com/sports/jocks-can-sue-over-nude-drill-as-court-strips-earlier/article_8916f968-d533-55ce-a052-a985989843c9.html.

9   Longman, "College Basketball East."

10   같은 책.

11   Welch Suggs, "N.J. court allows Rutgers athletes to sue over being forced to run naked," *Chronicle of Higher Education*, https://www. chronicle.com/article/NJ-Court-Allows-Rutgers/9622.

12   Ken Davis, "Bannon's actions get under Rutgers' skin," *Hartford Courant*, September 12, 1999, https://www.courant.com/news/connecticut/hc-xpm-1999-09-12-9909120266-story.html.

13   Feinstein, *The Last Amateurs*.

14   같은 책.

15   Susan T. Fiske, "Controlling other people: The impact of power on stereotyping," *American Psychologist* 48, no. 6 (1993): 621, https://doi.org/10.1037/0003-066X.48.6.621.

16   Adam D. Galinsky, Joe C. Magee, M. Ena Inesi, and Deborah H. Gruenfeld, "Power and perspectives not taken," *Psychological Science* 17, no. 12 (2006): 1068–1074, https://doi.org/10.1111/j.1467-9280.2006.01824.x.

17   Adam D. Galinsky, Derek D. Rucker, and Joe C. Magee, "Power and perspective-taking: A critical examination," *Journal of Experimental Social Psychology* 67 (2016): 91–92, https://doi.org/10.1016/j.jesp.2015.12.002.

18   Marianne Schmid Mast, Klaus Jonas, and Judith A. Hall, "Give a person power and he or she will show interpersonal

sensitivity: The phenomenon and its why and when," *Journal of Personality and Social Psychology* 97, no. 5 (2009): 835, https://doi.org/10.1037/a0016234.

19 Galinsky, Rucker, and Magee, "Power and perspective-taking."

20 Adam D. Galinsky, Joe C. Magee, Deborah H. Gruenfeld, Jennifer A. Whitson, and Katie A. Liljenquist, "Power reduces the press of the situation: implications for creativity, conformity, and dissonance," *Journal of Personality and Social Psychology*, 95, no. 6 (2008): 1450, https://doi.org/10.1037/a0012633.

21 Adam D. Galinsky, Deborah H. Gruenfeld, and Joe C. Magee, "From power to action," *Journal of Personality and Social Psychology* 85, no. 3 (2003): 453, https://doi.org/10.1037/0022-3514.85.3.453.

22 Yidan Yin, Krishna Savani, and Pamela Smith, "From power to choice: A high sense of power increases blame" (working paper).

23 Adam Galinsky, "When you're in charge, your whisper may feel like a shout," *New York Times*, August 15, 2015, https://www.nytimes.com/2015/08/16/jobs/when-youre-in-charge-your-whisper-may-feel-like-a-shout.html.

24 "악마는 프라다를 입는다(The Devil Wears Prada)", 데이비드 핀켈 감독 (20th Century Fox, 2006).

25 Heather Caygle, John Bresnahan, and Kyle Cheney, "Rep. Katie Hill to resign amid allegations of inappropriate relationships with staffers," *Politico*, October 27, 2019, https://www.politico.com/news/2019/10/27/rep-katie-hill-to-resign-amid-allegations-of-inappropriate-relationships-with-staffers-000301.

26 Yusaf Khan, "McDonald's loses $4 billion in value after CEO fired ver relationship with subordinate," *Business Insider*, November 4, 2019, https://markets.businessinsider.com/news/stocks/mcdonalds-stock-price-billions-wiped-from-value-on-fired-

ceo-easterbrook-2019-11-1028654817.

27 Danielle Wiener-Bronner, "McDonald's CEO Steve Easterbrook is out for 'consensual relationship with an employee,'" CNN.com, November 4, 2019, https://www.cnn.com/2019/11/03/business/mcdonalds-ceo-steve-easterbrook-steps-down/index.html.

28 Paula McDonald, "Banning workplace romances won't solve the problem of sexual misconduct in the workplace," *The Conversation*, February 15, 2018, https://theconversation.com/banning-workplace-romances-wont-solve-the-problem-of-sexual-misconduct-in-the-office-91975

29 "President endorses consensual relationship policy," *Cornell Chronicle*, May 21, 2018, https://news.cornell.edu/stories/2018/05/president-endorses-consensual-relationship-policy.

30 Hope Jahren, "She wanted to do her research. He wanted to talk feelings," *New York Times*, March 4, 2016, https://www.nytimes.com/2016/03/06/opinion/sunday/she-wanted-to-do-her-research-he-wanted-to-talk-feelings.html.

31 Elizabeth Wagmeister, "Matt Lauer accuser Brook Nevils slams him for victim blaming," *Variety*, October 10, 2019, https://variety.com/2019/tv/news/matt-lauer-accuser-victim-blaming-1203365926/.

32 Ronan Farrow, "From aggressive overtures to sexual assault: Harvey Weinstein's accusers tell their stories," *New Yorker*, October 10, 2017, https://www.newyorker.com/news/news-desk/from-aggressive-overtures-to-sexual-assault-harvey-weinsteins-accusers-tell-their-stories.

33 Dilvan Yasa, "There can be no winners: The consequences of sleeping with my boss," *Syndey Herald*, December 9, 2017, https://www.smh.com.au/lifestyle/life-and-relationships/i-came-out-realising-there-can-be-no-winners-the-

consequences-of-sleeping-with-my-boss-20171207-h00g47.
html.

34 Monica Lewinsky, "Shame and survival," *Vanity Fair*, May 6,
2014, https://www.vanityfair.com/news/2014/05/monica-
lewinsky-speaks.

35 "Public shaming," *Last Week Tonight with John Oliver*, HBO,
March 18, 2019.

36 Vanessa K. Bohns, "McDonald's fired its CEO for sleeping with an
employee—research shows why even consensual office romances
can be a problem," *The Conversation*, November 1, 2019, https://
theconversation.com/mcdonalds-fired-its-ceo-for-sleeping-
with-an-employee-research-shows-why-even-consensual-
office-romances-can-be-a-problem-126231.

37 Antonia Abbey, "Sex differences in attributions for friendly
behavior: Do males misperceive females' friendliness?," *Journal
of Personality and Social Psychology* 42, no. 5 (1982): 830, https://
doi.org/10.1037/0022-3514.42.5.830.

38 John A. Bargh, Paula Raymond, John B. Pryor, and Fritz Strack,
"Attractiveness of the underling: An automatic power → sex
association and its consequences for sexual harassment and
aggression," *Journal of Personality and Social Psychology* 68, no.
5 (1995): 768, https://doi.org/10.1037/0022-3514.68.5.768.

39 Monica Lewinsky, "Emerging from the 'house of gaslight' in the
age of #metoo," *Vanity Fair*, March 2018, https://www.vanityfair.
com/news/2018/02/monica-lewinsky-in-the-age-of-metoo.

40 Sarah Maslin Nir, "How 2 lives clashed in Central Park, rattling
the nation," *New York Times*, June 14, 2020, https://www.nytimes.
com/2020/06/14/nyregion/central-park-amy-cooper-christian-
racism.html.

41 Evan Hill, Ainara Tiefenthäler, Christiaan Triebert, Drew Jordan,
Haley Willis, and Robin Stein, "How George Floyd was killed

in police custody," *New York Times*, Jun 22, 2020, https://www.
nytimes.com/2020/05/31/us/george-floyd-investigation.html.

42 Ginia Bellafante, "Why Amy Cooper's use of 'African American'
stung," *New York Times*, May 29, 2020, https://www.nytimes.
com/2020/05/29/nyregion/Amy-Cooper-Central-Park-racism.
html.

43 Frank Edwards, Hedwig Lee, and Michael Esposito, "Risk of
being killed by police use of force in the United States by age,
raceethnicity, and sex," *Proceedings of the National Academy of
Sciences* 116, no. 34 (2019): 16793–16798, https://doi.org/10.1073/
pnas.1821204116.

44 Shane Goldmacher, "Racial justice groups flooded with millions
in donations in wake of Floyd death," *New York Times*, June 14,
2020, https://www.nytimes.com/2020/06/14/us/politics/black-
lives-matter-racism-donations.html.

45 Philip Marcel, "Black-owned businesses see sales surge amid
racism reckoning," *Associated Press*, July 1, 2020, https://apnews.
com/5738fc904a6b29118e63a5d762f48791.

46 Marguerite Ward, "The NYT bestseller list this week is almost
entirely comprised of books about race and white privilege
in America," *Business Insider*, June 11, 2020, https://www.
businessinsider.com/new-york-times-bestseller-list-books-
about-race-in-america-2020-6.

47 Dionne Searcey and David Zucchino, "Protests swell across
America as George Floyd is mourned near his birthplace,"
New York Times, June 6, 2020, https://www.nytimes.
com/2020/06/06/us/protests-today-police-george-floyd.html.

48 Soledad O'Brien, "A MeToo movement for journalists of
color," *New York Times*, July 4, 2020, https://www.nytimes.
com/2020/07/04/opinion/soledad-obrien-racism-journalism.ht
ml?action=clickmodule=Opinionpgtype=Homepage.

49 Kerry Flynn, "Refinery29 is reeling from claims of racism and toxic work culture. Employees say it's even worse behind the scenes," CNN.com, June 11, 2020, https://www.cnn.com/2020/06/11/media/refinery29-workplace-culture/index.html.

50 Concepción de León and Elizabeth A. Harris, "#Publishing PaidMe and a Day of Action Reveal an Industry Reckoning," *New York Times*, June 8, 2020, https://www.nytimes.com/2020/06/08/books/publishingpaidme-publishing-day-of-action.html.

51 Mary Louise Kelly, "#PublishingPaidMe: Authors share their advances to expose racial disparaties," *All Things Considered*, NPR, June 8, 2020, https://www.npr.org/2020/06/08/872470156/-publishingpaidme-authors-share-their-advances-to-expose-racial-disparities.

52 Nidhi Subbaraman, "How #BlackInTheIvory put a spotlight on racism in academia," *Nature*, June 11, 2020, https://www.nature.com/articles/d41586-020-01741-7.

53 Neil Lewis, "What I've learned about being a Black scientist," *Science*, June 16, 2020, https://www.sciencemag.org/careers/2020/06/what-ive-learned-about-being-black-scientist.

54 Karen E. Fields and Barbara Jeanne Fields, *Racecraft: The Soul of Inequality in American Life* (Verso Trade, 2014).

55 Ibram X. Kendi, Stamped from the Beginning: The Definitive History of Racist Ideas in America (Random House, 2017).

56 Bruce Western and Becky Pettit, "Black-white wage inequality, employment rates, and incarceration," *American Journal of Sociology* 111, no. 2 (2005): 553–578, https://doi.org/10.1086/432780.

57 Zinzi D. Bailey, Nancy Krieger, Madina Agénor, Jasmine Graves, Natalia Linos, and Mary T. Bassett, "Structural racism and health

inequities in the USA: evidence and interventions," *The Lancet* 389, no. 10077 (2017): 1453–1463, https://doi.org/10.1016/S0140-6736(17)30569-X.

58 Becky Pettit and Bruce Western, "Mass imprisonment and the life course: Race and class inequality in US incarceration," *American Sociological Review* 69, no. 2 (2004): 151–169, https://doi.org/10.1177/000312240406900201.

59 Edwards, Lee, and Esposito, "Risk of being killed by police."

60 Sean F. Reardon, "School segregation and racial academic achievement gaps," *RSF: The Russell Sage Foundation Journal of the Social Sciences* 2, no. 5 (2016): 34–57, https://www.rsfjournal.org/content/2/5/34.short.

61 Ted Thornhill, "We want black students, just not you: How white admissions counselors screen black prospective students," *Sociology of Race and Ethnicity* 5, no. 4 (2019): 456–470, https://doi.org/10.1177/2332649218792579.

62 Marianne Bertrand and Sendhil Mullainathan, "Are Emily and Greg more employable than Lakisha and Jamal? A field experiment on labor market discrimination," *American Economic Review* 94, no. 4 (2004): 991–1013, https://doi.org/10.3386/w9873.

63 Gregory Smithsimon, "How to see race," Aeon, March 26, 2018, https://aeon.co/essays/race-is-not-real-what-you-see-is-a-power-relationship-made-flesh.

64 Nell Irvin Painter, "Why 'White' should be capitalized, too," *Washington Post*, July 22, 2020.

65 Jennifer L. Eberhardt, *Biased: Uncovering the Hidden Prejudice that Shapes What We See, Think, and Do* (Penguin Books, 2020).

66 Victoria C. Plaut, Kecia M. Thomas, and Matt J. Goren, "Is multiculturalism or color blindness better for minorities?," *Psychological Science* 20, no. 4 (2009): 444–446, https://doi.

org/10.1111/j.1467-9280.2009.02318.x.

67 Sonia K. Kang, Katherine A. DeCelles, András Tilcsik, and Sora Jun, "Whitened résumés: Race and self-presentation in the labor market," *Administrative Science Quarterly* 61, no. 3 (2016): 469–502, https://doi.org/10.1177/0001839216639577.

68 Courtney L. McCluney, Robotham, Kathrina, Lee, Serenity, Smith, Richard, and Durkee, Miles, "The costs of codeswitching," *Harvard Business Review*, November 15, 2019, https://hbr.org/2019/11/the-costs-of-codeswitching.

69 Elijah Anderson, "The white space," *Sociology of Race and Ethnicity* 1, no. 1 (2015): 10–21, https://doi.org/10.1177/2332649214561306.

70 같은 책.

71 Fiske, "Controlling other people: The impact of power on stereotyping."

72 John Biewen and Chenjerai Kumanyika, "Seeing white: Episode 6: That's not us, so we're clean," Scene on Radio Season 2, Center for Documentary Studies, Distributed by PRX, http://www.sceneonradio.org/tag/season-2/.

73 Ramesh Nagarajah, "Reflections from a token black friend," Medium, June 4, 2020, https://humanparts.medium.com/reflections-from-a-token-black-friend-2f1ea522d42d.

74 Chana Joffe-Walt, "Episode 1: The book of statuses," *Nice White Parents* podcast, July 30, 2020.

75 Naomi Tweyo Nkinsi, Twitter status, June 13, 2020, https://twitter.com/NNkinsi/status/1271855868531765253.

76 Derald Wing Sue, Christina M. Capodilupo, Gina C. Torino, Jennifer M. Bucceri, Aisha Holder, Kevin L. Nadal, and Marta Esquilin, "Racial microaggressions in everyday life: implications for clinical practice," *American Psychologist* 62, no. 4 (2007): 271, https://doi.org/10.1037/0003-066X.62.4.271.

77 Courtney L. McCluney, Lauren L. Schmitz, Margaret T. Hicken, and Amanda Sonnega, "Structural racism in the workplace: Does perception matter for health inequalities?," *Social Science Medicine* 199 (2018): 106–114, https://doi.org/10.1016/j.socscimed.2017.05.039.

78 Arline T. Geronimus, Margaret Hicken, Danya Keene, and John Bound, " 'Weathering' and age patterns of allostatic load scores among blacks and whites in the United States," *American Journal of Public Health* 96, no. 5 (2006): 826–833, https://doi.org/10.2105/AJPH.2004.060749.

79 Arthur W. Blume, Laura V. Lovato, Bryan N. Thyken, and Natasha Denny, "The relationship of microaggressions with alcohol use and anxiety among ethnic minority college students in a historically white institution," *Cultural Diversity and Ethnic Minority Psychology* 18, no. 1 (2012): 45, https://doi.org/10.1037/a0025457.

80 Oscar Holmes IV, Kaifeng Jiang, Derek R. Avery, Patrick F. McKay, In-Sue Oh, and C. Justice Tillman, "A meta-analysis integrating 25 years of diversity climate research," *Journal of Management* (2020), https://doi.org/10.1177/0149206320934547.

81 Andrew R. Todd and Adam D. Galinsky, "Perspective-taking as a strategy for improving intergroup relations: Evidence, mechanisms, and qualifications," *Social and Personality Psychology Compass* 8, no. 7 (2014): 374–387, https://doi.org/10.1111/spc3.12116.

82 Tal Eyal, Mary Steffel, and Nicholas Epley, "Perspective mistaking: Accurately understanding the mind of another requires getting perspective, not taking perspective," *Journal of Personality and Social Psychology* 114, no. 4 (2018): 547, https://doi.org/10.1037/pspa0000115.

83 Jeff Moag, "The power of inclusion," May 7, 2020, https://www.

tuck.dartmouth.edu/news/articles/the-power-of-inclusion.

84 Teresa Amabile, Colin Fisher, and Julianna Pillemer, "Ideo's culture of helping," *Harvard Business Review*, January–February 2014, https://hbr.org/2014/01/ideos-culture-of-helping.

85 Whitelaw Reid, "Reddit co-founder Alexis Ohanian says it was long past time to do the right thing," *UVA Today*, June 23, 2020, https://news.virginia.edu/content/reddit-co-founder-alexis-ohanian-says-it-was-long-past-time-do-right-thing.

86 "Address of President-Elect John F. Kennedy Delivered to a Joint Convention of the General Court of the Commonwealth of Massachusetts," January 9, 1961, https://www.jfklibrary.org/archives/other-resources/john-f-kennedy-speeches/massachusetts-general-court-19610109.

87 Kai Sassenberg, Naomi Ellemers, Daan Scheepers, and Annika Scholl, " 'Power corrupts' revisited: The role of construal of power as opportunity or responsibility," in J.-W. van Prooijen and Paul A. M. van Lange, ed., *Power, Politics, and Paranoia: Why People Are Suspicious of Their Leaders* (2014): 73–87, https://doi.org/10.1017/CBO9781139565417.007.

88 Annika Scholl, Frank de Wit, Naomi Ellemers, Adam K. Fetterman, Kai Sassenberg, and Daan Scheepers, "The burden of power: Construing power as responsibility (rather than as opportunity) alters threat-challenge responses," *Personality and Social Psychology Bulletin* 44, no. 7 (2018): 1024–1038, https://doi.org/10.1177/0146167218757452.

89 Kai Sassenberg, Naomi Ellemers, and Daan Scheepers, "The attraction of social power: The influence of construing power as opportunity versus responsibility," *Journal of Experimental Social Psychology* 48, no. 2 (2012): 550–555, https://doi.org/10.1016/j.jesp.2011.11.008.

90 Serena Chen, Annette Y. Lee-Chai, and John A. Bargh,

"Relationship orientation as a moderator of the effects of social power," *Journal of Personality and Social Psychology* 80, no. 2 (2001): 173, https://doi.org/10.1037/0022-3514.80.2.173.

91 Schmid Mast, Jonas, and Hall, "Give a person power."

92 Bob Gilber, "More than just a game," *Seton Hall Magazine*, November 9, 2010, https://blogs.shu.edu/magazine/2010/11/more-than-just-a-game-2/.

93 Longman, "College Basketball East."

7 우리가 남에게 미치는 영향을 보고 느끼고 경험하기

1 Patricia Mazzei and Frances Robles, "The costly toll of not shutting down spring break earlier," *New York Times*, April 11, 2020, https://www.nytimes.com/2020/04/11/us/florida-spring-break-coronavirus.html.

2 Jake Wittich, "St. Patrick's Day partiers hit the town over officials' pleas amid coronavirus outbreak," *Chicago Sun-Times*, March 14, 2020, https://chicago.suntimes.com/coronavirus/2020/3/14/21179885/st-patricks-day-chicago-coronavirus.

3 Taylor Lorenz, "Flight of the influencers," *New York Times*, April 3, 2020, https://www.nytimes.com/2020/04/02/style/influencers-leave-new-york-coronavirus.html?fbclid=IwAR3xnN5uIgtlZh5FbBO9eik5htn3DYH9DwbRMFL4y_zPugpcgf2hZPyhkNo.

4 Vanessa K. Bohns, "Why so many people are still going out and congregating in groups despite coronavirus pandemic: It's not selfishness," *The Hill*, March 20, 2020, https://thehill.com/changing-america/opinion/488654-why-so-many-people-are-still-going-out-and-congregating-in-groups.

5 Dale T. Miller, "The norm of self-interest," *American Psychologist* 54, no. 12 (1999): 1053-1060, https://doi.org/10.1037/0003-

066X.54.12.1053.

6   Aimee Ortiz, "Man who said, 'If I get corona, I get corona,' apologizes," *New York Times*, March 24, 2020, https://www. nytimes.com/2020/03/24/us/coronavirus-brady-sluder-spring-break.html.

7   Rachel Greenspan, "In a tearful post from the Hamptons, an influencer apologized after fleeing NYC following her COVID-19 diagnosis," *Insider*, April 2, 2020, https://www.insider.com/ arielle-charnas-something-navy-responds-to-backlash-coronavirus-2020-4.

8   Caitlin O'Kane, "Woman helped elderly couple get food when they were too scared to go shopping during coronavirus outbreak," CBS News, March 13, 2020, https://www.cbsnews.com/news/ coronavirus-elderly-rebecca-mehra-twitter-buys-couple-groceries-scared-to-go-into-store-during-oregon-outbreak/.

9   "8-year-old NC child with autism gets surprise 100+ Jeep parade for birthday," North Carolina News, CBS17.com, https://www. cbs17.com/news/north-carolina-news/8-year-old-nc-child-with-autism-gets-surprise-100-jeep-parade-for-birthday/.

10   Max H. Bazerman, George Loewenstein, and Don A. Moore, "Why good accountants do bad audits," *Harvard Business Review* 80, no. 11 (2002): 96–103, https://hbr.org/2002/11/why-good-accountants-do-bad-audits.

11   Georgia Nigro and Ulric Neisser, "Point of view in personal memories," *Cognitive Psychology* 15, no. 4 (1983): 467–482, https://doi.org/10.1016/0010-0285(83)90016-6.

12   Daniel T. Gilbert and Edward E. Jones, "Perceiver-induced constraint: Interpretations of self-generated reality," *Journal of Personality and Social Psychology* 50, no. 2 (1986): 269, https:// doi.org/10.1037/0022-3514.50.2.269.

13   Lisa K. Libby and Richard P. Eibach, "Visual perspective in

mental imagery: A representational tool that functions in judgment, emotion, and self-insight," in J. M. Olson and M. P. Zanna, ed., *Advances in Experimental Social Psychology*, vol. 44 (Academic Press, 2011): 185–245, https://doi.org/10.1016/B978-0-12-385522-0.00004-4.

14 Lisa K. Libby, Eric M. Shaeffer, Richard P. Eibach, and Jonathan A. Slemmer, "Picture yourself at the polls: Visual perspective in mental imagery affects self-perception and behavior," *Psychological Science* 18, no. 3 (2007): 199–203, https://doi.org/10.1111/j.1467-9280.2007.01872.x.

15 같은 책.

16 Eli J. Finkel, Erica B. Slotter, Laura B. Luchies, Gregory M. Walton, and James J. Gross, "A brief intervention to promote conflict reappraisal preserves marital quality over time," *Psychological Science* 24, no. 8 (2013): 1595–1601, https://doi.org/10.1177/0956797612474938.

17 Rebecca D. Ray, Frank H. Wilhelm, and James J. Gross, "All in the mind's eye? Anger rumination and reappraisal," *Journal of Personality and Social Psychology* 94, no. 1 (2008): 133, https://doi.org/10.1037/0022-3514.94.1.133.

18 Ethan Kross, Ozlem Ayduk, and Walter Mischel, "When asking 'why' does not hurt distinguishing rumination from reflective processing of negative emotions," *Psychological Science* 16, no. 9 (2005): 709–715, https://doi.org/10.1111/j.1467-9280.2005.01600.x.

19 Dale Carnegie, *How to Win Friends and Influence People* (Simon Schuster, 1936).

20 Nicholas Epley, *Mindwise: Why We Misunderstand What Others Think, Believe, Feel, and Want* (Vintage, 2014).

21 Tal Eyal, Mary Steffel, and Nicholas Epley, "Perspective mistaking: Accurately understanding the mind of another

requires getting perspective, not taking perspective," *Journal of Personality and Social Psychology* 114, no. 4 (2018): 547, https://doi.org/10.1037/pspa0000115.

22 C. Daniel Batson, Shannon Early, and Giovanni Salvarani, "Perspective taking: Imagining how another feels versus imaging how you would feel," *Personality and Social Psychology Bulletin* 23, no. 7 (1997): 751–758, https://doi.org/10.1177/0146167297237008.

23 Adam D. Galinsky, Gillian Ku, and Cynthia S. Wang, "Perspectivetaking and self-other overlap: Fostering social bonds and facilitating social coordination," *Group Processes Intergroup Relations* 8, no. 2 (2005): 109–124, https://doi.org/10.1177/1368430205051060.

24 Andrew R. Todd, Galen V. Bodenhausen, Jennifer A. Richeson, and Adam D. Galinsky, "Perspective taking combats automatic expressions of racial bias," *Journal of Personality and Social Psychology* 100, no. 6 (2011): 1027, https://doi.org/10.1037/a0022308.

25 Eyal, Steffel, and Epley, "Perspective mistaking," 568.

26 Vanessa K. Bohns and Lauren A. DeVincent, "Rejecting unwanted romantic advances is more difficult than suitors realize," *Social Psychological and Personality Science* 10, no. 8 (2019): 1102–1110, https://doi.org/10.1177/1948550618769880.

27 Rachel L. Ruttan, Mary-Hunter McDonnell, and Loran F. Nordgren, "Having 'been there' doesn't mean I care: When prior experience reduces compassion for emotional distress," *Journal of Personality and Social Psychology* 108, no. 4 (2015): 610, https://doi.org/10.1037/pspi0000012.

28 Lee Ross, David Greene, and Pamela House, "The 'false consensus effect': An egocentric bias in social perception and attribution processes," *Journal of Experimental Social Psychology* 13, no. 3

(1977): 279–301, https://doi.org/10.1016/0022-1031(77)90049-X.

29 Alix Spiegel, "By making a game out of rejection, a man conquers fear," *Invisibilia*, NPR, January 16, 2015, https://www.npr.org/sections/health-shots/2015/01/16/377239011/by-making-a-game-out-of-rejection-a-man-conquers-fear.

30 Jonathan S. Abramowitz, Brett J. Deacon, and Stephen PH Whiteside, *Exposure Therapy for Anxiety: Principles and Practice* (Guilford Publications, 2019).

31 Jia Jiang, "Day 7: Speak over Costco's intercom," 100 Days of Rejection Therapy, Rejection Therapy with Jian Jiang, November 22, 2012, https://www.rejectiontherapy.com/blog/2012/11/22/day-7-rejection-therapy-speak-over-costcos-intercom/.

32 Jia Jiang, "Day 9: Send stuff to Santa Claus through FedEx," 100 Days of Rejection Therapy, Rejection Therapy with Jian Jiang, November 24, 2012, https://www.rejectiontherapy.com/blog/2012/11/24/day-9-rejection-therapy-send-stuff-to-santa-claus-through-fedex/.

33 Jia Jiang, "Day 36: Trim my hair at PetSmart," 100 Days of Rejection Therapy, Rejection Therapy with Jian Jiang, January 4, 2013, https://www.rejectiontherapy.com/blog/2013/01/04/day-36-trim-my-hair-at-petsmart/.

34 Jia Jiang, "Day 41: Sit in police car's driver's seat," 100 Days of Rejection Therapy, Rejection Therapy with Jian Jiang, January 12, 2013, https://www.rejectiontherapy.com/blog/2013/01/12/rejection-41-sit-in-police-cars-drivers-seat/.

35 Jia Jiang, "Day 21: Ask strangers for compliments," 100 Days of Rejection Therapy, Rejection Therapy with Jian Jiang, December 9, 2012, https://www.rejectiontherapy.com/blog/2012/12/09/day-21-ask-strangers-for-compliments/.

36 Jia Jang, "Day 3: Ask for Olympic symbol donuts," 100 Days of Rejection Therapy, November 18, 2012, https://www.

rejectiontherapy.com/blog/2012/11/18/day-3-rejection-therapy-ask-for-olympic-symbol-doughnuts-jackie-delivers/.

37 Jia Jiang, "What I learned from 100 days of rejection," TEDxMtHood, May 2015, https://www.ted.com/talks/jia_jiang_what_i_learned_from_100_days_of_rejection.

38 Steven O. Roberts, Carmelle Bareket-Shavit, Forrest A. Dollins, Peter D. Goldie, and Elizabeth Mortenson, "Racial inequality in psychological research: Trends of the past and recommendations for the future," *Perspectives on Psychological Science* (2020), https://doi.org/10.1177/1745691620927709.

39 Linda Babcock and Sara Laschever, *Women Don't Ask: Negotiation and the Gender Divide* (Princeton University Press, 2009).

40 "Hayley: Asking for Rejection," *My Name Is...*, BBC Radio 4, February 19, 2020, https://www.bbc.co.uk/programmes/m000ffzx.

41 Jiang, "Day 21: Ask strangers for compliments," 100 Days of Rejection Therapy (video).

42 Marianne Power, "I was rejected every day for a month," *Bazaar*, January 30, 2019, https://www.harpersbazaar.com/culture/features/a26062963/what-is-rejection-therapy-self-help/.

43 Vanessa K. Bohns, "(Mis)Understanding our influence over others: A review of the underestimation-of-compliance effect," *Current Directions in Psychological Science* 25, no. 2 (2016): 119–123, https://doi.org/10.1177/0963721415628011.

44 Paul Rozin and Edward B. Royzman, "Negativity bias, negativity dominance, and contagion," *Personality and Social Psychology Review* 5, no. 4 (2001): 296–320, https://doi.org/10.1207/S15327957PSPR0504_2.

45 Roy F. Baumeister, Ellen Bratslavsky, Catrin Finkenauer, and Kathleen D. Vohs, "Bad is stronger than good," *Review of General Psychology* 5, no. 4 (2001): 323–370, https://doi.

org/10.1037/1089-2680.5.4.323.

46 Arielle M. Silverman, Jason D. Gwinn, and Leaf Van Boven, "Stumbling in their shoes: Disability simulations reduce judged capabilities of disabled people," *Social Psychological and Personality Science* 6, no. 4 (2015): 464–471, https://doi.org/10.1177/1948550614559650.

47 Jiang, TEDx 강연

옮긴이 문희경

서강대학교 사학과를 졸업하고, 가톨릭대학교 대학원에서
심리학을 전공했다. 옮긴 책으로는『폴리스』,『팬텀』,
『블러드맨』,『바퀴벌레』,『박쥐』,『가족의 죽음』,
『프로이트의 여동생』,『심리치료실에서 만난 사랑의
환자들』,『우리가 모르는 사이에』,『대화에 대하여』,
『신뢰 이동』,『우아한 관찰주의자』,『인생의 발견』,『밀턴
에릭슨의 심리치유 수업』,『타인의 영향력』,『우리는 왜
빠져드는가?』,『유혹하는 심리학』등이 있다.

당신의 영향력은 생각보다 강하다

세상을 바꾸는 잠재된 힘

초판 1쇄 인쇄 2023년 5월 1일
초판 1쇄 발행 2023년 5월 16일

지은이 버네사 본스
옮긴이 문희경
펴낸이 최동혁

기획본부장 강훈
영업본부장 최후신
책임편집 한윤지
기획편집 장보금 이현진
디자인팀 유지혜 김진희
마케팅팀 김영훈 김유현 양우희 심우정 백현주
영상제작 김예진 박정호
물류제작 김두홍
재무회계 권은미
인사경영 조현희 양희조
디자인 박연미

펴낸곳 ㈜세계사컨텐츠그룹
주소 06071 서울시 강남구 도산대로 542 8,9층(청담동, 542빌딩)
이메일 plan@segyesa.co.kr
홈페이지 www.segyesa.co.kr
출판등록 1988년 12월 7일(제406-2004-003호)
인쇄·제본 예림

ISBN 978-89-338-7210-9 (03180)

앞으로 채워질 당신의 책꽂이가 궁금합니다.

마흔 살의 세계사는 더욱 섬세해진 통찰력으로
당신의 삶을 빛내줄 귀한 책을 소개하겠습니다.